On Liberty

John Stuart Mill

ミル『自由論』原書精読2

行動制限の原理

薬袋善郎

Minai Yoshiro

研究社

本書はどういう本か

最初にお断りしておかなければいけないのは、本書は「ミル『自由論』の翻訳書」でもなければ、「ミル『自由論』の思想を紹介し、考察する本」でもないということです。**本書は「ミル『自由論』の英文のコンメンタール (Kommentar：逐文解説書)」です。**

英文の構造は「品詞」と「働き」と「活用」という三つの要素で成り立っています。構造がわからないのは、この三つの要素 (のどれか、あるいは全部) を把握できないことが原因です。

品詞：名詞、動詞、形容詞、副詞、etc.

働き：主語、目的語、補語、修飾、etc.

活用：原形、現在形、過去形、過去分詞形、ing 形

英文の内容は「事柄」と「イイタイコト」と「論理関係」という三つの要素で成り立っています。内容がわからないのは、この三つの要素 (のどれか、あるいは全部) を把握できないことが原因です。

事柄：その表現が表している事実関係

イイタイコト：筆者がその英文で読者に伝えたいこと

論理関係：その語句ないし文が、前後の語句ないし文との間にもっている論理的なつながり

本書は『自由論』第一章後半の全英文について「構造 (品詞・働き・活用)」と「内容 (事柄・イイタイコト・論理関係)」の点でわかりにくい個所、誤解しやすい個所をくまなく取り上げて、それを詳細に解明した本です。

一例を挙げましょう。本書に収録した部分に次の英文があります。

(1−07−05) **The only case in which the higher ground has been taken on principle and maintained with consistency, by any but an individual here and there, is that of religious belief: a case instructive in many ways, and not least so as forming a most striking instance of the fallibility of what**

is called the moral sense: for the *odium theologicum*, in a sincere bigot, is one of the most unequivocal cases of moral feeling.

『自由論』の最新の翻訳（岩波文庫、関口正司訳、2020 年）は、この英文を次のように訳しています。

> 個人によるあちらこちらでの企てを別にすれば、高い水準の原理や主張の一貫性に達していた唯一の事例は、宗教的信仰である。これは多くの点で教訓となる事例だが、いわゆる道徳感覚というものの可謬性に関する非常に際立った例となっている点で、特に教訓的である。なぜなら、真剣で、しかも頑迷な信仰者が抱く神学上の憎悪は、道徳感情というものの明白この上ない一事例だからである。

これはいったいどういうことを言っているのでしょう？　この原文と翻訳を読んで心の底から「わかった！」となる人がどれだけいるでしょうか？　これは原文に飛躍があるために、事柄と論理関係を把握するのが難しいのです。

本書はこういう英文を徹底的に考え抜いて、具体的な事柄（＝事実関係）の次元で内容を明らかにした本です。本書は短期間に全体を通読できるような本ではありません。常に座右に置き、時間をかけて、行きつ戻りつしながら、少しずつ丹念に読んでいく本です。本書の解説をお読みになれば、難解とされ、戦前から原書講読の代表的なテキストとして読み継がれてきた『自由論』の英文について「本当に気持ちよく、はっきり理解できた」と実感していただけるものと自負しています。

目　次

はじめに

2008年(平成20年)3月1日の読売新聞夕刊に **「米文学史の「決定版」完成」** という見出しで次の記事(抜粋)が掲載されました。

> 東大名誉教授で米文学者の渡辺利雄氏(72)が、ライフワークとして書き進めてきた『講義 アメリカ文学史』(全3巻、研究社)を完成させ、このほど都内で出版記念会が開かれた。
>
> 本書の副題は「東京大学文学部英文科講義録」。東大在職中、約20年にわたって3年サイクルで続けてきた講義「米文学史概説」の準備として作った、緻密で膨大なノートが基になっている。
>
> 会では教え子の一人、柴田元幸・東大教授が「君たちの感性はどうでもいい。目の前の、この一行はどういう意味なのかというやりかたで、外国文学を読むとはどんなことなのかを教えてくれた」とスピーチした。本書もまた、一句、一語の意味をゆるがせにしない姿勢で貫かれている。
>
> それが最も如実にうかがえるのが、ふんだんに盛り込まれた作品の引用と読解。正確にそれらを読むことを通して、作家の問題意識や時代背景に鋭く斬り込んでいく方式だ。また、文学史を概説するだけでなく、様々なエピソード、ゴシップで作家の人間くささを伝えているところにも、読み応えがある。

私がこの記事を読んで注目したのは **「君たちの感性はどうでもいい。目の前の、この一行はどういう意味なのか」** という個所です。小説のような文学作品の読解となると、読み手の感性こそが最大の問題で、‘感性’に乏しい私のような者には容易に手の出せない分野だと思っていました。それが、米文学の権威が東大英文科の学生を「君たちの感性はどうでもいい」というやり方で指導したというのですから、驚愕しました。もちろん、これは「まず原文を正確に読め。自分の感性を云々するのはその後だ。」という意味であって、「感性などいらない」という意味ではないと思います。「原文を正確に読むこと」は、社会科学系の論文やノンフィクションでは極めて重要なことですが、文学作品でもそれを強く主張する人がいることに感銘を受けたのです。

感性の入る余地がない社会科学系の論文ですら、原文を論理に基づいて正確に読むことがおろそかになり、いつしかフィーリングに基づいて不正確な読み方をしていることがあります。原典の正確な読みをひたすら追求すると、研究者としてこころざしが低い（研究者は単なる語学屋ではない。研究者の本分は他にある）とされる傾向も昔からあるようです。

「原典の読解は不正確だが、論文自体は優れた独創的な研究である」ということはありえることです。あるいは「原典の読解は不正確だが、翻訳自体は自然な日本語でとても読みやすい」ということもあるかもしれません。ですから「読解の誤り」が直ちに「研究や翻訳の質の低さ」を意味するとは限りません。しかし、原典を正確に読んだ方が研究にも翻訳にも寄与することは疑いありません。それなのに、正確な読みを追究することが軽視されるのは、一つには「英文を正確に読むことなど、たいして難しいことではない（したがって、それは業績にならない）」と思われているからではないかと思います。

たしかに、英文の字面を忠実に日本語に移すことが「正確に読むこと」なら、たいして難しくありません。しかし、私は**英文が表している「事柄」と「イイタイコト」と「論理関係」を正しく認識することが「正確に読むこと」だ**と思うのです。これはとても難しいことです（少なくとも私にとっては）。しかし、字面を直訳した段階でもう読めたと思ってしまうと「英文の読解自体はたいして難しくない。問題はその先だ。」となって、研究者は自分独自の考察を深化させることに力を注ぎ、翻訳者は直訳を自然な読みやすい日本語にするのに工夫を凝らすという方向に行ってしまいます。おそらく文学作品の読解にも同じような傾向があるのだと思います。柴田教授が紹介した渡辺先生の指導は、そこを戒めたのではないでしょうか。渡辺先生は 2020 年 1 月にお亡くなりになりましたが、学生に徹底して OED（＝Oxford English Dictionary）を引かせる授業で知られていたそうです。

英文学がご専門の行方昭夫東大名誉教授は『英会話不要論』(文春新書2014年) の中で次のように仰っています。

> 英語からドイツ語あるいはフランス語への翻訳の場合は、訳者の存在が日本の場合ほど大きくありません。単純な例をあげましょう。I like dogs. をドイツ語、フランス語にする場合、構文はまったく変わらず単語を置き換えるだけです。しかし日本の翻訳者は、「わたくし、犬が好きでございます」から「可愛がるなら犬だな」まで、前後関係、状況しだいで、無限の種類の日本文があります。訳者はその中からもっとも適切な一つを選ばねばなりません。

これは「英語と日本語の隔たり」と、それに起因する「英語を日本語に翻訳することの難しさ」を指摘したものです。私はこのこと自体に異議を唱えるつもりはまったくありません。翻訳家はここに大変な苦心を払っているのだと思います。

ところで、「無限の種類の日本文の中からもっとも適切な一つを選ぶ」前に、先にやることがあります。それは「英文を正確に読む」ことです (行方先生もこの後で誤訳の問題を論じておられます)。たとえば、ここで例に出された I like dogs. で言えば、dogs が表している事柄 (＝事実関係) を正しく認識するのが「正確に読む」ことです。dogs が表している事柄が「犬」だとしたら、dogs を正しく「犬」と認識するのが先で、これができて初めて「わたくし、犬が好きでございます」という日本語で表すのがよいか、それとも「可愛がるなら犬だな」という日本語で表すのがよいか、という問題が起こるのです。つまり**「上手な和訳を作る」というのは「次の問題」なのです**。なぜ「次の問題」かというと、もしこの dogs が表している事柄が「犬」ではなくて「ホットドッグ」だったら、dogs を「犬」と訳している翻訳文は、それがいかに上手な日本文であっても、ただの読み間違いになってしまうからです。前後関係から「この dogs はホットドッグだ」ということを認識し (←これが「正確に読む」

ということです)、次に「私はホットドッグが好物なの」とか「僕はホットドッグに目がないんだ」といった日本語を工夫する(←これが「和訳を作る」ということです)。こういう順番だと思うのです。

英文の読解を勉強している人は、ともすると「正確に読む」ことよりも「上手な和訳を作る」という方に意識が向きがちです。しかし、いくらわかりやすくて、読みやすい和訳を工夫しても、それが「原文が表している事柄と違う事柄」を表していたら、意味がありません。私は和訳の上手・下手には関心がありません。私は原典の一読者として「dogs が犬なのか、ホットドッグなのか」ということを知りたいのです。本書は「研究者の独創的な考察」とも「翻訳者の巧みな日本文」とも無縁です。私はそれ以前の問題、すなわち**「自由論の英文が言っていることは本当のところ何なのか」**を追究したのです。口幅ったいことを言うようですが、*On Liberty* のコンメンタール(Kommentar:逐文解説書)を作りたかったのです。

本書は『序説』に続いて『自由論』第1章の最後までを扱っています。『序説』と同様に、英文が表している「事柄」と「イイタイコト」と「論理関係」の解説に大部分の紙幅を割きました。**英文を正確に読むのは本当に難しいことです**。本書にも、私の至らない点が多々あると思います。本書の和訳・解説を叩き台にして、読者諸賢がさらに考察を深めていただけたら幸いです。

『序説』の読者から、続きを解説してほしいという声がたくさん寄せられました。この後押しがなければ、このような面倒な執筆は続けられなかったでしょう。読者の皆さんの励ましに感謝します。研究社社長の吉田尚志氏には続編の出版をお許しいただき、編集部長の星野龍氏には緻密な編集作業をしていただきました。また David Chart 先生 (Ph.D. *Cantab.*) からは懇切な御教示をいただきました。このような、書くのも、作るのも、読むのも骨が折れる本が形になるのは、ひとえにご理解ある方々のおかげです。本当にありがとうございます。

2024年6月　　薬袋善郎

本書の読み方について

・原文の右に (1−07−01) のように番号が振ってあります。これは (第1章、第7節、第1文) であることを表しています。

・わからない単語は辞書を引くのがよいです。しかし、巻末の語注を見てもよいです。

・巻末の語注はアルファベット順ではなく、原文に現われる順番で表示しています。したがって、原文で (1−07−01) の英文を読んでいて、わからない語が出てきたときは、巻末の語注の (1−07−01) のところを見ると載っています。

・英文を読むときは「文の構造」と「事柄」と「論理的つながり」の3つをよく考えてください。

・原文および解説の英文中で太字になっている部分は難読個所です。

・解説の英文中で点線の下線が引いてある部分は **構文** で説明している個所です。

・**訳** は、英文の字面に表れていない「事柄」と「論理的つながり」をできるだけ表に出した日本文になっています。これは **「なるべく読者に『推測』や『考察』の負担をかけずに、英文の内容を正確に伝える」ことを目的にした日本文**で、「読みやすい」とか「わかりやすい」ということは顧慮していません。その点で、いわゆる翻訳とは違うことに注意してください。

・**訳** で網掛けになっている部分は、英文の字面に表れていない「事柄」や「論理的つながり」を補った部分です。

・**訳** で太字になっている部分は、英文中で太字になっている部分 (＝難読個所) に対応しているところです。

・**構文** は、構造的に間違えやすい個所をとりあげて解説しています。

・**研究** は、内容について「事柄」と「論理的つながり」の両面から詳しく解説しています。

・**研究** で▶がついていて、下線が引かれているフレーズは英文中で太字になっている難読個所です。

・**研究** で▷がついていて、下線が引かれていないフレーズは英文中で太字になっていない個所です。

・私の解釈だと、先行訳と異なる日本語になるような場合は、参考のために先行訳を載せています。私の和訳・解説と先行訳を読み比べて、さらにご自分でも考えてみてください。

・「木を見て、森を見ず」という状態にならないように、ときどき「各節の大意」あるいは「全訳」を読んで、全体の流れを見失わないようにしてください。

・引用した先行訳は以下です。

(近江谷)　近江谷晋作訳　人文會出版　1925
(高橋)　世界大思想全集 24　高橋久則訳　春秋社　1928
(深澤)　深澤由次郎訳　英文週報社出版部　1929
(冨田)　冨田義介、小倉兼秋訳　培風館　1935
(柳田)　春秋社思想選書　柳田泉訳　春秋社　1940
(市橋)　市橋善之助訳　高山書院　1946
(名著)　世界の名著 38　早坂忠訳　中央公論社　1967
(大思想)　世界の大思想Ⅱ-6　水田洋訳　河出書房　1967
(岩波旧訳)　岩波文庫　塩尻公明、木村健康訳　岩波書店　1971
(日経 BP)　日経 BP クラシックス　山岡洋一訳　日経 BP　2011
(古典新訳)　光文社古典新訳文庫　斉藤悦則訳　光文社　2012
(岩波新訳)　岩波文庫　関口正司訳　岩波書店　2020

・参照した辞書は以下です。

Oxford English Dictionary (OED)
Webster's Third New International Dictionary (Webster)
Cambridge International Dictionary of English (CIDE)
Longman Dictionary of Contemporary English (LDCE)
ロイヤル英和辞典 (旺文社)
ルミナス英和辞典 (研究社)
プログレッシブ英和中辞典 (小学館)

・典拠した英文について

英文は初版 (1859 年) と第 3 版 (1864 年) の両方と照合しました。

初版と第３版が異なっている場合は、第３版に従っています。初版と第３版が異なっているのは次の２個所です。

(1−12−02) through が初版ではイタリックだった。

(1−14−05) *Système de Politique Positive* が初版では *Traité de Politique Positive* だった。

各節の大意

第１章　第１節

この論文のテーマは「社会が個人に対して正当に行使できる権力の性質と限界」である。これは古くから人類を二分してきた問題だが、社会環境が昔とは大きく変わっているので、従来とは異なる、より根本的な扱いが必要である。

第１章　第２節

昔は統治者と被統治者がはっきり分かれていて、自由を求める闘争は統治者と被統治者の間で行われた。自由とは「統治者の圧制に対する防御」を意味し、統治者の権力は必要だが危険なものとみなされていた。

この闘争の目的は「統治者の権力を制限すること」であり、その制限には次の２つの様態があった。

(1)　統治者に免除特権という形で自由を認めさせる。

(2)　重要な統治行為については社会の同意を必要とすることを憲法に規定しておく。

統治者と被統治者の分離を前提とする限り、闘争の目的が (1) と (2) の範囲を越えることはなかった。

第１章　第３節

やがて、被統治者の中から統治者が選ばれるという仕組みの方がよい統治システムであり、そのようなシステムによってはじめて統治者の権力の濫用は抑えられるのだという考えを人々が持つときがきた。

今や必要なのは、統治者の能力をいかに制限するかではなく、統治者の意思と被統治者の意思をいかに一致させるかである。統治者を被統治者が任免できるシステムを確立すれば、統治者の権力を制限する必要はないのだという考えが有力になった。

この考え方は、イギリスではもはや支配的ではないが、大陸では今もなお支配的である。

第1章　第4節

アメリカ合衆国の成立によって、選挙による責任政府という考え方は実地に基づく批判を受けるようになった。

実際には、民衆の自治とは民衆の中の多数派による統治であり、従って、民衆の一部が他の一部を抑圧することが起こりうる。それゆえ、統治者を被統治者が任免するシステムにおいても、統治者の権力を制限する必要性は減じないのである。

このような考え方は広く受け入れられていき、今や多数者の圧制は、社会が警戒すべき害悪の一つに入れられている。

第1章　第5節

社会的圧制、即ち多数者の圧制は、官憲を通してのみ行われるのではない。社会は、世論などを通して、自らその命令を個人に強制できる。ゆえに、社会的圧制は政治的圧制よりいっそう恐ろしいものである。

社会が法的刑罰以外の手段で、自己の考えや習慣を、それに同意しない人々に、行為の規則として押し付ける傾向、および社会のやり方に適合した性格形成を強制する傾向に対する防衛が必要である。

集団の意見が個人の独立に干渉しうる限界を見定め、これを侵害から守ることは、政治的圧制に対する防衛と同様、必要不可欠なのである。

第1章　第6節

社会による統制と個人の独立との間をどのようにして適切に調整するか、言い換えれば、法律・世論によって課せられる行動規範はどのようなものであるべきか、これは解明がほとんど進展していない問題である。ところが、どの時代、どの国の人も自分たちの社会の行動規範が正しいことは自明であると思っている。

行動規範を決定する原動力は理屈ではなく、「すべての人は私が好むように行動すべきだ」という感情、すなわち「好き嫌い」である。したがって、好き嫌いに影響する様々な要因が行動規範の内容を左右する。その中で最も大きい要因は自利心である。

行動規範を決定するもう一つの大きな原動力は、世俗の支配者や神の想定上の好き嫌いに迎合しようとする奴隷根性である。

社会の一般的で明白な利害も行動規範に大きな影響を及ぼしてきたが、これとて、利害から生じる共感と反感の結果としてそうなったにすぎない。

第1章　第7節

社会の有力な部分の好き嫌いが社会規範を実質的に決定する主要な要因である。一部の先進的な人たちがこの事態に異議を唱えたことはあったが、それとて好悪の内容に異議を唱えたのであって、好悪によって決定されること自体に異議を唱えたのではなかった。

宗教の分野においてのみ、少数者にも独自に行動する自由があるという立場が原理上とられ一貫して保持されてきた。それは、この立場が根拠とする道徳的判断力の可謬性を、宗教の分野では多数派も否定できなかったからである。

しかし、実際には、宗教的寛容には暗黙の留保がついていて、信仰の自由はほとんどどこの国でも実現していない。宗教に限らず、どんな分野でも、多数派の感情が強いところでは、人々をそれに服従させる力はほとんど弱まっていないのである。

第1章　第8節

イギリスでは、政府を民衆と対立する利益を代表するものとみなす習慣が今なお存続している。そのため、法によって統制されるのに慣れていない事柄について、法が個人を統制しようとすると、かなり大きな反感が容易に惹起される。しかし、政府の干渉の適否を吟味する際に慣習的に用いられる、一般に承認された原理というようなものはなく、人々は各自の個人的好みに従って決定する。そのために、政府の統制に賛成する場合も、反対する場合も、正当な賛成・反対になる比率と不当な賛成・反対になる比率は同じくらいである。

第1章　第9節

この論文の目的は、一つの非常に単純な原理を主張することである。それは「人が、他人の行動の自由に正当に干渉できるのは、自己防衛を目的とする場合だけである。また、文明社会の構成員に対して、本人の意志に反して正当に権力を行使しうるのは、他人に対する危害を防止することを目的とする場合だけである」という原理である。

そうする方が本人のためになるという理由は、介入を正当化する十分な根拠にはならない。

だれでも、自分の行為の中で、社会に対して責任を負わなければならない部分は、他人に関係する部分だけであり、自分にだけ関係する部分においては、人の独立は権利の上では絶対的である。

第1章　第10節

自由の原理は成熟した諸能力をもつ人間にだけ適用される。同様に、この原理は民族自体がまだ成熟していない未発達の社会には適用されない。そのような社会が発達する唯一の方法は、改革の精神に溢れた統治者による専制である。専制は、目的が未開人の向上で、実際にその目的を達成することによって手段として正当化されるならば、未開人を扱う際の正当な統治形態である。原理としての自由は、未発達な社会には適用されないのである。

しかし、人類が、指導者によって強制されなくても向上できる段階に入ったら、強制は、直接的、間接的を問わず、もはや彼ら自身の幸福のための手段としては許されず、他人の安全確保の目的があるときにだけ正当化されるのである。

第1章　第11節

私は、功利を、すべての倫理的問題に関する最終的な判断基準であると考える。功利は、個人の行動を外部からの統制に従わせることを正当化するが、それは行動が他人の利益に関係している場合だけである。

「他人の利益になる積極的行為であって、その履行を行為者に正当に強制できる行為」がたくさんある。これを実行しない人には社会に対する責任を正当に負わせることができる。

他人の利益を侵害する行為は、加害行為に責任を負わせるのが原則であって、害悪を防止しないことに責任を負わせるのは例外であり、はるかに慎重になされなければならない。

個人は、対外的関係にかかわる一切の事柄において、侵害を避ける道義的責任を負っている。しかし、現実には、行為者に法的責任を負わせない方がよい場合がしばしばある。それは、社会が統制するよりも、個人の自由裁量に任す方が、個人が概してよりよい行動をとる可能性が高い場合と、統制を実行すると、統制によって防がれる害悪よりも大きな他の害悪が生じる場合のいずれかである。

この2つの理由によって法的責任が問われないときは、行為者は自分の良心に従って、いっそう厳格に自分を律せねばならない。

第1章　第12節

「個人とは区別されたものとしての社会」が、間接的な利害関係しかもたない個人活動の領域が存在している。それは、行為者本人にのみ影響を及ぼすか、あるいは、他人に影響するとしても、影響を受ける人が自由に、自発的に、欺かれることなしに、同意し参加している活動領域である。行為者本人にのみ影響を及ぼすとは、直接的に、誰よりも先に行為者に影響を及ぼすという意味である。これが、人間が自由をもつのが妥当な領域である。

その自由は、第一に思想および感情の自由と言論・出版の自由、第二に嗜好と活動の自由、第三に個人間の団結の自由、すなわち、他人に損害をおよぼさない目的であれば、いかなる目的のためであっても団結する自由を含んでいる。

第1章　第13節

自由な社会とはこれらの諸自由が大体において尊重されている社会であり、完全に自由な社会とはこれらの諸自由が絶対かつ無条件に存在している社会である。人は、肉体、精神、霊魂を問わず、自分の健康を各々自分で守るのが適切であり、そうする自由を持っている。人類は、自分にとって幸福に思われる生活をお互いに許しあう方が、他者が幸福とみなす生活を各人に強いるよりも、大きな利益を得るのである。

第1章　第14節

この考え方は、現在の世論と慣行の一般的傾向に真っ向から反している。社会には「社会の一員としての優れた人間像」だけでなく「個人としての優れた人間像」があり、社会は個人をこれらに当てはめようと懸命に努力してきた。

近代世界においては、私生活の細部に法が干渉することは古代世界ほど大きくはなくなった。しかし、道徳的抑圧という手段は、社会的な事柄のみならず、個人的な事柄においても、支配的意見からの逸脱に対して執拗に行使され続けている。

道徳感情の形成要因の中で最も強力なものである宗教は、あらゆる部門に統制の手を延ばそうとする教会支配層の野心か、厳格な宗教的行動規範を人々に押し付ける厳正主義によって、ほとんど常に、支配されてきた。近代の改革者の中にも、個人を霊的に支配する権利を主張する点において、教会にも宗派にも決して遅れをとらない人たちがいる。

第1章　第15節

社会がもつ個人に指図する力を、世論の力により、さらには法律の力さえ使って、不当に拡大する傾向が、世の中一般に強まりつつある。人間がもっている、自分の意見と好みを行動規範として他人に押し付ける性質を抑制するには、権力をもたせないこと以外にほとんど方法はない。この害悪に対して、それは間違いであり、そのようなことはすべきではないという道徳的確信を築かない限り、我々は、この害悪がますます大きくなるのを覚悟しなければならない。

第1章　第16節

議論のためには、直ちに一般的な命題に入るのではなく、最初に、思想の自由と言論・執筆の自由に、考察を限定するのが好都合であろう。これらの自由を支える理論的および実際的な根拠は、それほど一般の人に知られていないし、また、世論の指導者ですら、その多くは、思いのほか完璧には理解していない。これらの自由について徹底した考察をおこなえば、それが他の自由を考察することへ人を導く最もよい導入であるとわかるだろう。

ON
LIBERTY

原　文

※太字は難読箇所です。

ON LIBERTY.
CHAPTER I .
INTRODUCTORY.

(1-07) The likings and dislikings of society, or of some (1-07-01)
powerful portion of it, are thus the main thing which has
practically determined the rules laid down for general
observance, under the penalties of law or opinion.
And in general, those who have been in advance of society (1-07-02)
in thought and feeling, have left this condition of things
unassailed in principle, **however they may have come
into conflict with it in some of its details.**
They have occupied themselves rather in inquiring what things (1-07-03)
society ought to like or dislike, than in questioning whether
its likings or dislikings should be a law to individuals.
They preferred endeavouring to alter the feelings of mankind (1-07-04)
on the particular points on which they were themselves
heretical, rather than **make common cause in defence
of freedom, with heretics generally**.
The only case in which the higher ground has been taken on (1-07-05)
principle and maintained with consistency, by any but an
individual here and there, is that of religious belief: **a case
instructive in many ways, and not least so as
forming a most striking instance of the fallibility of
what is called the moral sense: for the *odium
theologicum*, in a sincere bigot, is one of the most
unequivocal cases of moral feeling.**
Those who first broke the yoke of what called itself the (1-07-06)
Universal Church, were in general as little willing to permit
difference of religious opinion as that church itself.
But when the heat of the conflict was over, without giving a (1-07-07)
complete victory to any party, and each church or sect was

reduced to limit its hopes to retaining possession of the ground
it already occupied; minorities, seeing that they had no chance
of becoming majorities, were under the necessity of pleading
to those whom they could not convert, for permission to differ.
It is accordingly on this battle field, almost solely, that the (1-07-08)
rights of the individual against society have been asserted on
broad grounds of principle, and the claim of society to
exercise authority over dissentients, openly controverted.
The great writers to whom the world owes what religious (1-07-09)
liberty it possesses, have mostly asserted freedom of conscience
as an indefeasible right, and denied absolutely that a human
being is accountable to others for his religious belief.
Yet so natural to mankind is intolerance in whatever they (1-07-10)
really care about, that religious freedom has hardly anywhere
been practically realized, except where religious indifference,
which dislikes to have its peace disturbed by theological
quarrels, has added its weight to the scale.
In the minds of almost all religious persons, even in the most (1-07-11)
tolerant countries, the duty of toleration is admitted with tacit
reserves.
One person will bear with dissent in matters of church (1-07-12)
government, but not of dogma; another can tolerate
everybody, short of a Papist or an Unitarian; another, every
one who believes in revealed religion; a few extend their
charity a little further, but stop at the belief in a God and in
a future state.
Wherever the sentiment of the majority is still genuine and (1-07-13)
intense, **it is found to have abated little of its claim to
be obeyed.**

(1-08) In England, from the peculiar circumstances of our (1-08-01)

political history, though the yoke of opinion is perhaps heavier,
that of law is lighter, than in most other countries of Europe;
and there is considerable jealousy of direct interference, by
the legislative or the executive power, with private conduct;
not so much from any just regard for the independence of
the individual, as from the still subsisting habit of looking on
the government as representing an opposite interest to the
public.

The majority have not yet learnt to feel the power of the (1-08-02)
government their power, or its opinions their opinions.

When they do so, individual liberty will probably be as much (1-08-03)
exposed to invasion from the government, as it already is from
public opinion.

But, as yet, there is a considerable amount of feeling ready (1-08-04)
to be called forth against any attempt of the law to control
individuals in things in which they have not hitherto been
accustomed to be controlled by it; **and this with very little
discrimination** as to whether the matter is, or is not, within
the legitimate sphere of legal control; **insomuch that the
feeling, highly salutary on the whole, is perhaps
quite as often misplaced as well grounded in the
particular instances of its application.**

There is, in fact, no recognised principle by which the (1-08-05)
propriety or impropriety of government interference is
customarily tested.

People decide according to their personal preferences. (1-08-06)

Some, whenever they see any good to be done, or evil to be (1-08-07)
remedied, would willingly instigate the government to
undertake the business; while others prefer to bear almost any
amount of social evil, rather than add one to the departments
of human interests amenable to governmental control.

And men range themselves on one or the other side in any (1-08-08)

particular case, according to this general direction of their
sentiments; or according to the degree of interest which they
feel in the particular thing which it is proposed that the
government should do, or according to the belief they
entertain that the government would, or would not, do it in
the manner they prefer; but very rarely on account of any
opinion to which they consistently adhere, as to what things
are fit to be done by a government.
And it seems to me that in consequence of this absence of (1-08-09)
rule or principle, one side is at present as often wrong as the
other; the interference of government is, with about equal
frequency, improperly invoked and improperly condemned.

(1-09) The object of this Essay is to assert one very simple (1-09-01)
principle, as entitled to govern absolutely the dealings of
society with the individual in the way of compulsion and
control, whether the means used be physical force in the form
of legal penalties, or the moral coercion of public opinion.
That principle is, that the sole end for which mankind are (1-09-02)
warranted, individually or collectively, in interfering with the
liberty of action of any of their number, is self-protection.
That the only purpose for which power can be rightfully (1-09-03)
exercised over any member of a civilised community, against
his will, is to prevent harm to others.
His own good, either physical or moral, is not a sufficient (1-09-04)
warrant.
He cannot rightfully be compelled to do or forbear because (1-09-05)
it will be better for him to do so, because it will make him
happier, because, in the opinions of others, to do so would
be wise, or even right.
These are good reasons for remonstrating with him, or (1-09-06)

reasoning with him, or persuading him, or entreating him,
but not for compelling him, or visiting him with any evil in
case he do otherwise.
To justify that, the conduct from which it is desired to deter (1-09-07)
him, must be calculated to produce evil to some one else.
The only part of the conduct of any one, for which he is (1-09-08)
amenable to society, is that which concerns others.
In the part which merely concerns himself, his independence (1-09-09)
is, of right, absolute.
Over himself, over his own body and mind, the individual is (1-09-10)
sovereign.

(1-10) It is, perhaps, hardly necessary to say that this doctrine (1-10-01)
is meant to apply only to human beings in the maturity of
their faculties.
We are not speaking of children, or of young persons below (1-10-02)
the age which the law may fix as that of manhood or
womanhood.
Those who are still in a state to require being taken care of (1-10-03)
by others, must be protected against their own actions as well
as against external injury.
For the same reason, we may leave out of consideration those (1-10-04)
backward states of society in which the race itself may be
considered as in its nonage.
The early difficulties in the way of spontaneous progress are (1-10-05)
so great, that there is seldom any choice of means for
overcoming them; and a ruler full of the spirit of
improvement is warranted in the use of any expedients that
will attain an end, perhaps otherwise unattainable.
Despotism is a legitimate mode of government in dealing (1-10-06)
with barbarians, **provided the end be their**

**improvement, and the means justified by actually
effecting that end**.

Liberty, as a principle, has no application to any state of things (1-10-07)
anterior to the time when mankind have become capable of
being improved by free and equal discussion.

Until then, there is nothing for them but implicit obedience (1-10-08)
to an Akbar or a Charlemagne, if they are so fortunate as to
find one.

But **as soon as mankind have attained the capacity (1-10-09)
of being guided to their own improvement by
conviction or persuasion** (a period long since reached in
all nations with whom we need here concern ourselves) ,
compulsion, either in the direct form or in that of pains and
penalties for non-compliance, is no longer admissible as a
means to their own good, and justifiable only for the security
of others.

(1-11) It is proper to state that **I forego any advantage (1-11-01)
which could be derived to my argument from the
idea of abstract right, as a thing independent of
utility.**

I regard utility as the ultimate appeal on all ethical questions; (1-11-02)
**but it must be utility in the largest sense, grounded
on the permanent interests of man as a progressive
being.**

Those interests, I contend, authorize the subjection of (1-11-03)
individual spontaneity to external control, only in respect to
those actions of each, which concern the interest of other
people.

If any one does an act hurtful to others, there is a *primá facie* (1-11-04)
case for punishing him, by law, or, where legal penalties are

not safely applicable, by general disapprobation.

There are also many positive acts for the benefit of others, which he may rightfully be compelled to perform; such as, to give evidence in a court of justice; to bear his fair share in the common defence, or in any other joint work necessary to the interest of the society of which he enjoys the protection; and to perform certain acts of individual beneficence, such as saving a fellow-creature's life, or interposing to protect the defenceless against ill-usage, **things which whenever it is obviously a man's duty to do, he may rightfully be made responsible to society for not doing.** (1-11-05)

A person may cause evil to others not only by his actions but by his inaction, and in either case he is justly accountable to them for the injury. (1-11-06)

The latter case, it is true, requires a much more cautious exercise of compulsion than the former. (1-11-07)

To make any one answerable for doing evil to others, is the rule; to make him answerable for not preventing evil, is, comparatively speaking, the exception. (1-11-08)

Yet there are many cases clear enough and grave enough to justify that exception. (1-11-09)

In all things which regard the external relations of the individual, **he is *de jure* amenable to those whose interests are concerned, and if need be, to society as their protector.** (1-11-10)

There are often good reasons for not holding him to the responsibility; but these reasons must arise from the special expediencies of the case: either because **it is a kind of case in which he is on the whole likely to act better, when left to his own discretion, than when controlled in any way in which society have it in their power to control him**; or because the attempt to exercise (1-11-11)

control would produce other evils, greater than those which
it would prevent.
When such reasons as these preclude the enforcement of (1-11-12)
responsibility, the conscience of the agent himself should step
into the vacant judgment seat, and protect those interests of
others which have no external protection; judging himself all
the more rigidly, because the case does not admit of his being
made accountable to the judgment of his fellow-creatures.

(1-12) **But there is a sphere of action in which** (1-12-01)
society, as distinguished from the individual, has,
if any, only an indirect interest; comprehending all that
portion of a person's life and conduct which affects only
himself, or if it also affects others, only with their free,
voluntary, and undeceived consent and participation.
When I say only himself, I mean directly, and in the first (1-12-02)
instance: for whatever affects himself, may affect others
through himself; and **the objection which may be**
grounded on this contingency, will receive consideration
in the sequel.
This, then, is the appropriate region of human liberty. (1-12-03)
It comprises, first, the inward domain of consciousness; (1-12-04)
demanding liberty of conscience, in the most comprehensive
sense; liberty of thought and feeling; absolute freedom of
opinion and sentiment on all subjects, practical or speculative,
scientific, moral, or theological.
The liberty of expressing and publishing opinions may seem (1-12-05)
to fall under a different principle, since it belongs to that part
of the conduct of an individual which concerns other people;
but, being almost of as much importance as the liberty of
thought itself, and resting in great part on the same reasons,

is practically inseparable from it.
Secondly, the principle requires liberty of tastes and pursuits; (1-12-06)
of framing the plan of our life to suit our own character; **of
doing as we like, subject to such consequences as
may follow**: without impediment from our fellow-creatures,
so long as what we do does not harm them, even though they
should think our conduct foolish, perverse, or wrong.
Thirdly, from this liberty of each individual, follows the liberty, (1-12-07)
within the same limits, of combination among individuals;
freedom to unite, for any purpose not involving harm to
others: the persons combining being supposed to be of full
age, and not forced or deceived.

(1-13) **No society in which these liberties are not, on** (1-13-01)
**the whole, respected, is free, whatever may be its
form of government**; and none is completely free in which
they do not exist absolute and unqualified.
The only freedom which deserves the name, is that of (1-13-02)
pursuing our own good in our own way, so long as we do not
attempt to deprive others of theirs, or impede their efforts to
obtain it.
Each is the proper guardian of his own health, whether bodily, (1-13-03)
or mental and spiritual.
Mankind are greater gainers by suffering each other to live (1-13-04)
as seems good to themselves, than by compelling each to live
as seems good to the rest.

(1-14) Though this doctrine is anything but new, and, to some (1-14-01)
persons, may have the air of a truism, there is no doctrine
which stands more directly opposed to the general tendency

of existing opinion and practice.
Society has expended fully as much effort in the attempt (1-14-02)
(according to its lights) to compel people to conform to its
notions of personal, as of social excellence.
The ancient commonwealths thought themselves entitled to (1-14-03)
practise, and the ancient philosophers countenanced, the
regulation of every part of private conduct by public authority,
on the ground that the State had a deep interest in the whole
bodily and mental discipline of every one of its citizens; a
mode of thinking which may have been admissible in small
republics surrounded by powerful enemies, in constant peril
of being subverted by foreign attack or internal commotion,
and to which even a short interval of relaxed energy and self-
command might so easily be fatal, that they could not afford
to wait for the salutary permanent effects of freedom.
In the modern world, the greater size of political communities, (1-14-04)
and above all, the separation between spiritual and temporal
authority (which placed the direction of men's consciences
in other hands than those which controlled their worldly
affairs), prevented so great an interference by law in the details
of private life; but the engines of moral repression have been
wielded more strenuously against divergence from the reigning
opinion in self-regarding, than even in social matters; religion,
the most powerful of the elements which have entered into
the formation of moral feeling, having almost always been
governed either by the ambition of a hierarchy, seeking control
over every department of human conduct, or by the spirit of
Puritanism.
And some of those modern reformers who have placed (1-14-05)
themselves in strongest opposition to the religions of the past,
have been noway behind either churches or sects in their
assertion of the right of spiritual domination: M. Comte, in

particular, **whose social system, as unfolded in his *Système de Politique Positive***, aims at establishing (though by moral more than by legal appliances) a despotism of society over the individual, surpassing anything contemplated in the political ideal of the most rigid disciplinarian among the ancient philosophers.

(1-15) Apart from the peculiar tenets of individual thinkers, (1-15-01) there is also in the world at large an increasing inclination to stretch unduly the powers of society over the individual, both by the force of opinion and even by that of legislation: and as the tendency of all the changes taking place in the world is to strengthen society, and diminish the power of the individual, this encroachment is not one of the evils which tend spontaneously to disappear, but, on the contrary, to grow more and more formidable.

The disposition of mankind, whether as rulers or as fellow- (1-15-02) citizens, to impose their own opinions and inclinations as a rule of conduct on others, is so energetically supported by some of the best and by some of the worst feelings incident to human nature, that it is hardly ever kept under restraint by anything but want of power; and as the power is not declining, but growing, unless a strong barrier of moral conviction can be raised against the mischief, we must expect, in the present circumstances of the world, to see it increase.

(1-16) It will be convenient for the argument, if, instead of (1-16-01) at once entering upon the general thesis, we confine ourselves in the first instance to a single branch of it, on which the principle here stated is, if not fully, yet to a certain point, recognised by the current opinions.

This one branch is the Liberty of Thought: from which it is (1-16-02)
impossible to separate the cognate liberty of speaking and of
writing.

Although these liberties, to some considerable amount, form (1-16-03)
part of the political morality of all countries which profess
religious toleration and free institutions, **the grounds, both
philosophical and practical, on which they rest, are
perhaps not so familiar to the general mind, nor so
thoroughly appreciated by many even of the leaders
of opinion, as might have been expected.**

Those grounds, when rightly understood, are of much wider (1-16-04)
application than to only one division of the subject, and a
thorough consideration of this part of the question will be
found the best introduction to the remainder.

Those to whom nothing which I am about to say will be new, (1-16-05)
may therefore, I hope, excuse me, if on a subject which for
now three centuries has been so often discussed, I venture on
one discussion more.

ON
LIBERTY

解　説

それが実際にどういうことなのか、私には把握できなかった。言葉の辻褄は合っても、それに基づく具体例を明確に理解できるまでは、把握できたとはいえない。

―山本七平　『洪思翊中将の処刑』(1986)

You saw things exactly as they were, but you didn't realize that the visual appearance could be interpreted two ways.

— Clayton Rawson *From Another World* (1948)

君は事態を正確にあるがままに見た。ところが、目に見える外観には二つの解釈がなりたつことに気がつかなかったのだ。

(1－07－01) The likings and dislikings of society, or of some powerful portion of it, are thus the main thing which has practically determined the rules laid down for general observance, under the penalties of law or opinion.

訳　かくして、社会の好き嫌い、正確に言うと社会の何らかの有力な部分の好き嫌いこそ、法に背いた場合に受ける罰を強制力の担保として、一般に遵守するべく定められた規範、あるいは世間一般の考えに背いた場合に被る不利益を強制力の担保として、一般に遵守するべく定められた規範を実質的に決定してきた主要な要因なのである。

構文　laid は過去分詞形容詞用法で rules にかかります。■ under the penalties は laid down にかかります。

研究　**some powerful portion of it**〔社会の何らかの有力な部分〕は 1－06－16 の an ascendant class〔優勢な階級〕を指しています。ミルの時代より後ではマスメディアもここに入るでしょう（もちろんマスメディアは階級ではありませんが）。some〔何らかの〕は 1－02－12 の **研究** 参照。

▷ **thus** は前のパラグラフを受けています。

▷ **practically** は「実質的に、事実上」という意味です。

▷ **general observance**〔一般的な遵守〕＝ observance at times and places in general and by people in general〔一般的な時、場所で、一般の人によって遵守されること〕です。特別な時、場所で、特別な人によって遵守されないことはあります。

▷ **the penalties of law** は「罰金、懲役、死刑など」です。**the penalties of opinion**〔世間一般の考えの罰〕は「社会の大多数の人の考えに反することからもたらされる不利益」です（opinion はこれだけで public or general opinion〔世論、周囲の人の大多数が抱く考え〕(OED) という意味を表します)。具体的には、軽蔑されたり、交際を絶たれたりすることです。たとえば、公衆の面前でナチスの制服を着て *Horst-Wessel-Lied*（ホルスト・ヴェッセル・リート：ナチ党の党歌）を歌ったら、ドイツでは the penalties of law を課せられますし、イギリスでは the penalties of opinion の対象になるでしょう。

(1－07－02) And in general, those who have been in advance of society in thought and feeling, have left this condition of things unassailed in principle, **however they may have come into conflict with it in some of its details.**

訳 思想面、感情面で社会に先んじていた人たちが個々の一部の事案についてこの事態に異議を唱えたことは、これまでにもあった。**しかし、どんな個々の事案で、どんな風に異議を唱えたにしても、**一般的には、そういう人たちもこの事態そのものは不問に付してきたのである。

構文 in principle は unassailed にかかります。■ however they may have come into conflict with it in some of its details は副詞節で、however は have come にかかります。

研究 **in general**〔一般的に〕は、主節のような事例がすべてではないにしても、通例であったことを示しています。

▷ **those who . . .** は意味的には even those who . . .〔…な人たちでさえ〕です。V しそうな人が $S_1, S_2, S_3, \ldots$ といろいろいて、その中で S_3 が一番 V しそうなのに、しないときは even をつけて Even S_3 + not V.〔S_3 でさえ V しない〕という書き方をします。しかし、V しそうな人がそもそも S_3 しかいないときは、even をつける必要はありませんし、実際にも even をつけないのが普通です。原文の場合、those who . . . でない人たち（＝思想面、感情面で社会に先んじていなかった人たち）は、そもそも assail this condition of things〔この事態に異議を唱える〕ようなことはしないのであって、こういうことをしそうな人は those who . . .（＝思想面、感情面で社会に先んじていた人たち）だけです。ですから、even をつけていないのです。

▷ **in advance of society in thought and feeling**〔思想、感情の両面で社会に先んじている〕は思想面でも感情面（＝好き嫌い）でも、社会の支配的な傾向より洗練され、進歩している状態です。

▷ **this condition of things**〔この事態〕は「行動規範が社会の有力な部分の好き嫌いによって決まる状況」です。

▷ **have left . . . unassailed**〔…を、異議を唱えられない状態に放置してきた〕は「…を批判してこなかった、…を不問に付してきた」ということです。

▷ **in principle** は with respect to basic elements but not with respect to details〔基本要素に関して、しかし細部に関しては違う〕(Webster) という意味です。basic elements は the fundamental idea underlying something〔あることの根底にある基本的な考え＝原理〕の場合もあれば the fundamental mechanism underlying something〔あることの根底にある基本的な仕組み〕の場合もあります。

「原理に関しては、原理の点では」という意味の in principle の例を見てみましょう。

> Some people argue that the average pay of men and women should be equal in general. Some people argue that the pay for someone doing a particular job should be independent of their sex. Their arguments are different, but they agree in principle on the idea of treating men and women equally.
>
> 男女の平均賃金は一般に同等であるべきだと主張する人がいる。特定の同じ仕事をする人に支払われる報酬は性別による違いがあってはならないと主張する人もいる。両者の主張は異なるが、原理の点では、男女平等の考えで一致している。

前者は「職種の違いを考慮に入れず (←これが in general の意味です) ともかく労働者の平均賃金に男女差があってはならない」という主張で、後者は「同じ職種であれば、賃金に男女差があってはならない」という主張です。「この 2 つの主張は、原理の点では、男女平等の考えで一致している」というのは「男女平等の考え自体では一致している」ということです。

次に「基本的な仕組みに関しては、基本的な仕組みの点では」という意味の in principle の例を見てみましょう。

> In early 19th century America, there were men who argued that slaves should not be mistreated, that slave families should be kept together, and that slavery should not be hereditary. They were certainly reformers, but they were not opposed to slavery in principle.
>
> 19 世紀初めのアメリカには、奴隷を虐待してはならない、奴隷

の家族は一緒に生活できるようにすべきだ、奴隷制は世襲であってはならないと主張する人たちがいた。彼らは確かに改革者ではあった。しかし、基本的な仕組みの点では奴隷制度に反対していなかったのである。

「基本的な仕組みの点では奴隷制度に反対していなかった」は「奴隷制度自体には反対していなかった」と言っても同じです。

原文に戻りましょう。**unassailed in principle** は「基本的な仕組み（＝行動規範が社会の有力な部分の好き嫌いによって決まること）の点では異議が唱えられていない」という意味です。したがって **have left this condition of things unassailed in principle** は「この事態を、基本的な仕組みの点では異議が唱えられていない状態に放置してきた→この事態そのものは不問に付してきた」となります。基本的な仕組み以外の点ではこの事態に異議が唱えられた（＝個別の事例において好き嫌いの内容に異議が唱えられた）ケースはあったのであり、それが however 以下で指摘されています。

▶ **however S + V**（however の次に形容詞・副詞が来ないタイプ）は「どんなふうに S が V しようとも」という意味の「（程度ではなくて）様態について譲歩している副詞節」です。**however** ＝ in whatever way です。**may** は譲歩の副詞節の中で用いる may で、いわゆる「譲歩の may」です。原文の however S may have p.p. は「（これまでに）どんなふうに S が V したことがあったにしても」という意味です。なお「どれほど（or どれくらい）S が V したことがあったにしても」という和訳は「どんなにたくさん S が V したことがあったにしても」という「程度の意味」ですから、however much S may have p.p. に対する和訳であって、本文の和訳としては誤りです。

▶ **may have come into conflict with it** は「この事態と衝突したことがあった」という意味で、**it** は this condition of things を指しています。主節が現在完了ですから、**have come** も単純過去ではなくて、現在完了の意味を表します（ここは現在完了の「経験」の意味です。なお、私は「現在完了の意味を表す」と言っているだけで、have come が現在完了だとは言っていません。may have come の have は原形ですから、

have come が現在完了でないのは言うまでもありません)。「この事態と衝突したことがあった」というのは「行動規範が社会の有力な部分の好き嫌いによって決まるのに異議を唱えたことがあった」ということです。これは、「行動規範が (社会の有力な部分の) 好き嫌いによって決まること (自体)」に異議を唱えたのではなく、「行動規範を決める (社会の有力な部分の) 好き嫌いの内容」に異議を唱えたのです。

これに **however** = in whatever way〔どんなふうに…しようとも〕がついています。これは「may have come into conflict with it の様態を問わない (＝この事態とどんなふうに衝突したことがあったにしても)」という意味です。ここの様態には、衝突の方法 (＝異議を唱えたやり方) だけでなく、衝突の対象 (＝どんなケースで異議を唱えたのか＝ some of its details の some の中身) も含んでいると考えるべきです。

▶ もし **its details** の **its** が行動規範を指しているのであれば its details は「行動規範の細かい点＝行動規範の細目」です。しかし、この **its** は this condition of things〔この事態＝行動規範が社会の有力な部分の好き嫌いによって決まる事態〕を指しています。ここの detail は a part of a whole〔1 つの全体の一部〕(Webster) という意味です。したがって its details は the individual cases of this condition of things〔行動規範が社会の有力な部分の好き嫌いによって決まった個々のケース〕を指しています。its details ＝ its individual cases です。個々のケースの一部 (＝ some) で「社会の有力な部分の好き嫌い (の内容) に異議を唱えた」というのは「特定の行動規範を批判して、その改変を唱えたことがあった」ということです。

▶ those who have been in advance of society in thought and feeling の実例として奴隷解放運動家を考えてみましょう。彼らは思想 (＝すべての人間は平等である) の点でも感情 (＝奴隷制度を嫌悪する) の点でも、当時の社会の支配的傾向 (＝奴隷制度を是認する風潮) に先んじていました。彼らはこう主張します。「現在の行動規範は奴隷制によって利益を得る奴隷所有者と奴隷商人の preferences (＝奴隷制を好む感情) によって決められている。しかし、彼らの preferences は私利私欲に基づくものであって、奴隷制を正当化するに足りるものではない。彼らの preferences によって国民の一般的な行動規範が決定されるのは不当である。」そして、彼らは、より多くの成員からなる階級に訴えて、奴隷所有者階級のpreferencesとは異なるpreferencesに基づいて行動規範が決定されるようにしようと運動したのです。これが **however they may have come into conflict with it in some of its details**（彼らは、どんな個々の事案で、どんな風に、この事態、すなわち行動規範が社会の有力な部分の好き嫌いによって決まる事態に異議を唱えたことがあったにしても）の一例です。彼らは「行動規範を決定している、（奴隷所有者階級の）preferencesの中身がおかしい」と主張したのであって、「（社会の有力な部分の）preferencesによって行動規範が決定されること自体が、そもそもおかしい」と主張したのではないのです（なぜこう言えるかというと、次の文（1−07−03）にそう書いてあるからです）。

基本的な仕組み（＝社会の有力な部分のpreferencesによって行動規範が決まること）の点では（＝ in principle）この事態は不問に付され、例外的にこの事態と衝突した事例でも行動規範を決定しているpreferencesの中身を批判したにすぎず、結局、思想面、感情面で社会に先んじていた人たちも「preferencesによって行動規範が決定されること」自体には異議を唱えなかったのです。ただし、最初に「一般的に（＝ in general）」と言っていて、例外的な人（すなわち「社会の有力な部分のpreferencesによって行動規範が決定されること」自体に異議を唱えた人）がいたことは認めています。ミルの念頭にあった例外的な人が誰であるかは定かではありません。ベンサムあるいはルソーなどを考えていたのかもしれません。

思考や感情が世間よりも先進的だった人々も、ルールの細かいところでどれほど争ったにせよ、原理面ではこのような状況を無批判のまま放置しておくのがふつうだった（岩波・新訳）

(1－07－03) They have occupied themselves rather in inquiring what things society ought to like or dislike, than in questioning whether its likings or dislikings should be a law to individuals.

訳　彼らは、社会の好き嫌いが個人を縛る法となることの是非を問題にするよりもむしろ、社会はどんなことを好みあるいは嫌うべきなのかを追究することに専念してきた。

研究　**a law to individuals** = a law which binds individuals〔個人をしばる法〕です。

(1－07－04) They preferred endeavouring to alter the feelings of mankind on the particular points on which they were themselves heretical, rather than **make common cause in defence of freedom, with heretics generally**.

訳　彼らは、**自由を擁護して、異端者と共通の大義を、個々の目的の違いを超えて一般的に主張する**よりもむしろ、自分の見解が異端となっている特定の問題について、人類の感情を変えようと努める方を好んだのであった。

構文　rather than の後に動詞を置いて「…するよりもむしろ」と言うときは、次の 2 つの場合があります。

(a)「主語が『2 つの動詞が表す 2 つの行動』のうちどちらを選択するか」を述べる場合
(b)「『主語がとる行動』あるいは『主語に生じること』を 2 つの動詞のどちらで描写したらいいか」を述べる場合

たとえば Rather than work, he spent his time idly.（彼は、働くより怠けて時間を過ごした）は (a) です。この場合は rather than の後に置く動詞は原形不定詞名詞用法、to 不定詞名詞用法、動名詞のどれかになるのが原則です。それに対して He neglected his work rather than worked slowly.（彼はゆっくり仕事をしたのではなく、むしろ仕事を怠けたのだ）は (b) です。この場合は rather than の後に置く動詞は現在形、過去形、過去分詞、現在分詞などになるのが原則です。原文は (a) のタイプで rather than の後に make という原形動詞が来ています。

研究　この文は前文の内容をより具体的に表現しています。前文の inquiring what things society ought to like or dislike〔社会はどんなことを好みあるいは嫌うべきなのかを追究すること〕を alter the feelings of mankind on the particular points on which they were themselves heretical〔自分自身が異端となっている特定の問題について、人類の感情（＝好き嫌い）を変える（ことによって自分の意見を異端ではなく、社会の支配的見解にする）〕でより具体的に述べ、前文の questioning whether its likings or dislikings should be a law to individuals〔社会の好悪が個人にとっての法となるべきか否かを問題にすること〕を make common cause in defence of freedom, with heretics generally〔自由を擁護して、異端者と共通の大義を一般的に主張する〕でより具体的に述べています。

▶ cause は「思想、大義、目的、運動、主張」という意味で、**make common cause in defence of freedom** は「自由を擁護して、共通の大義を主張する」という意味です。generally を heretics にかけて「異端者一般」と読むのは間違いです。with heretics と generally は別々に make common cause にかかっています。意味の観点からより精密に言うと、**with heretics** は common にかかっていて、make common cause . . . , with heretics は「異端者と共通の大義を主張する」です。**generally**〔一般的に〕は、ここでは beyond the difference of particular objects between heretics〔異端者の間の個別的目的の違いを超えて〕という意味で、make にかかっています。

したがって **make common cause in defence of freedom, with heretics generally** は「自由を擁護して、異端者と共通の大義を、異端者の間の個別的目的の違いを超えて主張する」という意味です。ミルは make common cause in defence of freedom だけで「自分の念頭にある事柄」を表せると思ったのですが、念のために with heretics generally〔異端者と、一般的に〕を補足的に付け加えて事柄を明確にしたのです（ですから with の前にコンマがあるのです）。

▶ さて、これの具体的な事柄を考える際に問題になるのが「異端者同士で連携しているかどうか」ということです。というのは、岩波新訳を除くすべての先行訳が「異端者を糾合して」「異端者一般と共同して」「異端者とともに共同戦線をはる」「異教徒と相携へる」「異端者と協力して」「一般異端者と團結して」「さまざまの少数派と連帯して」のように、異端者同士で連携しているという訳文になっているからです。これは OED が to make common cause を to join in behalf of a common object〔共通の目的のために連携する〕と定義していることも一因かもしれません。LDCE も make common cause (with) を to take action together for a particular purpose〔特定の目的のために一緒に行動する〕と定義しています。そこで、まずこの「連携」の問題について検討してみましょう。次の 2 つの文を見てください。

(a) We all eat a fish.
(b) We all eat fish.

(a) は「我々は全員ある (一つの特定の種類の) 魚を食べる」という意味です。a fish はマグロとかタイとかイワシといった「一つの特定の種類の魚」を指しています。したがって、我々は全員同じ種類の魚を食べるのです。

それに対して、(b) は「我々は全員魚 (＝魚肉) を食べる」と言っているだけで、食べる対象となる「魚の種類」は問題にしていません。この単数・無冠詞の fish は、構造的には「名詞で、eat の目的語」ですが、意味的には、We eat alone.〔我々は自分たちだけで食べる〕とか We eat heartily.〔我々は腹いっぱい食べる〕と言うときの alone や heartily (という副詞) と同じような機能 (＝食事の形態を表す機能) を果たしています。

▶ さて、cause は「思想、大義、目的、運動、主張」という意味のときは可算名詞です。したがって、「共通の大義を主張する」と言いたいときは make a common cause と言うのが本来の形です。ところが原文は cause を単数・無冠詞にして make common cause と言っています。これと不定冠詞をつけた make a common cause は事柄の上で違いがあります。

(c) make a common cause with . . .
(d) make common cause with . . .

(c) は「…と共通の、ある (一つの特定の) 大義を主張する」という意味です。a common cause は紙に印刷してパンフレットの形で配布できるような「1 つの特定の具体的な共通大義」を指しています。a common cause は話者と聞き手の共通の了解事項になっていないので the common cause にしていないだけで、それ自体は one definable thing〔一つの限定できるもの〕なのです。

with . . . は common にかかって「…と (共通の)」という意味を表します (in common with . . .〔…と共通して〕の with です)。make にかかって「…と共に (主張する)」という意味を表すのではありません。したがって、(c) は「…と共通の、ある (一つの特定の) 大義を主張する」と言っているだけで、…と連携しているか否かについては、文言上は、何も言っていません。そこで、厳密に言えば、「ある一つの特定の共通大義」を各自が互いに無関係に唱えるということもありえます。しかし、「ある一つの特定の共通大義」は、互いに無関係に偶然唱えるよりも、お互いに連携して唱える方が蓋然性はずっと高いのです。したがって、make a common cause with . . . という表現は「主語が…と連携・協力・共同している」ことを強く示唆します。連携している場合は、主語と…は、面識はないまでも、少なくとも意思の疎通はあり、主語だけでなく…も同じ共通の大義を主張していなければなりません。したがって make a common cause with . . . と言った場合は、連携を否定する文脈がないかぎり、連携していると読むのが自然な読み方です。「…と共通の、ある (一つの特定の) 大義を連携して主張する」という事柄です。

▶ それに対して、(d) make common cause with . . . は「共通の大義を主張する」と言っているだけで、主張する対象となる「具体的な大義」は問題にしていません。大義主張の形態には、同調者なしで単独に主張する「大義単独主張」とか、インターネット上で主張する「大義ネット主張」とか、身体・生命を賭して主張する「大義不惜身命《ふしゃくしんみょう》主張」とかいろいろありますが、その 1 つに「誰かと共通の大義」を主張する「共通大義主張」という形態があり、(d) は「共通大義主張という形態で大義主張をする」と言っている (ようなも) のです。この単数・無冠詞の common cause は、構造的には「名詞で、make の目的語」ですが、意味的には、「大義主張の形態を表す副詞」と同じような機能を果たしているのです。

make common cause with . . . の場合は、make a common cause with . . . と異なり、主張する対象となる「具体的な大義」は問題にされていません (＝大義主張の形態だけが問題にされています)。したがって、連携して唱える方が蓋然性が高いとは言えません。**make common cause with . . . は、連携しているか否かについてはまったく neutral** で、このフレーズだけではどちらとも言えないのです。

先に紹介した OED と LDCE の make common cause の定義は「連携

していない」場合をカバーしていません。したがって、make a common cause (with . . .) の定義としては一応妥当ですが、make common cause (with . . .) の厳密な定義としては不十分なのです。

▶ それでは、原文が表す事柄を具体的に考えてみましょう。賭博を自由化すべきだという運動をしているAさんがロンドンにいるとします。大麻を自由化すべきだという運動をしているBさんがマンチェスターにいるとします。同性婚を自由化すべきだという運動をしているCさんがエディンバラにいるとします。この状況で、次の2つの日本語を見てください。

(a) AはB、Cにも共通する大義を主張している。
(b) AはB、Cと共に共通する大義を主張している。

賭博自由化、大麻自由化、同性婚自由化の3つに共通する大義とは「社会の有力な部分の好き嫌いによって個人の行動規範が決定されるべきでない」という大義です。(a) は「Aは共通する大義を主張している」と言っているだけで、「AがBやCと意思を通じて、連携して共通大義を主張している」というようなことは言っていません。ですから、(a) が表す事柄は「AがBやCと意思を通じて、連携して共通大義を主張している」こともあれば「AがBやCと意思を通じているわけではなく、Aが単独で共通大義を主張している」こともあります。それに対して (b) ははっきりと「B、Cと共に」と言っていますから、(b) が表す事柄は「AがBやCと意思を通じて、連携して共通大義を主張している」に決まります。

さて、不定冠詞を用いたA is making a common cause with B and C. は (連携をはっきり否定する文脈があれば別ですが) 通常は (b) を表します。一方、無冠詞のA is making common cause with B and C. は (a) を表し、連携の有無については neutral です。

▶「共通の大義」がなく、A、B、Cがそれぞれ自分の目的だけを主張して運動している状態が **endeavouring to alter the feelings of mankind on the particular points on which they were themselves heretical**〔自分の見解が異端となっている特定の問題について、人類の感情 (＝好き嫌い) を変えようと努めている〕です。やがてAはBやC

の運動のことを聞きつけて「事の本質は、社会の有力な部分の好き嫌いによって個人の行動規範が決定される点にあるのだ」ということに気がつきます。社会の有力な勢力の意向に右へ倣えする人が多いのが世の常ですから、「社会の有力な部分の好き嫌い」は「多数派の好き嫌い」と言っても同じです。そこでAは「賭博を自由に行えるようにすべきだ。なぜなら、社会は、多数派が嫌っているというだけの理由で個人の自由を制限することは許されないからだ。これは、賭博に限らず、大麻や同性婚などについても同じである」というようなことを言いだします。この場合、BやCの方ではAのことは何も知らず「社会は、多数派が嫌っているというだけの理由で個人の自由を制限することは許されない」とか「賭博自由化も支持する」というようなことは一言も言っていません。それでも、この状況をA is making common cause in defence of freedom with heretics generally.〔Aは自由を擁護して、異端者と共通する大義を一般的に主張している〕と言えるのです。しかしB (or C) is making common cause in defence of freedom with heretics generally. とは言えません。なぜなら、BやCは自分の目的だけを主張していて、他のhereticsと共通する大義は主張していないからです。

したがって、社会の少数派であって、(多数派が嫌っているというだけの理由で抑圧されている) 特定の行為の自由を主張している人たちがA (賭博自由化を主張)、B (大麻自由化を主張) C (同性婚自由化を主張)、D (男性の女装自由化を主張)、E、F、…といろいろいて、そのうちで「社会は、多数派が嫌っているというだけの理由で個人の自由を制限することは許されない。だから～は自由化すべきだ」のような主張の仕方をしているのがAだけだとしてもA is making common cause in defence of freedom with heretics generally.〔Aは自由を擁護して、異端者と共通する大義を一般的に主張している〕と言えるのです。くどいですが、You can make common cause with heretics generally, even if most of those heretics do not make common cause with you.〔たとえ異端者の大部分がmake common cause with youをしていなくても、あなたはmake common cause with heretics generallyをすることができる〕のです。

▶ 以上のように原文の **make common cause in defence of freedom, with heretics generally** が表している行動は本来単独で行える

行動なのです。単独で行える行動を集団で連携して行うこともあり得ますが、単独で行える行動は単独で行うこともあるのです。

1−07−03 と 1−07−04 の They は 1−07−02 の those who have been in advance of society in thought and feeling〔思想面、感情面で社会に先んじていた人たち〕を指していて、この 2 つの文は、この人たちが実際に何をしたのかを説明しています (1−07−03 と 1−07−04 は同内容のことを繰り返しています)。その際、彼らが団結して何かをやった、やらない、というようなことは一言も言っていません。あくまでも、彼らの一人一人を観察して、それぞれがどういう行動をとったかという視点で説明しているのです。**ミルはここで個々人の行動について述べているのであって、集団行動を論じているのではない**のです。したがって、本文を「共通の大義を連携して唱える」と解釈するのはやりすぎです。「協力して」「共同して」「団結して」「提携して」「糾合して」といった和訳は、事柄を限定しすぎています。ここは各個人がとった行動を言っているのであり、その行動は連携していることもあれば、連携していないこともあり、原文の場合は、どちらかと言えば、連携していないケースをミルは念頭に置いていたと解釈する方が妥当なのです。

以上のような次第ですから、make common cause in defence of freedom, with heretics generally を行う人は実際に heretics と面識がなくてもいいし、意思の疎通すら必要ないのです。原文の heretics には、同時期に同じ国で生存している人だけでなく、遠く離れた違う国の人やすでに死んでしまった人も含まれます。

▶ ところで、ミルはこのような「異端者と共通の大義を一般的に主張する」状況は生じなかったとまでは言っていませんが、否定的です。むしろ、各人がそれぞれ自分の目標達成に向けて、自分が社会の多数派になろうと努力する方を好んだのだ、と言っています。

自由を守るがために、あまねく異端者を糾合して共通の大義を主張する (岩波旧訳)
自由の擁護を〔自分たち以外のさまざまな〕異端者全般との共通の大義とする (岩波新訳)

さまざまの少数派と連帯して、自由の擁護という共通の大義を掲げる（古典新訳）
さまざまな少数派と協力して自由の擁護という共通の目標を掲げようとはしてこなかった（日経 BP）
異端者一般と共同して自由を擁護しようとする（名著）
一般的に、異端者とともに自由をまもるための共同戦線をはる（大思想）
一般的に、異端者たちに味方して自由を擁護しようとする（柳田）
自由擁護のために一般に異教徒と相携へる（市橋）
異端者と協力して一般的に自由を擁護する（富田）
一般異端者と團結して自由を擁護する（深澤）
異端者をも含めて皆んなで自由を守る一般的理由を明瞭にする（高橋）
自由を擁護するに當つて、一般に異教徒と提携する（近江谷）

(1－07－05) The only case in which the higher ground has been taken on principle and maintained with consistency, by any but an individual here and there, is that of religious belief: **a case instructive in many ways, and not least so as forming a most striking instance of the fallibility of what is called the moral sense: for the *odium theologicum*, in a sincere bigot, is one of the most unequivocal cases of moral feeling.**

訳　ここかしこに孤立して存在している個人以外によって、いま述べた高い方の立場が原理上とられ一貫して保持されてきた唯一の事例は宗教的信仰のケースである。**このケースは多くの点で教訓的であるが、特に、いわゆる道徳的判断力の可謬性（これは「少数者にも独自に行動する自由がある」という原理を支える最大の根拠である）をきわめて顕著に示す実例を形成している点で教訓的である。なぜ顕著に示しているかというと、上辺だけ狂信者のふりをしている偽物ではなく、本気で信じ込んでいる本物の狂信者が抱く神学上の憎悪は異なる道徳感情が存在すること、言い換えれば道徳的判断力が誤りを犯しうることの最も明確な事例の一つだからである。**

構 文　**in which . . . here and there** は形容詞節で The only case にかかります。■最初の and は taken と maintained をつないでいます。■ by any は has been taken と has been maintained の両方にかかります。■ but は前置詞で but an individual〔個人以外の〕は any にかかります。■ here and there は an individual にかかります。場所を表す副詞は直前の名詞を修飾できます。■ that of religious belief ＝ the case of religious belief で、a case は that と同格です。■ instructive in many ways, and not least so は a case にかかります。■ as は前置詞で forming が as の目的語です。forming は動名詞ではなく、現在分詞形容詞用法です（1–09–01 の**構文**参照）。as forming . . . は副詞句で so（＝ instructive）にかかります。■ for は理由を表す等位接続詞です。

研究　この文は「『社会の有力な部分の好悪によって個人の行動規範が決定される』のに反対する立場を人間の集団が原理として採用し、一貫して保持してきた事例が一つだけある。それは宗教的信仰の場合である。」と言い、なぜ宗教的信仰の場合だけはそれが起こったのかを説明しています。

▷ **the higher ground**〔より高い立場〕は前文および前前文で述べられた 2 つの立場のより高い方です。すなわち「社会の有力な部分の好悪によって個人の行動規範が決定されるのに反対する」立場です。別の言い方をすれば「一般的に少数者にも独自に行動する自由があることを多数者に対して主張する」立場です。

▷ on principle について OED は次のように定義しています。

> ***on principle*: on the basis of a moral code or obligation; according to a fixed rule; from a settled (conscientious) motive.**〔道徳的な規範ないし義務に基づいて；確立した規則にしたがって；確定した（良心的な）動機から〕

ここには on principle の意味として 3 つが挙げられています。最初の意味は principle が a moral code or obligation〔道徳的な規範ないし義務〕を表している場合です。OED は「a moral code or obligation を表す principle」を general な場合と personal な場合の 2 つに分けて定義しています。その定義を当てはめると次のようになります。

on principle ＝ on the basis of a general law or rule adopted as a guide to action〔行動を導くものとして採用された一般的な法則ないし規則に基づいて〕この意味の on principle は「原理に基づいて」です。

on principle ＝ on the basis of a personal code of right action〔正しい

行動に関する個人的な規範に基づいて〕この意味の on principle は「主義として」です。
▷ 社会の有力な部分が X という行為を好んでいて、その結果「X すべきだ」という行動規範が社会にあるとします。その際、個人的に X を好まないので X すべきでないと思っている人が、自分の好み（＝「X すべきでない」という好み）を通すために、便宜上 the higher ground をとって「X すべきだ」という行動規範に反対することがあります。これは the higher ground has been taken as a matter of convenience〔より高い立場が便宜上とられてきた〕です。それに対して、個人的に X を好んでいて「X すべきだ」と思っていても、この行動規範の決め方（＝社会の有力な部分の好悪によって個人の行動規範を決めるやりかた）に反対であるために、the higher ground をとって、この「X すべきだ」という行動規範を批判する人がいます。これが **the higher ground has been taken on principle**〔より高い立場が原理上とられてきた〕です（on principle は as a matter of principle〔原理の問題として〕に変えても同じ意味です）。
▷ maintain は「維持する」ですが、維持する中心的手段は「主張する」ことですから、**has been maintained**〔維持されてきた〕は「主張されてきた」と訳しても差し支えありません。
▷ **but** ＝ except です。
▷ **here and there** は an individual にかかります（時間と場所を表す副詞は直前の名詞を修飾できます）。S has been p.p. by any but an individual here and there. は「an individual here and there 以外の人（そういう人であればどんな人でもいい）によって S が p.p. されてきた」という意味です。**an individual here and there**〔あちらこちらにいる個人〕は、文脈から事柄を判断すると、an isolated and ignored individual〔孤立して無視されている個人〕です。an isolated and ignored individual は「知っている範囲内には、同じ主張をしている人が他に誰もいない状況で、誰からも相手にされず、自分一人で主張している人」です。こういう人の主張はいわゆる「犬の遠吠え」で、通常 an eccentric person〔常軌を逸した人〕の意見として社会から排斥されます。

孤立した個人が、他に同様の人がいないか、いたとしてもその存在を知らずに、たった一人で誰からも相手にされず、より高い立場（＝社会の有力な部分の好悪によって個人の行動規範が決定されるのに反対する立場）を原理として採用し一貫して保持してきた事例はないわけではありません。たとえば学問上の問題や政治上の問題などであればいろいろ考えられます。しかし「それ以外の形態（＝ by an individual here and there 以外の形態）だと、より高い立場が原理として採用され一貫して維持されてきた事例は宗教的信仰の場合だけである」とミルは言っています。

「by an individual here and there 以外の形態」は理屈の上ではいろいろありえます（だから any と言っているのです）。しかし、ここでは、by any と言いながら、そういう事例は宗教的信仰だけだというのですから、by any but an individual here and there で想定されている形態は「宗教的信仰における少数派の形態」です。これは「**あるグループに属する人全員が一致して主張しているが、同様の主張をするグループは他になく、そのグループは他から孤立している**」形態です。この形態は、isolated ではありますが、an isolated and ignored individual〔孤立して無視されている個人〕すなわち **an individual here and there** ではありません。

▶ さてミルは「『少数者にも独自に行動する自由がある』という主張を、人間の集団が原理として掲げ、維持してきた唯一の事例は宗教的信仰のケースである」と言い、それを 1−07−05 のコロン以下と 1−07−06～08 で説明しています。ところが、例によって必要最低限のことしか言わないので、「事柄」および「論理的つながり」がわかりにくいのです。そこで、1−07−05 のコロン以下を読む前に、ミルが念頭に置いた（であろう）事柄の概略を説明しておきましょう。

▶ まず the moral sense と moral feeling について確認しましょう。これについては『序説』p.237 で解説しましたが、再録します。「これくらいは知らないとね。常識だよ。」と言うときの「常識」は「誰でも知っていること」という意味で、英語では common knowledge と言います。それに対して「またそんな危ないことやったのか。彼は常識がないからなあ。」と言うときの「常識」は「普通の人なら当然持っているはずの判断力」という意味で、英語では common sense と言います。これと同じで、the moral sense の sense は「判断力」という意味です。**the moral sense** は「ある行為をすべきである」「ある行為をすべきでない」という判断をする能力です。この判断力に基づいて「ある行為をすべきである」「ある行為をすべきでない」という判断がなされます。この判断が moral judgment〔道徳的判断〕です（← moral judgment という言葉は *On Liberty* には出てきません）。いったん moral judgment がなされると、それに従わない行為者に対して「すべきであるのに、しないから嫌いだ、憎い」「すべきでないのに、するから嫌いだ、憎い」という感情が生まれます。あるいは、それに従わない行為者の側には「すべきなのだから、しなかったら酷い目に会うという恐怖」あるいは「すべきでないのだから、したら酷い目に会うという恐怖」が生まれます。この嫌悪、憎悪、恐怖が moral sentiment、**moral feeling**〔道徳感情〕です。

「道徳」は大辞林によると「ある社会で、人々がそれによって善悪・正邪を判断し、正しく行為するための規範の総体。宗教と異なって超越者との関係ではなく人間相互の関係を規定するもの」と説明されています。したがって、宗教的信仰の事例を論じるのに「道徳的判断力」とか「道徳感情」という言葉が出てくると違和感を覚えると思います（宗教と道徳は違うものだからです）。しかし、これは単なる訳語の問題です。ミルは「ある行為をすべきである」「ある行為をすべきでない」という判断をする能力を the moral sense と呼んでいて、moral は一般的に「道徳」と訳すので、これを「道徳的判断力」と訳しているだけです。宗教の領域で「聖典の語句をこう解釈すべきだ」と判断する力も「ある行為をすべきである」という判断をする能力です。ですからこれは the moral sense なのです。**むしろ the moral sense は「行動規範を判断する力」、moral sentiment、moral feeling は「行動規範から生じる感情」と訳した方が、「道徳」という言葉から感じる違和感（＝宗教と道徳は違うものなのに、なぜ宗教の話に道徳が出てくるんだ？ という違和感）が浮かばないのでよい**かもしれません（まことにくどいですが「モラル」「道徳」という日本語から無意識に連想する「倫理的なニュアンス」を、この英文の moral に持ちこまないように注意してください）。

▶「ある行為をすべきである」「ある行為をすべきでない」という判断（＝ moral judgment：道徳的判断）が対立したとき、当事者は互いに「相手の道徳的判断は間違っている」と言って争います。その際「間違った道徳的判断はなぜ生じるか？（＝間違った道徳的判断が生じるメカニズム)」には次の2つの考え方があります。

> 考え方①「(真正な)**道徳的判断力は不可謬だ**」という前提に立ち、「偽りの道徳的判断力に基づいて判断するから、間違った道徳的判断が生じるのだ(真正な道徳的判断力に基づいて判断すれば間違った道徳的判断は生じない)」と考える。
>
> 考え方②「**道徳的判断力は可謬だ**」という前提に立ち、「道徳的判断力は可謬だから、判断を間違えることもある。だから、間違った道徳的判断が生じるのだ(道徳的判断力が判断を間違えなければ、間違った道徳的判断は生じない)」と考える。

▶ 16世紀の宗教改革の論争は、最初は考え方①だったのですが、やがて考え方②に変化したのです。宗教改革は一口に「カトリック対プロテスタントの争い」と言われます。しかし、実際にはどちらの側にもいろいろな教団、教派が存在し、それぞれが自派の正当性を主張して争いました。その際、多数派は自らが正しいと考える行動(宗教ですから、行動といっても、教典の解釈から礼拝のやり方まで様々です)を少数派に押し付けたわけですが、次のように言ったのではないのです。

> **我々は多数派である。少数派は多数派の判断に従う義務がある。それゆえ、お前たち少数派は、我々の行動規範を受け入れなければならない。**

これでは説得力はゼロで、こう言われて従う少数派はいないでしょう。それでは、多数派は何と言ったかというと、次のように言ったのです。

> **The "genuine" moral sense is infallible. Our moral sense is genuine, so our moral judgment is always right. Your moral sense is fake, so your moral judgment is wrong. Therefore, you must obey our rules of conduct.**
> **「真正な」道徳的判断力は不可謬である。我々の道徳的判断力は真正だ。だから、我々の道徳的判断は常に正しい。お前たちの道徳的判断力は偽物だ。だから、お前たちの道徳的判断は間違っている。それゆえ、お前たちは我々の行動規範に従わなければならな**

い。

これに対して、少数派は次のように反論しました。

To be sure, the "genuine" moral sense is infallible. But it is your moral sense that is fake. Our moral sense is genuine, so our moral judgment is always right. Therefore, you must obey our rules of conduct.
たしかに「真正な」道徳的判断力は不可謬である。しかし、お前たちの道徳的判断力こそ偽物なのであり、我々の道徳的判断力が真正である。だから、我々の道徳的判断は常に正しい。それゆえ、お前たちが我々の行動規範に従うべきだ。

このように「(真正な)道徳的判断力は不可謬である」という前提に立って争うと、多数派だろうが少数派だろうが、妥協するということはありえません。相手を屈服させるまで徹底的に争うことになります。なぜなら「偽物の道徳的判断力」に基づく間違った道徳的判断を認めることは、どんな理由があろうとも絶対に許されないからです。

▶ しかし、この闘争はカトリックにしてもプロテスタントにしても、あるいはどの教団、教派にしても、完全勝利をおさめることはできませんでした。やがて闘争の熱がさめ、各派の勢力図が定まってくると、多数派になる見込みがなくなった少数派は、多数派に対し、勝利を目指して「道徳的判断(この場合は「～すべし」という信仰上の判断)を変える」ように求める(より詳しく言うと「お前たちの道徳的判断力は偽物なのだから、それに基づく間違った道徳的判断は捨てろ」と言う)のではなく、現在の地盤を確保するために、「道徳的判断の違いを許容する」ように求めざるをえなくなりました。そこで、彼ら(＝少数派)は従来の「(真正な)道徳的判断力は不可謬である」という前提を捨てて、こう言ったのです。

The moral sense is fallible, so your moral judgment is as likely to be wrong as ours. Even though you are the majority, you may still be wrong. Therefore, you must let the minority follow their own moral judgment, because they

> **may be right.**
> **道徳的判断力は可謬である。だから、我々の道徳的判断が間違っている可能性があるのと同じくらい、あなたたちの道徳的判断も間違っている可能性がある。たとえあなたたちが多数派であっても、それでもなお、あなたたちが間違っているかもしれない。それゆえ、あなたたち多数派は、少数派が自分の道徳的判断に従うのを許さなければならない。なぜなら、少数派が正しいかもしれないのだから。**

この論理は、今問題になっている特定の論争（＝宗教論争）にだけ当てはまるものではなく、いやしくも行動規範の違いが争われるときは等しく成立する論理です。ですから、この要求は人間の集団が「少数者にも独自に行動する自由がある」という主張を原理として掲げたものだと評価されるのです。

▶ しかし、なぜこれが「唯一の事例」だったのでしょうか。信仰上の問題でなくても、人間の集団同士が行動規範を巡って争うことは普通にあります。その際、戦線が膠着したら、少数派がこのような主張をすることは十分にありえることです。たしかに、それはそうなのです。しかし、より高い立場が原理上とられ一貫して保持されてきた（＝ the higher ground has been taken on principle and maintained with consistency）のは宗教的信仰の事例だけだったのです。

それはなぜか？ **信仰の場合は、多数派も「道徳的判断力の可謬性」を認めざるをえなかった**からです。**「少数者にも独自に行動する自由がある」という原理の根拠は「道徳的判断力の可謬性」にあります**（「道徳的判断力は過ちを犯しうる→だから多数派の道徳的判断が間違っているかもしれない→その場合は少数派の道徳的判断が正しいことになる→この可能性がある以上、少数派が独自の道徳的判断をする自由を認めるべきだ」という論理です）。多数派は「道徳的判断力の可謬性」を認めたら、自分たちの道徳的判断が間違っている可能性があることを認めざるをえなくなり、少数派の行動規範を否定できなくなります（正確に言えば、少数派の行動規範の内容を否定することはできますが、少数派が独自の行動規範をもつことを否定できなくなるのです）。そこで、多数派は「道徳的判断力の不可謬性」を維持するために次のように言うのです。

> **You are lying. The genuine moral sense is the only one and infallible. You must also have the genuine moral sense and you must know that such a conduct is forbidden by it. But because you want to do that conduct you dare to ignore the genuine moral sense and offer a fake moral sense, and, in order to have us permit it, you are saying that the moral sense is fallible. The fallibility of the moral sense is only your "faked reason". You don't really believe the genuineness of your claimed moral sense.**
> **お前たちは嘘をついている。真正な道徳的判断力は1つしかなく、それは不可謬なものなのだ。お前たちもその真正な道徳的判断力を持っていて、そのような行動が許されないことはわかっているに違いないのだ。それなのに、そのような行動をやりたいがために、あえて真正な道徳的判断力に目をふさぎ、偽の道徳的判断力を持ち出して、それを許容させるために道徳的判断力は可謬だなどと言っている。道徳的判断力の可謬性は「でっちあげた理由」にすぎず、お前たちは自分の道徳的判断力の真正さ（＝自分の道徳的判断の正しさ）を本当は信じていないだろう。**

こう言われると、通常、少数派がこれに反論するのは極めて難しくなります。内心で考えていることについて「お前は嘘を言っている（＝本心は違うだろう）」と言われたら「嘘を言っていない（この場合は「自分の道徳的判断力は真正であり、自分の道徳的判断は正しい」と本当に信じている）」ことを証明して、相手に納得させるのは非常に困難です。ところが、信仰の領域では多数派も少数派が嘘を言っていないことを認めざるをえないのです。嘘を言っていないことの最も極端な証明が殉教です。自分の信仰（＝自分の宗教上の moral judgment の正しさ）を守るために命を捨てるのですから、さすがにその信仰を嘘だとは言えません。またいわゆる the *odium theologicum*〔神学上の憎悪〕も証明になります。神学上の解釈（＝どちらの moral judgment が正しいか）をめぐって見解の違う者に憎悪を懐き、エスカレートすれば殺し合いにまで発展します。

首尾よく相手を倒せればよいですが、反対に自分が返り討ちに会うこともありえます。そのリスクを冒しても相手を殺しに向かうのです。どの教団、教派にも狂信者がいます。中には便宜上狂信者のふりをしている者（＝an insincere bigot〔不誠実な狂信者〕）もいるでしょう。しかし、信仰のためには命も捨てるという本物の狂信者（＝a sincere bigot〔誠実な狂信者〕）がいることは、過去の歴史を振り返ればだれの目にも明らかです。そこで、宗教上の行動規範が争われたとき、martyrdom〔殉教〕とか the *odium theologicum* in a sincere bigot〔誠実な狂信者の神学上の憎悪〕を持ち出されると、多数派も少数派を「嘘つき（＝お前たちは「自分の moral judgment の正しさ」を本当は信じていないだろう）」とは言えなくなってしまうのです。ですから、**宗教上の争いにおいては「the moral sense は可謬である（だから、異なる moral judgment も許容すべきだ）」という少数派の主張は自らの行動規範を守るための強力な武器として機能する（＝多数派も否定できない）**のです。これが、宗教的信仰の事例においてのみ、人間の集団によって「少数者にも独自に行動する自由がある」という主張が原理として掲げられ、一貫して保持されてきた理由です。いかがでしょう。これがこの文でミルが言っていることです。これを念頭に置いて、コロン以下を読んでみることにしましょう。

▶ instructive〔教訓的な〕はここでは having the quality of conveying useful information〔役に立つ情報を伝える性質を持っている〕（OED）という意味です。**instructive in many ways**〔多くの点で教訓的である〕は議論の本筋とは無関係です。宗教的信仰が instructive であるのは、この後に出てくる「いわゆる道徳的判断力の可謬性」の問題だけではないことを断っただけです（たとえば、人間は奇蹟のような不合理なことでも本気で信じる場合があります。それを示す実例になるという点でも宗教的信仰は instructive です）。したがって in many ways, and not least so as forming の部分を削除して、. . . : a case instructive as a most striking instance of . . .〔…の極めて顕著な実例として教訓的な事例〕と書いても差し支えありません。

▶ **not least** は「二重否定で強い肯定を表す」緩叙法です。日本語でも「少なからぬ」は「かなり多い」の意味です。not least は「最低ではない→（それどころか）→とりわけ」という意味です。OED には not least :

in particular と出ています。**not least so as forming . . .** は「…をなすものとして、とりわけそう（＝教訓的な）」という意味です。構造上は a case を修飾しています。

▶ **a most striking** は絶対最上級で「非常に顕著な」という意味です。

▶ what is called X〔いわゆる X〕には 2 つのケースがあります。1 つは X と呼ばれているだけでなく、実際にも X である場合です。もう 1 つは X と呼ばれているだけで、実際には X でない場合です。This is what is called “a new method”.〔これがいわゆる新方式です〕は、前者であれば、this は実際に新しい方式で、だからこそ “a new method” と呼ばれているのです。それに対して、後者の場合は、this は実際には新しい方式ではないのですが、何らかの事情（誤解とか悪意の宣伝とか）で “a new method” と呼ばれているのです。原文の **what is called the moral sense**〔いわゆる道徳的判断力〕は後者です。

ミルからすると、本当の the moral sense は the ability to decide with reason for a particular act whether it is right or wrong〔個々の行動について正誤を理性的に判断する能力〕であるべきなのに、実際の the moral sense は personal likes or dislikes deciding for a particular act whether it is right or wrong〔個々の行動について正誤を決定する個人的な好き嫌い〕なのです。ですからミルにとっては、これは「本当の the moral sense」ではないので「いわゆる the moral sense」と言ったのです。

さて多数派は the moral sense は infallible〔不可謬＝絶対に間違わない〕と信じています（少なくとも信じているかのように振る舞うのです）。ところが宗教的信仰の場合には、the moral sense の fallibility〔可謬性〕が明らかなのです。その理由を説明したのがこの文の最後（＝二つ目のコロン以下）です。

▶ ***odium theologicum***〔神学上の憎悪〕はラテン語です。OED は hatred of the kind which proverbially characterizes theological disputes.〔神学論争を、成句になるほどに特徴づけているような類の憎悪〕と説明しています。この憎悪は「聖典の字句について、ある解釈をとるべきなのに、とらないのは憎い」あるいは「聖典の字句について、ある解釈をとるべきでないのに、とるのは憎い」という感情ですから、moral feeling〔道徳感情＝行動規範から生じる感情〕の最もはっきりした実例の 1 つです。そして、一方が「この字句についてこういう解釈をとるべきなのに、とらないのは憎い」という道徳感情を懐くのは、他方が「その字句についてそういう解釈をとるべきでない」という異なる道徳的判断（＝行動規範についての判断＝「ある行為をすべきである」「ある行為をすべきでない」という判断）をしているからです。したがって、神学上の憎悪が存在することは同一の字句の神学上の解釈について異なる moral judgment が存在することを示しています。ところで、もし the moral sense が infallible なら、同一の字句の神学上の解釈について、常に正しい moral judgment が 1 つだけ存在し、「神学上の憎悪」は起こらないはずです。the moral sense が infallible であるなら、同一の行為について異なる複数の moral judgment が存在することはありえません。同一の行為について異なる複数の moral judgment が存在していたら、どれかは間違いですから、その間違った moral judgment を下した the moral sense は間違いを冒したことになり、したがって the moral sense は infallible ではないことになります。このような論理で「神学上の憎悪」と「the moral sense の不可謬性」は矛盾するのです。

▶ この矛盾が解消するのは、次のどちらかです。

可能性 1　the *odium theologicum*〔神学上の憎悪〕が嘘である（＝本当は存在していない）。
可能性 2　the moral sense〔道徳的判断力〕が infallible〔不可謬〕ではない（＝ fallible〔可謬〕である）。

an insincere bigot〔不誠実な狂信者〕は狂信自体が偽りで、何らかの事情（たとえば体面とか保身とか）から信じているふりをしているだけで、本当は信じていません。ですから the *odium theologicum* in an insincere bigot〔不誠実な狂信者の神学上の憎悪〕は「嘘の神学上の憎悪」です。この場合は、本当の「神学上の憎悪」は存在しません。つまり異なる複数の moral judgments は、存在しているように見えるだけで、実際には存在しないのです。ですから the *odium theologicum* in an insincere bigot〔不誠実な狂信者の神学上の憎悪〕は「moral judgment が複数存在すること」すなわち「the moral sense の可謬性」を証明していません（「the moral sense の不可謬性」と矛盾しないからです）。

ところが、**a sincere bigot**〔誠実な狂信者〕は本気でその神学上の解釈を信じていて（それも狂信的に）、a sincere bigot が神学上の憎悪をもつのであれば、それは嘘ではありません。本気で自分の moral judgment を正しいと信じて、相手の moral judgment を潰しにかかっているのです。したがって、**the *odium theologicum* in a sincere bigot**〔誠実な狂信者の神学上の憎悪〕は同一の行動（ここでは同一の字句を神学的に解釈すること）について異なる moral judgment が存在すること（→どれかの moral judgment は間違っているということ→ moral judgment を下す力である the moral sense が fallible であること）を示しているのです。

▶ このような次第で「forming a most striking instance . . .〔（宗教的信仰の事例は）いわゆる道徳的判断力が誤りを犯しうることをきわめて顕著に示す実例を形成している〕: for the *odium theologicum*, . . .〔なぜなら、本心で信じ込んでいる本物の狂信者が懐く神学上の憎悪は道徳感情の最も明確な事例の一つだからである〕」は、これだけで因果関係が完結しているのです。the fallibility of what is called the moral sense〔いわゆる道徳的判断力の可謬性〕はこれだけ（＝ for の後だけ）で証明されているのです。19 世紀中葉のミルの時代には、これは familiar debate であって、読者は for 以下を読むだけで、この因果関係がわかったのです。しかし、「150 年以上経った、キリスト教国でもない現代日本」の我々には unfamiliar debate であり、しかもミルの書き方は原因と結果（ここでは理由と帰結ですが）が直接的につながらず、間に中間命題を補う必要があり、それに加えて、原因と結果の間に共通な語が 1 つもないので（moral sense と moral feeling は違う概念であり、これをつなぐのは moral judgment ですが、この語はまったく出てきません）、因果関係が了解しにくいのです。せめて for the *odium theologicum*, in a sincere bigot, is one of the most unequivocal cases of moral feeling, which indicates the existence of different moral judgments.〔なぜなら、本気で信じ込んでいる本物の狂信者が懐く神学上の憎悪は、道徳感情の最も明確な事例の一つであり、この事例は異なる道徳的判断が存在することを示しているからである〕とでも書いてくれれば、まだ少しわかりやすかったと思うのですが。

▶ 1−07−05 の前半（＝最初のコロンの前）で「より高い立場が原理上とられて、一貫して保持されてきた唯一の事例は宗教的信仰のケースである」と言われれば、読者は当然「なぜ宗教的信仰においてだけ、より高い立場が原理上とられて、一貫して保持されてきたのか？」を知りたくなります。そこで、1−07−05 の後半（＝最初のコロンの後）で「道徳的判断力の可謬性」「神学上の憎悪」「道徳感情」という 3 つの事象を使ってその疑問に答えたのです。ただ、その答え方は極度に簡潔で、不親切な印象さえ受けます。おそらくミルとしては、この後の 2 文（1−07−06、07）で「宗教的信仰において、より高い立場がとられるに至った具体的なプロセス」を説明するので、仮に 1−07−05 だけでわからなくても、1−07−06 と 1−07−07 を読めば論理的つながりがわかるはずだと考えたのだと思います。ただ、それを読んでも、論理的つながりは容易にはわかりません。そこで、論理的つながりを補って 1−07−05 全体を和訳してみましょう。次のようになります（特に下線部が全体の論理の出発点になっているので、ここがわからないと、何度読み返しても意味不明になってしまいます）。

ここかしこに孤立して存在して**いる個人以外の者**、即ち主張を同じくする人間の集団**によって、**今述べた 2 つの立場のうちで**高い方の立場**、即ち一般的に少数者にも独自に行動する自由があるとする立場**が**、便宜的にではなく、一つの**原理として採用され一貫して保持されてきた唯一の事例は宗教的信仰のケースである。このケースは多くの点で教訓的であるが、特にいわゆる道徳的判断力が誤りを冒しうることをきわめて顕著に示す実例を形成している点で教訓的である。**道徳的判断力が誤りを冒しうること、すなわち「道徳的判断力の可謬性」は「少数者にも独自に行動する自由がある」という主張を支える最大の根拠である。それゆえ、それをきわめて顕著に示していることが、宗教的信仰においてのみ、高い方の立場が原理上とられて、一貫して保持されてきた理由なのである。それでは**なぜ**宗教的信仰の事例は「道徳的判断力の可謬性」をきわめて顕著に示しているのであろう**か？　それは、**上辺だけ狂信者のふりをしている偽物ではなく、**本気で信じ込んでいる本物の狂信者が抱く神学上の憎悪は**同一の行為について複数の**道徳感情**が存在すること**の最も明確な事例の一つ**であり、「同一の行為について複数の道徳感情が存在すること」は「同一の行為について複数の道徳的判断が存在すること」であり、「同一の行為について複数の道徳的判断が存在すること」はどれかが間違っていること、すなわち「道徳的判断を下す力が誤りを冒しうること（＝道徳的判断力の可謬性）」を示す証拠**だからである。**

▶ fallibility を「誤りに陥りやすいこと」、infallibility を「誤りに陥りにくいこと」とするのは間違いです。fallibility は「誤りに陥る可能性があること＝常に正しいとは限らないこと」で、infallibility は「誤りに陥る可能性がないこと＝常に正しいこと」です。99.9% 正しいが 0.1% 間違う可能性があるときは fallible です。100% 正しいときが infallible です。

単にあちらこちらの個人ではないところの、何びとかによって、原理上より高い立場がとられ、且つこれが終始一貫採用され堅持されて来た唯一の領域は、宗教的信仰の領域である。この場合は、多くの点において教訓的であるが、いわゆる道徳感なるものの可謬性の極めて顕著な実例を形成するものとして見るときにも、教訓的であることが最小ではない。なぜならば、誠実な狂信家の懐くところの神学者の憎悪（*odium theologicum*）は、道徳的感情の少しの曖昧さをもいれない場合の一つだからである（岩波旧訳）

個人によるあちらこちらでの企てを別にすれば、高い水準の原理や主張の一貫性に達していた唯一の事例は、宗教的信仰である。これは多くの点で教訓となる事例だが、いわゆる道徳感覚というものの可謬性に関する非常に際立った例となっている点で、特に教訓的である。なぜなら、真剣で、しかも頑迷な信仰者が抱く神学上の憎悪は、道徳感情というものの明白この上ない一事例だからである（岩波新訳）

そんななかで唯一、宗教的な信仰の問題は、より高い立場で原理が問われ、あれこれの個人ではなく社会全体の一貫した関心事だった。信仰の問題はいろいろな点で教訓的である。とりわけ、道徳感情というものは間違いを犯しやすいことの、みごとな実例を提供してくれる。まじめ一徹の狂信者がいだく神学的な憎悪は、道徳感情のもっともきわだったケースのひとつだ（古典新訳）

そのなかで唯一、もっと高い立場から自由の原則が一貫して主張され、しかも何人かの孤立した個人によってではなく、幅広い層によって主張されてきたのは、宗教の自由だけである。宗教の事例をみていくとさまざまな点で教訓が得られるが、なかでも重要な点として、いわゆる道徳感情が誤りに陥りやすいことを見事に示す実例がここにある。誠実だが頑迷な宗教家が他の宗教に対して抱く憎悪は、道徳感情のなかでもとくに曖昧なところがないものだからである（日経 BP）

原則上、比較的たかい立場がとられ、しかも、ある個人ではなくて、そこにもここにもいるどんな人によっても、一貫して支持されたという、唯一の事例は、宗教的信念にかんするものであった。それは、おおくの点で教訓的な事例であって、いわゆる道徳感がまちがいをおかしうるという、きわめて強力な実例をなすものとして、最小にではなく教訓的なのである。というのは、まじめで強固な信者がもつ神学上の憎悪は、道徳的感情がもっともはっきりしている事例のひとつなのだからである（大思想）

(1－07－06) Those who first broke the yoke of what called itself the Universal Church, were in general as little willing to permit difference of religious opinion as that church itself.

訳　普遍教会と自称していたカトリック教会の束縛を初めて打ち破った人々も、宗教上の意見の相違を許容する気がない点ではカトリック教会そのものとおおむね変わりはなかった。

研究　この文と次の文は宗教的信仰の事例において「より高い立場」が原理上とられ一貫して保持されてきたプロセスを説明しています。

▷ **what called itself the Universal Church**〔自らを普遍教会と呼んだもの〕はカトリック教会です。この universal は extended to, provided for, or accessible to all members of a community, regardless of wealth, social status, etc.〔富や社会的地位などに関わりなく、共同体の全成員に及ぶ、与えられる、入手可能な〕(OED) という意味で universal salvation〔生きとし生きるものすべてに与えられる救済〕のように使われます。**the Universal Church** の Universal を OED は Designating the whole

Christian Church or all Christians collectively〔全キリスト教会ないしすべてのキリスト教徒を指している〕と説明しています。

▷ **Those who first broke the yoke of what called itself the Universal Church**〔普遍教会と自称していたカトリック教会の束縛を初めて打ち破った人々〕はルター、カルバンなどの宗教改革の指導者たちです。

▷ **in general** は例外があるかもしれないという含みをもたせるための a cautious phrase〔用心のためのフレーズ〕です。

> (1－07－07) But when the heat of the conflict was over, without giving a complete victory to any party, and each church or sect was reduced to limit its hopes to retaining possession of the ground it already occupied; minorities, seeing that they had no chance of becoming majorities, were under the necessity of pleading to those whom they could not convert, for permission to differ.

訳　しかし、どの派にも完全な勝利をもたらすことなしに闘争の熱がさめ、各教団や教派が既に得た地盤を保持する以上のことを望みえなくなったとき、少数派は、多数派になる見込みがないことを見て取って、彼らが信仰を変えさせることができない人々に対して、信仰の違いを許容するように求める必要に迫られたのである。

構文　この文の主節の骨格は minorities . . . were under the necessity〔少数派は必要に迫られた〕です。■ when . . . occupied は副詞節です。■ reduce A to B〔A に B を無理強いする〕の to は前置詞です (into も使われます)。したがって was reduced to limiting its hopes〔自らの希望を制限せざるをえなくなった〕が普通の形です。この文では to limit という不定詞を使っています。■ it already occupied は「関係代名詞が省略された形容詞節」で the ground にかかります。■ seeing that . . .〔…を見て〕は were にかかる分詞構文です。■ここは「pleading to 人 for 事」になっていますが、plead は「plead with 人 for 事・物〔人に事・物を嘆願する〕」と言うのが普通です。OED には to を使った用例は出ていません。

研究　ここで言う **church**〔教団〕や **sect**〔教派〕はキリスト教内の信仰集団ですから、**convert** を「改宗させる」と訳すと誤解を招く可能性があります。「信仰を変えさせる」くらいがいいでしょう。

(1－07－08) It is accordingly on this battle field, almost solely, that the rights of the individual against society have been asserted on broad grounds of principle, and the claim of society to exercise authority over dissentients, openly controverted.

訳　そのため、この戦場において、それもほとんどこの戦場においてのみ、社会に対する個人の権利が、原理という広い根拠に基づいて主張され、社会は異端者に対して権威を行使する資格を有しているということが公然と反駁されてきたのである。

構文　It is . . . that ～は強調構文です。■ almost solely は on this battle field にかかります。■ openly controverted の前に has been が省略されています。

研究　この文は 1−07−05 の前半（＝最初のコロンの前）を言い換えたものです。まず 1−07−05 の前半で結論を抽象的に提示し（孤立した個人以外のものによって、より高い立場が原理上とられ一貫して保持されてきた唯一の事例は宗教的信仰である）、次に 1−07−06 → 1−07−07 で結論に至るプロセスを具体的に説明して（少数派は、多数派になる見込みがないことを悟って、多数派に対して、信仰の違いを許容するように求める必要に迫られた）、最後に 1−07−08 でもう一度結論を別の言葉で繰り返した（ほとんどこの闘いの場においてのみ、個人の権利が原理に基づいて主張されてきた）のです。

▷ **accordingly**〔したがって〕は前文を受けていて「少数派は、多数派に対して、信仰の違いを許容するように求める必要に迫られたので（この闘いの場において、個人の権利が原理に基づいて主張されてきた）」という意味です。

▷ **broad** = general（＝広く一般的に様々な事案に適用される）です。**grounds** は「根拠」で、この意味ではしばしば複数形で使います。broad grounds of principle の **of** は「同格の of」です。「原理という広い（＝一般的な）根拠」という意味です。これは 1−07−05 の the higher ground〔より高い立場〕と同じ内容で「社会の有力な部分の好悪によって個人の行動規範が決定されるべきでない」という原理です。社会に対する個人の権利は、これまでも個別具体的な案件ではしばしば主張されてきました。しかし、原理という一般的な（＝広く一般的に様々な事案に適用される）根拠に基づいて主張されたのは、この宗教論争という闘いの場にほとんど限られていたのです。

▷ **claim** には「要求」の他に「正当化する根拠→資格、権利、権威」という意味があります（1−07−13 参照）。OED には right of claiming; right or title (*to* something or *to* have, be, or do something〔要求する権利；（何かに対する、何かを持つ、何かである、何かをする）権利あるいは資格〕と定義されています。この文の claim はこの意味です（「要求」という意味では決してありません）。ところで、ここだけ読んだ限りでは次のような疑問が生じます。

> この闘いの場において、信仰の違いを許容せよという主張がなされたのは、相手の信仰を変えさせることができないので、自己防衛上の必要に迫られて、やむを得ずそのように主張しただけである。相手を屈服させる見込みがあれば「信仰の違いを許容せよ」などという主張はかなぐり捨てて、相手が信仰を変えるまでとことん闘ったであろう。それゆえ、少数派が信仰の違いを許容せよと主張したのは the higher ground has been taken as a matter of convenience〔より高い立場が便宜上とられてきた〕のであって、the higher ground has been taken on principle〔より高い立場が原理上とられてきた〕のではない。したがって、これをもって「社会に対する個人の権利が、ほとんどここにおいてのみ、原理という広い根拠に基づいて主張された」と結論付けるのは早計ではないか？

the moral sense が infallible であるなら、相手が信仰を変えるまでとことん闘うのが筋です。「信仰の違いを許容せよ」と主張することは「相手の信仰も認めるから、こちらの信仰も認めよ」と主張することですから、闘わずして矛を収める卑怯者だ（というよりも神学的な the moral sense の infallibility を信じない不信心者だ）という誹りを免れません。ところが、1−07−05 の後半で指摘されているように、what is called the moral sense が fallible であることは the *odium theologicum* in a sincere bigot〔誠実な狂信者の神学上の憎悪〕によって明らかなのです。the moral sense〔道徳的判断力〕が fallible〔可謬〕であるなら、相手が信仰を変えるまでとことん闘うのは頑迷な愚か者のやることです。なぜなら、どちらかが間違っているとしたら、もしかすると自分が間違っていて、相手が正しいかもしれず、その場合に相手の信仰を変えさせることは正しいものを否定することになるからです。賢明な人間なら「本当は正しいもの」を否定してしまうリスクを慮って信仰の違いを許容するべきです。信仰の違いを許容する人は、卑怯者ではなく、「自分が間違っていると思うもの（＝相手の信仰）」を断腸の思いで許容して「本当は正しいもの」を否定してしまう可能性（＝自分が間違っていた場合に真理に及ぼす害）を回避することを優先する勇気あるヒーローなのです。このような論理によって、初めは、信仰を変えさせられるのを防ぐために便宜上「信仰の違いを許容せよ」と主張した人たちも、やがて、「道徳的判断力の可謬性」に基づいて「多数者の好悪によって個人の行動規範が決定されるべきでない＝少数者にも独自に行動する自由がある」という原理から「信仰の違いを許容せよ」と主張するようになっていったのです。ですから「この闘いの場において初めて社会に対する個人の権利が、原理という広い根拠に基づいて主張された」と言って差し支えないのです。

意見を異にする者の上に権威を行使しようとする社会の要求が公然と論難せられて来た（岩波旧訳）
異論を唱える人々に向けた社会の権力行使が公然と否定された（岩波新訳）
少数意見を権威で抑えつけたがる社会にたいし、公然と反対論が主張された（古典新訳）
社会が少数派に力を行使することへの反対論が公然と主張されてきた（日経 BP）
異端者に権威をふるおうとする社会の要求が公然と論駁されてきた（名著）
不同意者にたいして社会の権威を行使しようという要求に、公然と論争がいどまれてきた（大思想）
異端者を制壓する社會の權利が公然と攻撃された（富田）
社會が反對者に對して強權を行使する權利が、公然と拒まれた（近江谷）

(1－07－09) The great writers to whom the world owes what religious liberty it possesses, have mostly asserted freedom of conscience as an indefeasible right, and denied absolutely that a human being is accountable to others for his religious belief.

訳　世界が現在所有している信教の自由はすべて偉大な著述家たちの功績である。彼らの大部分は良心の自由を不可侵の権利として主張し、人が自分の信仰について他人に対して説明責任を負うことを断固として否定してきた。

構文　what は関係形容詞で religious liberty を修飾します。■ what religious liberty it possesses〔世界が所有するすべての宗教的自由〕は名詞節で owes の目的語です。■ to whom the world owes what religious liberty it possesses のベースにあるのは S owe A to B〔S は A を B に負うている〕で、「世界は自らが所有するすべての宗教的自由を偉大な著述家たちに負うている」という意味です。■ mostly〔大部分〕は「the great writers の大部分が」という意味です。■ and は asserted と denied をつないでいます。したがって denied は have (←現在完了を作る助動詞) につながる過去分詞形です。

研究　**The great writers** は *An Essay on Toleration*『寛容論』(1667) の著者 John Locke や *Common Sense*『コモンセンス』(1776) の著者 Thomas Paine などを指していると思われます。

▷ **accountable** は required or expected to justify one's actions, decisions, etc.〔自分の行動、決定等を正当化するように要求される、あるいは期待される〕(OED) という意味です。いわゆる「説明責任」です。「人間が他人に対して自分の信仰を正当化するように要求されることを絶対的に否定する」ということは「正当化しなくてよい」ということですから、要するに「信仰の自由」を主張したということです。

(1－07－10) Yet so natural to mankind is intolerance in whatever they really care about, that religious freedom has hardly anywhere been practically realized, except where religious indifference, which dislikes to have its peace disturbed by theological quarrels, has added its weight to the scale.

訳　しかし、何であろうとも、自分が本当に関心をもっていることについては寛容になれないのが、人間にとってごく自然なことなので、神学上の論争によって平和をかき乱されるのを好まない宗教的無関心者が信仰の自由を主張する側の味方についた場合を除けば、信仰の自由はこれまでほとんどどこでも実際には実現されていない。

構文　so natural to mankind is intolerance は intolerance is so natural to mankind の倒置形です。■ whatever は about の目的語になる複合関係代名詞です。whatever they really care about〔彼らが本当に関心をもつどんなことでも〕は名詞節で、in の目的語です（in の目的語は whatever ではありません。whatever they really care about の全体が名詞節で in の目的語です。whatever は節内で about の目的語です）。in whatever they really care about は副詞句で natural にかかります。■ that は従属接続詞で that religious . . . to the scale は副詞節で so natural の so にかかります。■ hardly anywhere は nowhere を少し弱くした表現です。■ except where S+V ＝ except the cases where S+V〔S が V する場合を除いて〕です。where は関係副詞で、先行詞の the cases が省略されて、where . . . to the scale が名詞節になっています。あるいは where は従属接続詞で where . . . to the scale が副詞節で except の目的語になっていると捉えることもできます。

研究　**religious indifference**〔宗教的無関心〕は「宗教的に無関心な人たち」を表します。

▷ **has added its weight to the scale**〔自らの重さを秤に加えた〕は「片方の天秤に宗教的不寛容が乗り、もう片方の天秤に信仰の自由が乗っている秤で、宗教的無関心が『信仰の自由が乗っている方の天秤』に乗って、秤がその天秤の側に傾いたこと」を表しています。これは metaphor〔隠喩〕です。具体的な事柄は「宗教的に不寛容な人々と信仰の自由を主張する人々が論争しているときに、宗教的に無関心な人たちが後者の側について、信仰の自由が勝利したこと」です。宗教的に無関心な人たちにとっての **religious freedom** は freedom to be indifferent to religion〔宗教に対して無関心でいられる自由〕です。

神学的な論争によって平和をかき乱されることを好まぬ宗教的無関心が重要さを加えたいかなるところをも別とすれば（岩波旧訳）
神学論争で平和が乱されるのを嫌い、宗教問題に無関心となった国では寛容度が増したとはいえ、それは例外的である（古典新訳）
神學の喧嘩のためにその平和を亂されることを嫌ふ宗教的冷淡さの方が

はかりに掛けて重いところ以外では（市橋）

(1－07－11) In the minds of almost all religious persons, even in the most tolerant countries, the duty of toleration is admitted with tacit reserves.

訳　最も寛容な国々においてさえ、ほとんどすべての宗教的人間の心の中では、寛容の義務は暗黙の留保をつけた上で認められているのである。

(1－07－12) One person will bear with dissent in matters of church government, but not of dogma; another can tolerate everybody, short of a Papist or an Unitarian; another, every one who believes in revealed religion; a few extend their charity a little further, but stop at the belief in a God and in a future state.

訳　ある人は、教会運営に関わることでは反対意見に寛容だが、教義に関わることではそうではない。また、ある人は、カトリック教徒やユニテリアン派でなければ、だれでも許容できる。啓示宗教を信じる人ならだれでも受け入れられるという人もいる。少数の人は寛容さをもう少し広げるが、それでも神と来世を信じない人には寛容になれない。

構文　will は習性の will です。■ but not of dogma = but will not bear with dissent in matters of dogma［しかし教義に関わることでは反対意見に寛容でない習性がある］です。■ short of は「…を除いて」という意味の（複合）前置詞です。■ another, every one who believes . . . = another can tolerate every one who believes . . . です。■ but 以下は but stop their charity at the belief in . . .［…を信じるところで寛容さを停止する⇒…を信じない者には寛容でない］から their charity が省略されています。

研究　of . . . は everyone にはかけられませんが、every one にはかけられます（everyone of them は不可ですが、every one of them は正しいです）。ですから、もし原文が every one of . . . なら、of . . . をかけるために everyone ではなく every one にした可能性があります。しかし、形容詞節は everyone にも every one にもかけられます（everyone that you meet と every one that you meet はどちらも正しいです）。ですから原文

の **every one who believes . . .** は、形容詞節がかかるので every one にしたわけではありません。原文が every と one を分けて書いているのは 1 人 1 人を個別的に捉えているからです。

▷ **an Unitarian** は「ユニテリアン派の信者」です。ユニテリアン派は三位一体の教理を否定するキリスト教プロテスタントの一派です。

▷ **revealed religion**〔啓示宗教〕は「人間の力では知ることのできない真理や神秘が、神などの超越者による啓示によって明らかになる」とする宗教です。ユダヤ教、キリスト教、イスラム教は啓示宗教です。これに対して「人間の理性や感情によって真理を認識する宗教」を natural religion〔自然宗教〕といいます。イギリスの Deism〔理神論〕が代表的存在です。

▷ **the belief in a God** は monotheism〔一神教〕を指しているのでしょうか？ これについては文脈を考える必要があります。この文は「宗教的な寛容についている暗黙の留保」の具体例を列挙しています。another, every one who believes in revealed religion〔啓示宗教を信じる人ならだれでも受け入れられるという人もいる〕と言っています。こういう人はユダヤ教徒やイスラム教徒は受け入れるのですが、理神論者は認めません。a few extend their charity a little further〔少数の人は寛容さをもう少し広げる〕というのは「啓示宗教に限定せず、自然宗教も認める」ということです。自然宗教には、啓示は認めないがキリスト教の基本的枠組み（すなわち一神教）は維持する Deism〔理神論〕もあれば、啓示のみならず一神教の枠組みさえ否定する Hinduism〔ヒンドゥー教〕もあります。そこで、but stop at the belief in a God を「しかし一神教を信仰するところで寛容さを停止する」と読むと、「理神論者までは認めるがヒンドゥー教徒は認めない」ことになります。しかし、当時インドは大英帝国の領土の一部であり、ミルの時代のイギリスにはヒンドゥー教を許容すべきと考える人も実際にいました。そういう人が「宗教的な寛容」につけている「暗黙の留保」は一神教の信仰止まりではなかったのです。こういう事情を勘案すると、the belief in a God は、一神教を信じることではなく、the belief in a God, whatever the God may be〔どんな神であろうと、ともかく神を信じること〕という意味に解釈すべきです（こう解釈すればヒンドゥー教も宗教的寛容の対象になります）。monotheism〔一神教〕を指すときは the belief in one God というのが普通の言い方であることも、この解釈を補強する材料です。

▷ **a future state** ＝ the next life〔来世〕です。the next life は Heaven〔天国〕とは限りません。the belief in a future state は the belief in a future state, whatever the future state may be〔どんな来世であろうと、ともかく来世を信じること〕という意味です。

少数の人びとは、彼らの慈悲をさらにすこしひろげるが、ひとつの神およびひとつの来世への信仰という点までである（大思想）
少数ながらその寛大さをさらにもう少し広げる人々もいるが、それも、一つの神と来世を信じることまで広げるのが限度である（名著）

(1－07－13) Wherever the sentiment of the majority is still genuine and intense, **it is found to have abated little of its claim to be obeyed.**

訳　どんな分野でも、多数派の感情がまだ純粋で強いところでは、**その感情がもつ、人々を服従させる権威の力はほとんど弱まっていないのがわかるのである。**

構文　is found は不完全他動詞の受身形です。別の言い方をすると、主節は第5文型の受身で、it は仮主語ではなく、本当の主語です。主節を「仮主語－真主語」で書き換えると it is found that it has abated little of its claim to be obeyed となります。■ to have abated は完了不定詞で、is found の補語です。■ little は代名詞で abated の目的語です。

研究　これまで宗教の分野を例にとって述べてきたことを、パラグラフの最後で一般化して述べたのがこの文です。言葉を補って書き換えると次のようになります。

Thus far we have been thinking about this problem in the field of religion. But not only in religion but in any other fields, **wherever the sentiment of the majority is**, apart from in future, at least at present, **genuine and intense, it is found to have abated little**

of its claim to be obeyed.
これまで我々は宗教の分野でこの問題について考えてきた。しかし、宗教に限らず、他のどんな分野においても、**多数派の感情が、**将来はともかく、少なくとも現在は、**純粋で強いところではどこでも、その感情がもつ、人々を服従させる権威の力はほとんど弱まっていないのがわかるのである。**

▷ **Wherever S+V**〔S が V するところはどこでも〕は「S が V する分野は（宗教に限らず）どの分野でも」という意味です。

▷ **the sentiment** の中核は likes and dislikes です。

▷ **genuine and intense** は「その好悪の感情がうそではなく、かつ強い」ということです。

▷ この **still** は、論理関係（＝それでもなお）ではなく、時間を表しています。時間を表す still は「(とっくに～でなくなっているはずなのに) 今でもまだ～」と「(やがては～でなくなるだろうが) 今のところはまだ～」という 2 つのニュアンスがあります。たとえば She still hated him even after he died.〔彼女は彼が死んだ後になってもまだ彼を憎んでいた〕(ルミナス英和辞典) は前者の例です。Drink it while it's still hot.〔まだ熱いうちに飲みなさい〕(ロイヤル英和辞典) は後者の例です。原文の still は後者です。

▶ **it is found to have abated** の **it** は the sentiment of the majority を指しています。find を受身形で使って、it is found to have abated little of . . .〔多数派の感情は…をほとんど弱めていないのが発見される〕と言っています。これは you discover that it has abated little of . . . if you investigate〔もし人が調べたら、多数派の感情は…をほとんど弱めていないことを発見する〕という意味で、find する主体として特定の人を想定しているのではありません。

▶ **little** は代名詞で abated の目的語です。

▶ **to have abated** は無意志の意味で使われています（これについては後で説明します)。

▶ **claim** は「要求」という意味ではありません（先行訳は「要求」と訳

しています）。1−07−08 の claim と同じ意味（＝正当化する根拠→資格、権利、権威）です。one's claim to do something ＝ a right, capacity or authority which justifies one in doing something〔人が何かをするのを正当化する権利、資格、権威〕です。原文の前に、以下の諸例を見てください（これらはいずれも「claim ＝要求」では意味が通りません）。

> **I am not legally responsible, but I feel that he has a moral claim to some financial support from me.**
> 私は法律的に責任はないが、彼には私に経済的援助を求める道義的な権利があると思う。

a moral claim to some financial support from me は「私からの経済的援助を手に入れるのを正当化する道義的権利」という意味です。

> **Her chief claim to fame is that she won gold medals at three consecutive Olympics.**
> 彼女の名声は主としてオリンピックで 3 回連続金メダルを獲得したことによる。

Her chief claim to fame は「彼女が名声を手にするのを正当化する主要な根拠」という意味です。

> **He has a good claim to be considered the greatest of all the Impressionists.**
> 彼はすべての印象派の画家の中で最高だと評価される十分な資格がある。

a good claim to be considered the greatest of all the Impressionists は「すべての印象派の画家の中で最高だと考えられるのを正当化する十分な資格、根拠」という意味です。to be considered the greatest of all the Impressionists は a good claim の内容を説明していて、a good claim と to be considered の間には「意味上の主語・述語関係」はありません。to be considered の意味上の主語は He です。

> 不定詞が名詞を修飾する表現は次の 3 つのタイプがあります。

1. 被修飾語の名詞が不定詞の意味上の主語になる。
people to believe such nonsense〔そんなばかげたことを信じる人たち〕
2. 被修飾語の名詞が不定詞の意味上の目的語になる。
a new dress to see him in〔彼に会うときに着る新しいドレス〕
3. 被修飾語の名詞が抽象名詞で、不定詞がその内容を説明する。
a promise to take him to the zoo〔彼を動物園に連れて行く約束〕

a good claim to be considered the greatest of all the Impressionists は 3 番目のタイプです。

In the Meiji period the Emperor established the parliament and the cabinet but abated little of his claim to rule the country.
明治時代に天皇は議会と内閣を設立した。しかし、それによって、天皇の国家統治を正当化する権威が弱まるようなことはほとんどなかった。

his claim to rule the country は「天皇が国を統治するのを正当化する根拠」という意味です。根拠の中身は「万世一系の天皇であるという事実（or 神話）から生じる権威」です。この abated〔減少させる〕は完全他動詞で、little は代名詞で abated の目的語です。この abated は無意志の意味で使われています（「有意思・無意志」については『英語リーディングの真実』p.100 参照）。すなわち the Emperor abated . . . は「天皇が意識的に…を減少させた」という意味ではなく「天皇にはそのつもりはなかったのだが、結果的に天皇が…を減少させたのと同じ結果になった⇒天皇に対して…が減少した」という意味を表しています。「減少する」というのは権威の及ぶ範囲が狭まったり、権威の従わせる力が弱まることです。この文では目的語が little ですから、the Emperor abated little of . . .〔天皇は…をほとんど減少させなかった〕は「天皇に対して…はほとんど減少しなかった」という意味です。to rule the country は his claim の内容を説明していて、his claim と to rule the country の間には「意味上の主語・述語関係」はありません。to rule the country の意味上の主語は the Emperor です。

> **He demands obedience but he has no claim to be obeyed.**
> 彼は服従を要求しているが、彼には人を服従させる資格がない。

claim to be obeyed は「自分が他人に服従されるのを正当化する根拠→他人を自分に服従させるのを正当化する根拠」という意味です。to be obeyed は claim の内容を説明していて、claim と to be obeyed の間には「意味上の主語・述語関係」はありません。to be obeyed の意味上の主語は He です。この文は He demands obedience but he has no reason to do it.〔彼は服従を要求しているが、彼にはそうする合理的根拠がない〕と言っても同じ内容です。この英文の場合、but の前の内容から、claim が「要求」という意味でないことは誰の目にも明らかです。

それでは、原文に戻りましょう。**its claim to be obeyed** は「多数派の感情が人々に服従されるのを正当化する根拠⇒人々を多数派の感情に服従させるのを正当化する根拠」という意味です。根拠の中身は「それが多数派の感情であるという事実から生じる権威」です。to be obeyed の意味上の主語は claim ではなく it（＝ the sentiment of the majority）です。

▶ **to have abated** は無意志の意味で使われています。**it is found to have abated little of its claim to be obeyed** は「多数派の感情は、人々を自らに服従させるのを正当化する根拠（となる権威）をほとんど弱めていないのが見出される⇒人々を多数派の感情に服従させるのを正当化する根拠（となる権威）はほとんど弱まっていないのがわかる」という意味です。

なお、厳密に事柄を考えると、主節の主語は the rules derived from the sentiment of the majority〔多数派の感情から生まれる規範〕であるはずです。its claim to be obeyed〔人々を服従させるのを正当化する根拠（となる権威）〕は the rules（＝規範）がもっているのであって、the sentiment（＝好悪の感情）がもっているのではありません。したがって、本当は it is found to have abated . . . ではなく the rules derived from it are found to have abated little of their claim to be obeyed と書くべきです。しかし、

ミルはこれまでに The rules of conduct are derived from the likes or dislikes of the majority of society.〔行動規範は社会の多数派の好悪から生じる〕ということを再三指摘してきました。そこで、この文ではいちいち the rules derived from it と書かなくても、it（= the sentiment of the majority）だけでわかると考えたのだと思います。また、その方が、文が simple になり、読者に与える impact が増すという効果もあります。

多数者の感情が今なお純真にして熱烈なところでは、どこでも、人々にそれに服従せよという要求を弱めた例は、ほとんど見出されないのである（岩波旧訳）
多数者の感情が依然として本気の強烈なものであると、どんな場合でも、自分たちに従えという要求が弱まることはほとんどない（岩波新訳）
多数者の感情がいぜんとして純粋で激しいところでは、少数は多数に従うべしという要求はほとんど弱まることがないのである（古典新訳）
多数派は、純粋で強い信仰心を維持している地域では、少数派に服従を求める主張をほとんど弱めていない（日経 BP）
多数者の感情が、依然、純粋で熱烈なところでは、彼らは他を服従させようとする要求をほとんど弱めてはいないことが見いだされるのである（名著）
多数者の感情がまだ純粋で熱烈なところでは、服従を求めるその要求は、ほとんど緩和させられていないことがわかるのである（大思想）

（1－08－01）In England, from the peculiar circumstances of our political history, though the yoke of opinion is perhaps heavier, that of law is lighter, than in most other countries of Europe; and there is considerable jealousy of direct interference, by the legislative or the executive power, with private conduct; not so much from any just regard for the independence of the individual, as from the still subsisting habit of looking on the government as representing an opposite interest to the public.

訳 イギリスにおいては、政治史における特有の事情から、世論の束縛はヨーロッパの他の大多数の国々よりもおそらく強いが、法律の束縛はむしろ弱い。そして、立法権あるいは行政権が私的行為に直接干渉することに対しては、相当の警戒心がある。しかし、それは、個人の独立に対して正当な考慮を払うことからくるのではなく、むしろ、政府を民衆と対立する利益を代表するものとみなす習慣が今なお存続していることからきているのである。

構文 from the peculiar circumstances of our political history は there is considerable jealousy of direct interference にもかかっています。■ though the yoke of opinion is perhaps heavier は副詞節です。■セミコロンの前は In England, from the peculiar circumstances of our political history, though the yoke of opinion is perhaps heavier **than in most other countries of Europe**, that of law is lighter than in most other countries of Europe という文なのですが、従属節（= though . . . Europe）と主節（= that of . . . Europe）で than in most other countries of Europe が共通なので、従属節内の than in most other countries of Europe（←太字の部分）を省略し、is lighter の後にコンマを置いています。いわゆる共通関係です。

研究 イギリスでは、1215年のマグナカルタの制定以後、自らの意志を自由に国民に押し付けることができるほど国王の力が強くなったことはほとんどありません。様々な国王が自らの意志を実現するための法（多くは増税法）を制定しようと試みましたが、しばしば社会の有力な勢力の反対にあって挫折しています。逆に、議会の方は国王の権限を制限する法（多くは恣意的な逮捕を制限するといった人身保護的な法）を制定して国王に対抗しました。これが **the peculiar circumstances of our political history**〔我が国の政治史における特有の事情〕です。この結果、イギリス社会には個人の行動を制限する法を作ろうとする企てには反対する傾向が生まれたのです。彼らには、そもそも法は君主の力を制限するものだという考えがあるのです。ミルが「イギリスでは、ヨーロッパの他の大多数の国々より世論の束縛は強いが、法の束縛は弱い。立法権、行政権が私的行為に直接干渉することに対しては、相当の警戒心がある。政府を民衆と対立する利益を代表するものとみなす習慣が今なお存続している。」と言っているのはこういう事情を指しています。

▷ **jealousy** は zealous vigilance〔強い警戒心〕(Webster) です。

▷ **not so much A as B** は「A というよりはむしろ B」です。

▷ **just regard** は「正当な考慮」という意味です。

▷ **still** は「(とっくに～でなくなっているはずなのに) 今でもまだ～」というニュアンスです (1−07−13 の **研究** 参照)。

(1－08－02) The majority have not yet learnt to feel the power of the government their power, or its opinions their opinions.

訳 多数者は、政府の権力は自らの権力であり、政府の意見は自分たちの意見であると感じるようにはまだなっていない。

研究 the majority = more than half〔過半数〕です (『序説』p.150 参照)。したがって **The majority** は正確には「過半数者」ですが、ここは「多数派、多数者」という訳語でよいでしょう。

▷ **yet** は「(やがては～でなくなるだろうが) 今のところはまだ～」というニュアンスです。

▷ feel を regard に変えた regard the power of the government as their power, or its opinions as their opinions〔政府の権力を自らの権力であるとみなし、政府の意見を自分たちの意見であるとみなす〕は原文に近い意味ですが、原文とは違います。feel は直接的で、regard のような理性的判断が介在しません。**feel the power of the government their power, or its opinions their opinions** は When the government does a thing, they feel as if they were doing that.〔政府がなにかをするときは、彼らは自分たちがそれをやっているかのように感じる〕ということです。イギリスではまだそこまでいっていない、と言っています。

(1－08－03) When they do so, individual liberty will probably be as much exposed to invasion from the government, as it already is from public opinion.

訳 彼らがそのように感じるようになったら、個人の自由はおそらく、すでに世論からの侵害にさらされているのと同じくらい、政府からの侵害にさらされることになるであろう。

構文 it already is from public opinion = it already is **exposed to invasion** from public opinion です。

研究 1−08−02～03 は「今のところ民衆は、多数派ですら、まだ政府の権力は自分たちの権力であると感じるようになっていない（＝政府の権力は自分たちと対立するものだと感じる習慣が今なおある）。だから、政府が個人の自由を抑圧しようとすると、民衆は、多数派ですら、それに反発する。しかし、多数派が政府の権力は自分たちの権力であると感じるようになったら、彼らは、自らの意志を実現するために、必要なら政府を使って個人の自由を抑圧するだろう。そうなれば、個人の自由は、現在すでに世論の侵害にさらされているのと同じくらい、政府の侵害にさらされることになるであろう。」という意味です。

（1－08－04） But, as yet, there is a considerable amount of feeling ready to be called forth against any attempt of the law to control individuals in things in which they have not hitherto been accustomed to be controlled by it; **and this with very little discrimination** as to whether the matter is, or is not, within the legitimate sphere of legal control; **insomuch that the feeling, highly salutary on the whole, is perhaps quite as often misplaced as well grounded in the particular instances of its application.**

訳　しかし、今でもまだ、これまで法によって統制されるのに慣れていない事柄について、法が個人を統制しようとすると、それに対しては、かなり大きな反感が容易に惹起される。**しかも**、この反感は、その事柄が法によって正当に統制できる領域内にあるかどうかとは**ほとんど無関係に生じる。その結果、その感情は全体としては非常に有益であるが、これが適用される個々の事例においては、十分な根拠に基づく場合と間違って起こる場合の比率はおそらくまったく同じくらいなのである。**

構文　there is a considerable amount of feeling ready to be called forth . . . = a considerable amount of feeling is ready to be called forth . . . です。■ in which . . . by it は形容詞節で things にかかります。■ and this with . . . は **研究** 参照。■ whether . . . legal control は名詞節で、前置詞 as to の目的語です。■ insomuch that . . . は **研究** 参照。■ highly salutary on the whole は「being が省略された分詞構文」です。■ as it is well grounded in the particular instances of its application から it is が省略されています。it = the feeling です。

研究　**as yet** は「（とっくに～でなくなっているはずなのに）今でもま

だ～」というニュアンスです。

▷ **accustomed to be controlled by it** は「法によって統制されることに慣れている」という意味です。今の英語では accustomed to being controlled by it にするのが普通です。

▶ He did it and that immediately.〔彼はそれをやった。しかも即座に〕という文の that は代名詞で he did it を指しています（= he did it の代わりです）。したがって、and that immediately = and he did it immediately です。この表現は S+V and that 副詞〔S が V する。しかも副詞で〕という形になることが多いのですが、that を言わないこともありますし、that ではなく this が使われることもあります。たとえば He does it and this every day.〔彼はそれをやります。しかも毎日〕は問題ない英文です。

原文の… ; **and this with very little discrimination as to . . .** の this はこれと同じ用法で、セミコロンの前の S+V（= there is a considerable amount of feeling . . . to be controlled by it）を指しています。具体的に言いかえれば… ; and the feeling is called forth with very little discrimination as to . . .〔そして、その感情は…をほとんど区別せずに引き起こされる〕となります。

▶ **with very little discrimination as to . . .**〔…についてほとんど区別することなしに〕は almost irrelevantly to . . .〔…とほとんど無関係に〕と言っても同じです。

▶ **insomuch that** は「so ～ that . . .」をベースにした表現です。OED には to such an extent that (The most usual construction.) と出ています。したがって「S_1+V_1 insomuch that S_2+V_2」は「S_2 が V_2 するほど、それほどの程度で S_1 が V_1 する。→ S_1 が V_1 する。それは S_2 が V_2 するほどである。」という意味を表します。たとえば、次のような文です。They made no mistakes at all: insomuch that it is impossible to imagine a more successful outcome.〔彼らはまったく誤りを犯さなかった。それはこれ以上見事な結果は想像できないほど（の完璧さ）だ〕

ところで、so . . . that S+V という表現は、構造上は「程度（S が V するほど、それほど…）」を表していますが、イイタイコトは「結果（非常に…なので、S が V する）」になる場合が多いです。**insomuch that** もこれと同じで「S_1+V_1 insomuch that S_2+V_2」は「S_1 が（非常に）V_1 するので（その結果）S_2 が V_2 する」という意味で使う場合が多いのです。原文の場合 S_1+V_1 は this with very little discrimination as to whether the matter is, or is not, within the legitimate sphere of legal control です。そこで、this に there is a considerable amount of feeling . . . to be controlled by it をあてはめて（具体的には the feeling is called forth に置き換えて）、and this with . . . 以下を普通の so . . . that S+V で書き換えると次のようになります。

and the feeling is called forth with so little discrimination as to whether the matter is, or is not, within the legitimate sphere of legal control that it, highly salutary on the whole, is perhaps quite as often misplaced as well grounded in the particular instances of its application.
そして、その感情は事柄が法によって正当に統制できる領域内にあるかどうかをほとんど区別せずに引き起こされるので、その感情は、全体としては非常に有益であるが、これが適用される個々の事例においては、十分な根拠に基づく場合と間違って起こる場合があり、その割合はおそらくまったく同じくらいであろう。

政府の統制に反対する感情は、どんな統制に対しても（＝法によって正当に統制できる領域内にあるかどうかをほとんど区別せずに）起こりえるので、もしその統制が正当な統制であれば、この感情は間違った感情になってしまいます。ミルは insomuch that 以下で the practical result of very little discrimination〔（反感が）ほとんど区別しない（で生じる）ことの実際の結果＝反感がどんな統制に対しても起こりえることの実際の結果〕を示したのです。

▶ **the feeling** = the feeling against any attempt of the law to control individuals in things in which they have not hitherto been accustomed to be controlled by it〔これまで法によって統制されることに慣れていない事柄について、個人を統制しようとする法の試みに反対する感情〕です。

▶ **salutary**〔健康的な〕は、元々は having a nature to support health〔健康を支える性質がある〕という意味ですが、ここから転じて having a nature to support a good and appropriate situation〔良好で適切な状態を支える性質がある〕という意味を表します。ここでは a good and appropriate situation は an absence of government interference〔政府の干渉がない状態〕です。

highly salutary on the whole は being highly salutary on the whole から being が省略されています（being が省略された分詞構文です）。省略された being の意味上の主語は the feeling です。分詞構文が表す意味は「時、理由、条件、譲歩、付帯状況、言い換え」ですが、この分詞構文は譲歩を表しています。「（その感情は）全体としては、非常に有益であるが（＝政府の干渉がない状態を支える性質があるが）」という意味です。on the whole〔全体として〕は後で詳しく説明します。

▶ **the feeling is misplaced in the particular instances of its application**〔この感情はこれが適用される個々の事例において間違って向けられている〕というのは、政府による正当な統制に対して反感が生じている状況です。これは within the legitimate sphere of legal control〔法によって正当に統制できる領域内にある（＝他人に害を与える行為である）〕という事例について、政府が必要な限度内で行う統制（＝過剰にならない統制）に対して生じる反感です。このような the feeling は highly salutary ではありません。

ミルが misplaced の実例としてどのような事例を念頭に置いていたのかは定かではありません。しかし、この後の叙述を考え合わせると、「親が子供に教育を受けさせるのを拒む場合に、政府が介入して、子供に教育を施すように親に強制することに対して、親が抱く反感」などがこれに該当すると思われます。

▶ **the feeling is well grounded in the particular instances of its application**〔この感情はこれが適用される個々の事例において十分な根拠に基づいている〕というのは、政府による不当な統制に対して反感が生じている状況です。これは without the legitimate sphere of legal control〔法によって正当に統制できる領域外にある（＝他人に影響しない行為である）〕という事例について、政府が行う統制に対して生じる反感と、within the legitimate sphere of legal control〔法によって正当に統制できる領域内にある（＝他人に害を与える行為である）〕という事例について、政府が必要な限度を超えて行う統制に対して生じる反感があります。このような the feeling は highly salutary です。

▶ **perhaps quite as often . . . as**〔おそらくまったく同じくらいの頻度で…〕は、この感情は間違っている場合と十分な根拠に基づく場合が半々だという意味です。ということは、この感情は highly salutary である場合とない場合が同じくらいだということです。

▶ ところで、ミルは **the feeling, highly salutary on the whole, . . .** と言っています。on the whole は「概して、一般的に」と訳すのが普通です。日本語の「概して、一般的に」は頻度や分量が大きい場合に限り用いられます。たとえば Actors on the whole like rehearsing.〔俳優は概して稽古が好きだ〕は「たいていの俳優は稽古好きだ」という意味です。原文の on the whole を「概して」と訳すと「この感情は概して highly salutary であるが、highly salutary である場合（＝ is well grounded の場合）とない場合（＝ is misplaced の場合）はおそらくまったく同じくらいの頻度であろう」となります。the feeling が 100 回生じたとしたら、おそらく 50 回は highly salutary ではないのです。それなのに、なぜ highly salutary on the whole〔概して highly salutary である〕と言うのでしょうか？　おかしいと思いませんか？

▶ この疑問を完全に解くためには **on the whole** の意味（＝ on the whole が表す事柄）を精密に考える必要があります。Webster は on the whole を次のように定義しています。

> **1: in view of all the circumstances or conditions: all things considered**
> **2: *archaic*: at the end: in conclusion: FINALLY**
> **3: in general: in most instances: despite some exceptions: TYPICALLY**

2 は古い用法ですから除外すると、1 と 3 ですが、この 2 つは厳密には事柄が違います。英和辞典では、1 は「大体において（すべて考慮して）（コンパスローズ英和辞典）」「総体的に考えて（ロイヤル英和辞典）」「全体から見て（プログレッシブ英和中辞典）」「あらゆる点を考慮すれば（ウィズダム英和辞典）」のように記載され、3 はどの英和辞典でも「概して、一般に」と記載されています。まず「概して」から検討しましょう。これはWebsterではin most instances〔ほとんどの場合に〕と定義されています。たとえば、My daughter is happy on the whole.〔私の娘は概して上機嫌だ〕はMost of the time my daughter is happy, but sometimes she is not happy.〔私の娘はたいてい上機嫌だが、ときどき機嫌が悪いときがある〕という意味です（このように単数の人間が主語のときはon the whole = in most instancesのことが多いです）。それに対して、Websterの定義には明記されていませんがin most parts〔大部分が〕の場合もあります。たとえばYour paper is on the whole satisfactory.〔君の論文は概して満足のいく出来栄えだ〕は「1つの論文の中に一部感心しない部分もあるが、大部分はよく書けている」という意味です（on the whole = in most partsです）。この2つの意味（in most instancesとin most parts）は、その文だけで、いつでも截然と区別できるとは限りません。しかし、文脈を考えればたいてい区別できます。たとえば、The Japanese Constitution is good on the whole.〔日本国憲法は概して良い〕は「日本国憲法の条文は、大部分は良いが、一部に良くない条文が含まれている」という意味のこともあれば（on the whole = in most partsです）、「具体的な事案に適用したとき、日本国憲法はほとんどの事案で適切な解決を導くが、稀にそうでないこともある」という意味のこともあります（on the whole = in most instancesです）。このどちらであるかは、文脈を考えればわかります。

これに対して、「あらゆる点を考慮すれば、総体的に考えて」は「概して」とは事柄が違います。Websterは1の例文としてOn the whole it seemed best to cut the visit short.を挙げています。これは「すべての事情を考慮すると、訪問を短く切り上げるのがベストであるように思われた」という意味です。このon the wholeはin most partsでもin most instancesでも説明がつきません。「appointmentをとらない訪問であること、相手の体調が完全ではないこと、相手が忙しい人であること、などの事情をすべて考慮すると」という意味です。次の文を見てください。

> **This revision of the constitution, good on the whole, is still mostly badly worded and needs to be revised.**

> この憲法改正案は、総体的に考えて良いものであるが、それでも大部分の文言が不適当であり、改訂する必要がある。

「この憲法改正案は、大部分は、文言が不適当で、改訂する必要がある」と言っています。are badly worded というのは「文の書き方が曖昧で、意味が一つに決まらない」とか「冗長で読みにくい」といったことです。つまり、改正個所のほとんどはそのままでは使えないのです。それなのに、なぜこの憲法改正案は good on the whole なのでしょうか？ほとんどは文言の改訂が必要なのですから、good in most parts でも、good in most instances でもありません。この on the whole は Webster の 1 の意味なのです。in view of all the circumstances or conditions / all things considered〔すべての状況や条件を考慮に入れると / すべてを考慮すると〕です。

一口に憲法改正案と言っても、そこには様々な要素があります。たとえば、改正案が生まれるに至った「経緯」、改正案の根底を一貫して流れる「精神」、改正案に盛り込まれた「具体的内容」等々です。「文言の適否」はその一つです。これらの諸要素をどう評価するかは人それぞれですが、この文を書いた人は「文言の適否」は改正案の良否を判断する上であまり重要な要素とは思っていないのです（文言が悪ければ書き直せばいいだけのことですから）。それよりも、「経緯」や「精神」や「具体的内容」の方がずっと大事だと思っています。「文言だけを取り上げれば、ほとんどの文言がそのままでは使えないくらい悪いが、他のもっと重要な要素を勘案すると、この改正案は全体として良いものだ」と考えているのです。これが This revision of the constitution, good on the whole の意味です。

くどいですが、もう少し考えてみましょう。もし This revision of the constitution is good on the whole. なら、特別な文脈がない限り「この憲法改正案は概して良い」という意味です（on the whole ＝ in most parts, in most instances です）。この場合「良いのか悪いのか？」と聞かれたら、良いとも悪いとも一刀両断には答えられません。「全体の 8 割（の部分）は良いが、2 割（の部分）は悪い」とか「適用事例の 8 割では良い結果を生むが、2 割では悪い結果を生む」というような答えになります。それに対して、This revision of the constitution, good on the whole, is still mostly badly worded and needs to be revised. の場合は「すべての要素を勘案すると、この憲法改正案は良い」とか「総体的に考えて、この憲法改正案は良い」という意味になります (on the whole = in view of all the circumstances or conditions です)。この場合「良いのか悪いのか ?」と聞かれたら、答えは断固として「良い」なのです。in most parts と in view of all the circumstances or conditions がどのように違うのかを理解してください。もう一つ見てみましょう。次の文はどうでしょうか。

Severe maternal scoldings, kind-hearted on the whole, do the children no good perhaps quite as often as they are beneficial.

母親の厳しい叱責は、概して子を思う純粋な気持ちから出るものであるが、必ずしも子供のためになるとは限らず、子供のためにならない場合もおそらく同じくらいあるのだ。

母親の厳しい叱責は、子供のためになる場合とならない場合が半々です。しかし、子供のためになる、ならないと、母親の心情は別問題です。たとえ、子供のためにならない場合でも、母親は純粋に子供のためを思って叱っているということはありえます (むしろ、そういう場合の方がずっと多いでしょう)。したがって、この on the whole は in most instances の意味です。

▶ それでは原文を考えてみましょう。

the feeling, highly salutary on the whole, is perhaps quite as often misplaced as well grounded in the particular instances of its application.

the feeling は「個人の行動に対する政府の統制に反対する感情」です。この感情を評価するに際しては考慮すべき様々な要素があります。the feeling がどのような領域の統制に対して生じるかということ (= its application) はその一つです。これ以外にも、たとえば「政府は不当な統制を行う危険性を常にもっている」こととか「ひとたび統制が確立されると、それに反対するのは困難である」こととか「人々はいったん確立された統制には無批判に従う傾向がある」ことなども評価の際に考慮すべき点です。ミルは、its application よりも、「不当な統制の危険性」や「統制撤廃の困難性」や「人々の無批判従属性」の方を重視しているのです。そこで、これらのすべて（もちろん its application も含めて）を考慮して、highly salutary on the whole と評価したのです（its application だけを考慮したら、highly salutary でないケースが半分あるのですから highly salutary on the whole〔概して非常に有益である〕とは言えません）。したがって、ここは「（この感情は）概して非常に有益であるが」という訳文は誤りで、「（この感情は）全体としては非常に有益であるが」とか「（この感情は）すべての要素を勘案すると非常に有益であるが」という訳文が（事柄を正確に表した）正しい訳文です。

なお、原文は適用の当否について半々だと言っていますが、極端な場合は、次のようなこともありえます。

> **The feeling, highly salutary on the whole, is mostly mistaken in its actual applications.**
>
> この感情は、あらゆる点を考慮すれば非常に有益であるが（全体としては非常に有益であるが）、その実際の適用の大部分は間違っている。

政府の不当統制・過剰統制の危険性を極めて重視している人は、the feeling の実際の適用の大部分が有益な効果を生まなくても（＝的外れで空振りでも）、実際の適用結果より、不当統制・過剰統制を抑制する可能性がある方を考慮して、the feeling を highly salutary であると評価することはありえるのです。くどいですが「この感情は概して非常に有益である」の場合は「非常に有益でないケース」があることを認めています。それに対して「この感情は、あらゆる点を考慮すれば非常に有益である」の場合は「非常に有益である」と言い切っているのです。別の言い方をすれば、「概して～」は「～のパーセンテージが大きい」ことを意味しますが、「あらゆる点を考慮すれば～」は「パーセンテージとは無関係に～」なのです。こういう事柄の違いがあるので、Webster は 1 と 2 の定義を分けているのです。

しかもこのことは、その問題が法律上の統制の正当な範囲内にあるか否かをほとんど全く弁別することなしに、おこるのである。従って、この感情は大体においては極めて健全であると考えられるけれども、それが適用せられる特殊の場合には、充分な根拠の上に立っていることもあるであろうし、恐らくそれに劣らずしばしば、正鵠を得ていない場合があるであろう（岩波旧訳）
しかも、その反発は、法律で規制しても正当と言える範囲内にある事柄かどうかということとは、ほとんど無関係に生じている。こういう感情は、一般論としては大いに有益だとしても、特定の事例に向けられる際には、十分に根拠がある場合もある一方で、おそらくそれと同じぐらいに的外れなことも多い（岩波新訳）
それは、法律による管理が不当なのかどうか吟味しないままでの反発である。こうした反感は、全体としてはきわめて健全なものであるが、個々の場面においては、十分に根拠があることもあれば的外れであることもしばしばだろう（古典新訳）
その際に、問題になっている点が法律による管理が適切な分野のものかどうかは、ほとんど区別しようとしない。そのため、この感情は全体としてきわめて有益で健全ではあるが、個々の事例ではおそらく、十分に根拠のある場合と変わらないほど、的外れの場合が多い（日経BP）

（1－08－05）There is, in fact, no recognised principle by which the propriety or impropriety of government interference is customarily tested.

訳　実際のところ、政府の干渉の適否を吟味する際に慣習的に用いられる、一般に承認された原理というようなものはない。

研究　前文の1−08−04から1−08−07までの4文は、個人の行為に政府が干渉する場合のイギリスの現状について3つの点を指摘しています。それは以下の3つです。

1. ともかく（＝法によって正当に統制できる領域内か否かにかかわりなく）感情的反発が容易に生じる。

2.「干渉の適否を決定する一般に承認された原理」は存在しない。
3. 人々は干渉の適否を個人的な好き嫌いによって決定する。

▷ **recognised principle** = principle recognised by people in general です。これが存在しないということは、要するに各人が自分の好みに従って「良い」とか「悪い」とか勝手なことを言っているということです。

ところで、この英文では「principle がない」と言っているので、この principle の意味は「原理」でよいのです。では実際には何に従って決めているかというと、次の英文で People decide according to their personal preferences.〔人々は各自の個人的好みに従って決定する〕と言っています。つまり、実際には their personal preferences が principle なのです。この principle（=下線を引いた principle）は「原理」ではなく「内にひそむ原動力、本源」という意味です。なぜなら preferences〔好み〕は feelings〔感情〕であり、「感情が原理である」は意味をなさないからです（事柄が成立しません）。この「principle の意味に関わる問題」は『序説』p.219、242 で出てきて、そこで詳しく説明しました。

▷ **customarily** は意味的には、is tested にかかっているのではなく、by which にかかっています（吟味することが慣習的だと言っているのではなく、吟味の際にその原理が用いられることが慣習的だという意味です）。したがって、principle by which . . . = principle which is customarily used when the propriety or impropriety of government interference is tested〔政府の干渉の適否が吟味される際に慣習的に用いられる原理〕です。

（1－08－06）People decide according to their personal preferences.

訳 人々は各自の個人的好みに従って決定するのである。

研究 この文だけで判断すれば「人々は（政府に干渉されずに）自分の好みに従って（何事も）決定する」という意味に読めますが、文脈（=1－08－04、05 と 1－08－07 にはさまれていること）から判断すると People decide the propriety or impropriety of government interference according to their personal preferences.〔人々は各自の個人的好みに従って政府の干渉の適否を決定する〕という意味です。これを具体的に次の文

(1−08−07) で言いかえています。

> (1－08－07) Some, whenever they see any good to be done, or evil to be remedied, would willingly instigate the government to undertake the business; while others prefer to bear almost any amount of social evil, rather than add one to the departments of human interests amenable to governmental control.

訳　なされるべき善や正されるべき悪を見つけたときはいつでも、政府に対しその仕事を引き受けるようにすすんで促したいという人もいれば、人間の利害の中で政府の統制に服す部門をさらにもう一つ増やすくらいなら、ほとんどどんな量の社会的害悪でも耐え忍ぶ方がいいという人もいる。

構文　whenever they see any good to be done, or evil to be remedied は副詞節です。■ rather than add の add は原形不定詞です (1−07−04 の **構文** 参照)。■ amenable は、human interests ではなく、departments にかかっています。

研究　**Some . . . would willingly instigate . . .** の **would** は「現在の願望・意志を表す will の婉曲形」です。

> (1－08－08) And men range themselves on one or the other side in any particular case, according to this general direction of their sentiments; or according to the degree of interest which they feel in the particular thing which it is proposed that the government should do, or according to the belief they entertain that the government would, or would not, do it in the manner they prefer; but very rarely on account of any opinion to which they consistently adhere, as to what things are fit to be done by a government.

訳　そして、人間は個々の事例ごとに政府の統制に賛成したり反対したりするのであるが、その際の基準は感情のこの一般的な傾向であったり、政府がなすべきであると提案されている特定の事柄に自分が感じる利益の程度であったり、自分の好むやり方で政府がそれをするかしないかという見通しであったり、いろいろである。しかし、どんなことが政府によってなされるのにふさわしいかについて自分なりの意見を一貫して堅持し、その意見に基づいて立場を決めることは極めて稀である。

構文　長い文ですが、men range が「主節の主語＋主節の述語動詞」です。on one 以下はすべて range にかかる副詞的修飾要素です。■ the particular thing which it is proposed that the government should do は関係詞連鎖です。which が作る形容詞節は do までで、形容詞節内に that the government should do という名詞節（←働きは真主語）があり、which はその that 節内で do の目的語になっています。■ the belief they entertain that the government would, or would not, do it in the manner they prefer は関係詞連鎖ではありません。they entertain は the belief を修飾する形容詞節です（entertain の目的語は belief と they の間に省略されている関係代名詞の which です）。that the government would . . . prefer は the belief と同格の名詞節です。

■ not A but B〔A ではなくて B〕と言いたいときに、B を先に言う言い方は次の 3 つです。

> B, not A〔B であって A ではない〕
> B, and not A〔B であって A ではない〕
> B, but not A〔B、しかし A ではない〕

原文の but はこの but で、not が少し弱くなって very rarely になっています。■ on account of any opinion は range themselves on one or the other side in any particular case にかかります。very rarely は on account of any opinion にかかります。■ to which they consistently adhere は形容詞節で any opinion にかかります。■ as to what things are . . . は any opinion にかかります。■ what things are fit to be done by a government は名詞節で、as to（← 2 語で 1 つの前置詞です）の目的語です。what は疑問形容詞で things にかかります。■ according to A; or according to B, or according to C; but very rarely on account of D におけるセミコロンとコンマの使い分け、および or と but の使い分けについては**研究**で説明します。

研究　range oneself on ～ side は「～の側に自分を配置する→～の側に立つ」という意味です。**one or the other side** ＝ the side for or against governmental control〔政府の統制に賛成あるいは反対の立場〕です。

▷ **men range themselves on one or the other side in any particular case** が表す事柄は次の 2 つの可能性があります。

(a) 個別の事例ごとに、人間が一団となってどちらか一方の側に立つ。
(b) 個別の事例ごとに、個々の人間がそれぞれどちらか一方の側に立つ。

よほど特殊な事例でないかぎり、どの事例にも政府の統制に賛成する人もいれば反対する人もいるのですから、ここは (b) であることは明らかです。

▷ **this general direction**〔この一般的な傾向〕は前文で述べられた「人間の 2 つの傾向」を指しています。すなわち「統制するように政府に促したい」という傾向と「政府に統制されるより、むしろ社会的害悪を耐え忍びたい」という傾向です。傾向は 2 つありますが、一人の人間はどちらか一つの傾向に従って、賛成あるいは反対のどちらかの側に立ちます。ですから、according to these general directions of their sentiments と言わず、according to this general direction of their sentiments と単数で表現しているのです。

general は people in general ではなく cases in general です。すなわち、this direction は特定の事例についてだけ基準になるのではなく、どの事例についても、政府の統制への賛否を決める際に基準になるので、general と言ったのです。**direction** = tendency です。

▷ **interest** は「関心」か「利益」ですが、「関心」では政府の統制への賛否を決める際の基準としては弱すぎます。ここは「利益」が適切です。

▷ ミルは propose する主体 (＝誰が提案するか) については限定したくないので **the particular thing which it is proposed that the government should do** と受身で書いています。特定の一人が提案することもあれば、同時に複数の人が提案することもあるでしょう。

▷ **the government would, or would not, do it** の **would** は「婉曲な推量」を表す would です。

▷ **very rarely on account of any opinion to which . . . , as to . . .** の **account** は basis〔根拠〕という意味です。「range themselves on one or the other side in any particular case する (＝個々の事例ごとに政府の統制に賛成したり反対したりする) 際に、どんな意見であっても、as to 以下に関する to which 以下な意見を根拠にする（＝ as to 以下に関する to which 以下な意見に基づく）のは非常に稀だ」と言っています。

▷セミコロンとコンマが混在している理由について説明しましょう。「S が V する基準として A、B、C、D の 4 つが考えられるが、そのうち A や B や C を基準にして V することはあるが、D を基準にして V することはない」と仮定します。すると、英文は次のようになります。

S+V, according to A, B, or C, but not according to D. S は V するのであるが、その際の基準は A か B か C であって、D を基準にすることはない。

最初の according to が A、B、C に共通についているので、B と C には according to をつける必要はありません（つけてもかまいませんが）。ところで、S である men（＝人間）の感性は様々ですから、S が V する基準である A、B、C、D は単に内容が違うだけでなく、次元や範疇や性質が大きく異なる可能性があります。たとえば、A は feelings about government interference in general〔政府の干渉一般についての感情〕で、B と C は feelings about government interference in a particular case〔特定の事例に対する政府の干渉についての感情〕で、D は a general principle about what government should do〔政府がなすべきことについての一般原則〕だとします。すると「A」と「B、C」と「D」で次元や範疇がはっきり異なります。そこで、それをはっきりさせるために、「A」と「B、C」と「D」をセミコロンで区切ります。すると次のようになります。

S+V, according to A; B, or C; but not according to D.

ところが、A; B, or C とすると、A を B, or C で言い換えた（＝「A、すなわち B または C」と言っている）ように見えます。そこで、これを避けるために、もう一つ or を B の前に置いて次のようにします。

S+V, according to A; or B, or C; but not according to D.

また、A と B の間のセミコロンは、according to の射程が A までだ（＝according to A でいったん完結した）という印象を読み手に与えます。そ

こでBの前に再度according toをつけて次のようにします。

S+V, according to A; or according to B, or C; but not according to D.

according to B, or Cという共通関係（＝according toがBとCに共通についていること）は問題ありません。ただし、Bが非常に長いときは、わかりやすくするためにCの前にもaccording toをつけた方が読みやすくなります。すると、次のようになります。

S+V, according to A; or according to B, or according to C; but not according to D.

これで読み間違いが起こらない完璧な英語になったのですが、notを弱めたいときはhardlyあるいはvery rarelyにします。またaccording toが4つ重なるのはawkwardだと思えば、最後のaccording toをon account ofにするのもいいでしょう（on account ofにするのは単なるstylistic variationです）。すると次のようになります。

S+V, according to A; or according to B, or according to C; but very rarely on account of D. SはVするのであるが、その際の基準はAであったり、Bであったり、Cであったり、いろいろである。しかし、Dに基づくことは極めて稀である。

これが原文の形です。なお、念のために注意しますと、butは「according to A; or according to B, or according to C」と「on account of D」をつないでいるのです。そしてvery rarelyは「A but 修飾要素 B」の修飾要素ですから必ずB（＝on account of D）にかかります。

(1－08－09) And it seems to me that in consequence of this absence of rule or principle, one side is at present as often wrong as the other; the interference of government is, with about equal frequency, improperly invoked and improperly condemned.

訳　そして、現在、このように規則も原理も欠如している結果、政府の統制に賛成する立場も反対する立場も同じくらいの比率で誤っているように私には思われる。すなわち、だいたい同じくらいの頻度で、政府の干渉は不当に熱望され、また不当に非難されているようである。

構文　it seems to me that S_1+V_1; S_2+V_2. という表現になっています。S_2+V_2 は S_1+V_1 の内容を言い換えたものです。したがって、it seems to me that の射程はセミコロンの後にも及びます（＝セミコロンの後も that 節の中に入っています）。

（1－09－01）The object of this Essay is to assert one very simple principle, as entitled to govern absolutely the dealings of society with the individual in the way of compulsion and control, whether the means used be physical force in the form of legal penalties, or the moral coercion of public opinion.

訳　この論文の目的は、一つの非常に単純な原理を主張することである。その原理は、用いられる手段が法的刑罰という形の物理的な力であろうと、あるいは世論という形の道徳的強制力であろうと、強制や統制という形で社会が個人を取り扱うのを、絶対的に律する正当性をもっている。

構文　前置詞の as は形容詞要素を目的語にすることができます。したがって過去分詞形容詞用法が前置詞 as の目的語になることもあります。e.g. He took it as understood.〔彼はそれを了解済みと考えた〕entitled は過去分詞形容詞用法で、前置詞 as の目的語になっています。as entitled . . . は副詞句で assert を修飾しています（one very simple principle を修飾する形容詞句ではありません）。as entitled to govern absolutely . . . は「…を絶対的に律する資格があるとして」という意味です。■ used は過去分詞形容詞用法で the means を修飾しています。■ be は仮定法現在です。whether 節は名詞節でも副詞節でも（ここは副詞節ですが）、節内で仮定法現在が使われることがあります。■ the moral coercion of public opinion = the moral coercion in the form of public opinion です。

研究　ある物・事・人の 1 つの aspect〔側面〕が、命題の理由になっているとき、その「命題の理由となっている aspect」を、because of . . .（…なので）と言わず、前置詞 as の目的語にして「…として」という言い方で、命題に付加する表現があります。簡単な例を 2 つ見てみましょう。

Sakurajima, as an active volcano, is a threat to Kagoshima.

桜島は、活火山として、鹿児島にとって脅威である。

話者は「桜島は鹿児島にとって脅威である。なぜなら桜島は活火山だからである（←これは桜島の 1 つの aspect です）」と言いたいのです。それを「桜島は、活火山なので、鹿児島にとって脅威である。」と言わず「桜島は、活火山として、鹿児島にとって脅威である。」という言い方をしています。

I support him as the best candidate of the prime minister.
私は彼を総理大臣の最良の候補者として支援している。

話者は「私は彼を支援する。なぜなら彼は総理大臣の最良の候補者だからである（←これは彼の 1 つの aspect です）」と言いたいのです。それを「私は、彼が総理大臣の最良の候補者なので、支援している」と言わず「私は彼を総理大臣の最良の候補者として支援している」という言い方をしています。

▷ **to assert one very simple principle, as entitled to govern absolutely the dealings of society with the individual in the way of compulsion and control**〔一つの非常に単純な原理を、強制や統制という形で社会が個人を取り扱うのを、絶対的に律する正当性があるものとして、主張する〕

ミルは「(私は)『ある一つの非常に単純な原理』を主張する。なぜならその原理は『社会が強制や統制という形で個人を取り扱う』のを絶対的に律する資格（＝正当性）があるからである」と言いたいのです。それを「(私は)『ある一つの非常に単純な原理』を、(これは)『社会が強制や統制という形で個人を取り扱う』のを絶対的に律する資格（＝正当性）があるので、主張する」と言わず「(私は)『一つの非常に単純な原理』を、『社会が強制や統制という形で個人を取り扱う』のを絶対的に律する資格（＝正当性）をもっているものとして主張する」という言い方をしたのです。

▷ **the dealings of society with the individual in the way of compulsion and control** は Society deals with the individual in the way of compulsion and control.〔社会は強制や統制という形で個人を取り扱う〕

を名詞化した表現です（いわゆる名詞構文です）。最初の of は「主格の of」、2 番目の of は「同格の of」です。

▷ compulsion と control の違いは分明ではありませんが、セットで使われた場合 **compulsion** は「何かをやらせる、積極的な強制」、**control** は「何かをやめさせる、消極的な強制」を指していると捉えるのが妥当でしょう。

(1−09−02) That principle is, that the sole end for which mankind are warranted, individually or collectively, in interfering with the liberty of action of any of their number, is self-protection.

訳　その原理とは、人が、個人的にせよ集団的にせよ、だれかの行動の自由に正当に干渉できるのは、自己防衛を目的とする場合だけであるというものである。

構文　for which . . . their number は形容詞節で the sole end にかかります。■ individually or collectively は are warranted にかかります。

研究　**warrant** の意味は to justify (a person *in* or *to* a course of action)〔(一連の行動において、あるいは、に対して、人を) 正当化する〕(OED) です。

▷ **individually or collectively** = as an individual or as a group です。**mankind are warranted, individually or collectively** は「人が、個人として、あるいは集団として、正当化される」です。

▷ **number** の意味は a particular body or company of persons or things〔人や物の特定の集団、集まり〕(OED) です。e.g. One of our number was selected.〔私たちの仲間の一人が選ばれた〕(プログレッシブ英和中辞典) **any of their number** を直訳すると「人類の集団のだれでも」となります。

▷ **for which**（中身は for the end です）は、are warranted ではなく、interfering にかかると考えてかまいません。しかし、are warranted されるかどうかは、結局のところ、interfering する目的にかかっているのですから「for which は are warranted ではなく interfering にかかっている」

と言っても大して意味はありません。そこで、for which は文修飾副詞句で mankind are warranted . . . their number の全体にかかっていると捉えた方がよいでしょう。「the sole end →唯一の目的→ for which →その目的のためなら→ mankind are warranted →人は正当化される→ individually or collectively →個人的あるいは集団的に→ in interfering with . . . →…に干渉することにおいて」というように読めばよいです。

▷ この原理は「人が他人の行動の自由に干渉する場合『この目的のためなら、個人であろうが集団であろうが、その干渉は正当化される』という目的はたった一つしかない。それは自己防衛である。」というものです。別の言い方をすると「人が他人の行動の自由に干渉する場合、自分を守るためなら、個人であろうが集団であろうが、その干渉は正当化される。しかし、それ以外の目的なら正当化されない。」という原理です。

(1－09－03) That the only purpose for which power can be rightfully exercised over any member of a civilised community, against his will, is to prevent harm to others.

訳　また、文明社会の構成員に対して、それがどんな構成員であっても、本人の意志に反して正当に権力を行使しうるのは、他人に対する危害を防止することを目的とする場合だけであるという原理である。

構文　文頭の That は従属接続詞で That . . . others は名詞節です。すなわち、この英文は名詞節だけで構成されています。これは That principle is, that the only purpose . . . から That principle is, が省略されたものです。

研究　この文は前文に述べられた原理を再説したのではなく、拡張したのです。1−09−02 で述べられているのは「被害者が、自己防衛のために、加害者の行動の自由に干渉することが正当化される」という原理です。この原理は、被害者が個人でも集団でも適用されます（これは individually or collectively という語で明示されています）。

それに対し 1−09−03 で述べられているのは「第三者が、被害者を守るために、加害者の行動の自由に干渉することが正当化される」という原理です。第三者の範囲は明示されていません。これは個人、集団、社会のすべてを包含するために、わざと曖昧にしたのです。**power** の中身は、個人の場合は主として実力（実際の物理的力）です。集団の場合は実力のこともあれば社会的圧力のこともあります。社会の場合は社会的圧力のこともあれば、立法権力のこともあります。これらすべてが power に包含されています。

▷ **community** は「社会」で、society と同じ意味です。ただし community は構成員（＝人間）に重点があり、society は構造（＝仕組み）に重点があります。

▷ **others** ＝ people except him です。

> (1－09－04) His own good, either physical or moral, is not a sufficient warrant.

訳　権力によって行動を制限される本人自身の利益は、物質的なものにしても精神的なものにしても、行動制限を正当化することの十分な根拠にはならない。

研究　**His** は前文の any member of a civilised community を指しています。前文ではこれは「他者に害を与える加害者」であり、加害行為を防止するために第三者から行動の自由を制限される人です。しかし、この文 (1–09–04) では加害者の属性は薄れ（なぜなら、加害者には違いありませんが、害を受けるのが他者ではなくて自分だからです）、もっぱら「他者から行動の自由を制限される人」を指しています。

▷ **His own good** ＝ His own interests〔行動の自由を制限される人の利益〕です。この文は「『本人のために、行動の自由を制限するのだ』というのは制限を正当化する十分な理由にならない」と言っているのです。

▷ **physical** は「身体的な」も含んで「物質的な」という意味です。19 世紀中葉の moral は spiritual〔精神的な〕, intellectual〔知的な〕, aesthetic〔美的な〕の 3 つの意味を含んでいました。ここの **moral** は physical と対比的に用いて spiritual〔精神的な〕という意味を表します。e.g. We will give them moral support.〔我々は彼らに精神的な援助を与えよう〕

▷ **warrant** は justifying reason or ground for an action, belief, or feeling〔行動、信念、感情を正当化する理由、根拠〕(OED) という意味です。

(1－09－05) He cannot rightfully be compelled to do or forbear because it will be better for him to do so, because it will make him happier, because, in the opinions of others, to do so would be wise, or even right.

訳 そうする方が本人のためになるとか、そうすれば本人はもっと幸せになるとか、他の人の意見では、そうすることが賢明であり、正しいとさえ言えるだろうとか、そのような理由で、社会の構成員にある行動をするように強制したり、控えるように強制したりすることは正当ではありえない。

研究 **He** は「他者から行動の自由を制限される人」です。

▷ 主節の後に **because** 節が 3 つ、コンマだけで連続しています（普通は 3 番目の because 節の前に and を置きます）。これは 3 つの because 節の内容が類似している上に、同様の理由なら他にも並べられるという含みです。and を使うと「理由はこの 3 つだけ」という印象を与えるのです。

▷ **would be** は仮定法過去の帰結節の形です。to do so に条件が隠れています。**to do so would be wise** は「もしそうすれば、それは賢明であろう」という意味です。

▷ 最初の because 節に **to do so** があり、2 番目の because 節に **it** があり、3 番目の because 節に **to do so** があります。この 3 つがそれぞれ to compel him to do or forbear〔彼に行動ないし自制を強制すること〕を指すのか、to do or forbear〔行動するか自制すること〕を指すのかが問題になります。これを検討するために、前者は「強制する人の行動」なので compeller's action と呼び、後者は「強制される人の行動」なので his action と呼ぶことにします。まず次の文を見てください。

He cannot rightfully be compelled to do or forbear because it will be better to do so, because it will make him happier, because to do so would be wise, or even right.

この文には for him（←最初の because 節の中）も in the opinions of others（← 3 番目の because 節の中）もありません。この場合、2 つの to do so はどちらも compeller's action を指します。なぜなら、それを否定

する特段の事情がないかぎり、従属節内の to do so は主節の述語動詞を指すからです。主節の述語動詞は be compelled で受身形ですが、to do so が to compel him という能動形を指すことは問題ありません。2 番目の because 節の中の it は topic を指示しています。主節で compeller's action が topic になっていますから、2 番目の because 節の中の it は compeller's action を指します。要するに、最初の because 節の to do so も、2 番目の because 節の it も、3 番目の because 節の to do so も、すべてこの文の topic = compeller's action を指しています。これに対して、原文は次です。

> **He cannot rightfully be compelled to do or forbear because it will be better for him to do so, because it will make him happier, because, in the opinions of others, to do so would be wise, or even right.**

原文では最初の because 節内に for him があります。この for him は to do so の意味上の主語です。なぜなら、for him が to do so の意味上の主語でないとするなら、すなわち「because it will be better for him / to do so」であるなら、それ (= for him が to do so の意味上の主語でないこと) をはっきりさせるために because, for him, it will be better to do so と書くからです。したがって、最初の because 節を「because it will be better for him / to do so」と読むのは不適切で、for him を to do so の意味上の主語にして「because it will be better / for him to do so」と読まなければなりません。すると最初の because 節内の to do so は his action を指します。

文の topic は主節によって決まり、従属節によって文の topic は変更されないのが「通常の書き方」です。したがって、最初の because 節内の to do so が his action を指していても、文の topic は依然として compeller's action で変わりません。そのため 2 番目の because 節内の it は compeller's action を指すと考えるのが「通常の書き方」に従った読み方です (そして、実際それで意味が通ります)。しかし、このあと 3 番目の because 節内で to do so が (for him という意味上の主語がついていないにもかかわらず) his action を指している (←なぜそうなるのかは、このあとすぐに説明します) ことを考えると、どうもミルはこの文で「通常の書き方」に反した書き方をしているように思われます。

すなわち、ミルは、最初の because 節で to do so に for him という意味上の主語をつけて、to do so の中身を his action にしたことによって、文の topic を compeller's action から his action に変更した (＝従属節によって文の topic を変更した) と考えたようです。そこで、2 番目の because 節内の it は、変更された topic すなわち his action を指すというのがおそらくミルの意図だと思われます。

3 番目の because 節内の to do so は for him という意味上の主語がついていません。「通常の書き方」では最初の because 節による topic の変更は起こりませんから、topic は依然として compeller's action であり、したがって 3 番目の because 節内の to do so は compeller's action を指すのが筋です (そして、実際それで意味が通ります)。しかし、そうだとすると in the opinion of others が不自然です。others は「本人以外の人」すなわち「強制する側の人」です。すると「強制する側の意見によれば、強制者の行動は賢明であり、正しいとさえ言えるだろう」と言ったことになります。誰でも、特別な場合以外は、自分の行動は賢明で正しいと思って行動するのですから、わざわざ「強制する側の意見によれば」と言うのは変です。to do so が compeller's action を指すのであれば、in the opinion of others は不要です。したがって、3 番目の because 節内の to do so も his action を指しています。おそらくミルは最初の because 節によって topic を his action に変更したつもりでいますから、3 番目の because 節内の to do so は変更された topic すなわち his action を指すのは当然だと考えていて、だからこそ to do so に for him という意味上の主語をつけず、逆に in the opinion of others をつけたのだと思われます。

結局、原文は、最初の because 節の to do so も、2 番目の because 節の it も、3 番目の because 節の to do so も、すべて his action (＝ to do or forbear〔強制される人が、ある行動を行うか自制するかすること〕) を指していると解釈するのが妥当です。

(1－09－06) These are good reasons for remonstrating with him, or reasoning with him, or persuading him, or entreating him, but not for compelling him, or visiting him with any evil in case he do otherwise.

訳 これらは、彼を諫めたり、納得させたり、説得したり、懇願したりするのには十分な理由になるが、彼を強制したり、そうしない場合に、なんらかの害悪を彼に加えたりする理由にはならない。

構文 in case は従属接続詞（転用接続詞）で in case he do otherwise は visiting にかかる副詞節です。

研究 **These** は前文の 3 つの because 節を指しています。

▷「**visit 人 with 罰・苦しみ**」は「人に罰・苦しみを課す」という意味です。

▷ **in case S+V** は次の 2 つの意味があります。

(a) もし S が V したら（時間的に後で主節になる）
In case the house burns down, we'll get the insurance money.
もし家が焼失したら、保険金が入るだろう。
(b) S が V するといけないので（時間的に先に主節をやっておく）
I'll take an umbrella in case it rains.
雨が降るといけないので、傘を持っていきます。

原文の **in case he do otherwise** は (a) で「もし彼が違うやり方でするなら＝もし彼が強制された行動をとらないなら」という意味です。この副詞節は if he do otherwise と同じ意味で、節内の **do** は仮定法現在で原形です。

(1－09－07) To justify that, the conduct from which it is desired to deter him must be calculated to produce evil to some one else.

訳 強制や処罰を正当化するためには、彼に思いとどまるように説得するのが望ましいとされる行為がだれか他の人に対して害悪を生み出すことが予測されていなければならない。

構文　from . . . him は形容詞節で the conduct にかかります。from which は to deter にかかります。■ it is desired to deter . . . は it が仮主語で、to deter が真主語です。■ be calculated to produce は第 5 動詞型の受身で、to produce は補語です。

研究　**that** は前文の compelling him, or visiting him with any evil in case he do otherwise〔彼を強制したり、強制に従わない場合は、なんらかの害悪を彼に加えたりすること〕を指しています。

▷ **deter 人 from −ing** は「人が－するのをやめさせる」という意味で、原文は－ ing のところに which (＝ the conduct) が入っています。

▷ **be calculated to produce evil** は「害悪を生み出すと計算される→害悪を生み出すと推定される」という意味です。行為者の意図は無関係です。行為者にその気はなくても (＝無意志でも)、他人に害悪を及ぼすと推定される行為は規制の対象になるのです。

▷ some と one が離れた some one は「どれか 1 つ、だれか一人」と「だれか、ある人」の 2 つの意味があり、後者は someone とイコールです。ここは後者の意味で **to some one else** ＝ to someone else です。

それを正当化するためには、制止したい行為が、他の誰かに危害を加えることを意図しているものでなければならない (岩波新訳)

(1－09－08) The only part of the conduct of any one, for which he is amenable to society, is that which concerns others.

訳　だれでも、自分の行為の中で、社会に対して責任を負わなければならない部分は、他人に関係する部分だけである。

研究　**that** ＝ the part です。

(1－09－09) In the part which merely concerns himself, his independence is, of right, absolute.

訳　彼自身にだけ関係する部分においては、彼の独立は権利の上では絶対的である。

研究　**of right** は「権利上は」という意味の副詞句です。Webster はこの of right を as an absolute right not depending on discretion or favor〔裁量や好みに基づくのではなく、絶対的な権利として〕と定義しています。用例は asserting that all land belongs of right to the Crown〔すべての土地は絶対的権利として国王に帰属すると主張する〕です。e.g. She is, of right, his wife but is living apart from him.〔彼女は権利上は彼の妻だが、現在別居している〕

▷ **his independence is, of right, absolute**〔彼の独立は、権利上は絶対的である〕が表している事柄は he has the right to absolute independence〔彼は絶対的な独立の権利を有している〕です。しかし、含意を加味すると、his independence is, of right, absolute は If we talk purely about right, his independence is absolute.〔純粋に権利について話すなら、彼の独立は絶対的である〕と言っているのと同じで、His independence, in reality, is not absolute.〔彼の独立は、実際には、絶対的ではない〕を示唆しています。したがって、at least of right〔少なくとも権利上は〕と言うことができます。しかし、at least をつけると、of right と in reality の対比が強調され、「彼の独立は実際には絶対的でない」という印象を読者にはっきりと与えます。ミルはこの問題（＝「彼自身にだけ関係する部分においても、彼の独立は実際には絶対的でない場合がある」という問題）については後に論じる予定なので、ここで読者の注意を「実際面」に向けさせたくなかったのでしょう。それで、あえて at least をつけるのは避けたのだと思います。

なお、先行訳は of right を「当然」と訳しています。これは of right のもう1つの語釈である legally or morally demandable: properly exactable〔法的あるいは道徳的に要求できる：正当に要求できる〕(Webster) に基づくものと思われます。しかし、この語釈からも明らかなように、of right がこの意味になるのは形容詞句の場合で、原文では副詞句ですから、この意味に解釈することは不適切です。Webster の用例は bail in misdemeanors is of right〔軽犯罪における保釈は権利の性質をもっている→法的に要求可能である〕です。

単に彼自身だけに関する部分においては、彼の独立は、当然絶対的である（岩波旧訳）
本人だけにかかわる領域では、本人の独立は、当然のことながら絶対的である（岩波新訳）
本人のみにかかわる部分については、当然ながら、本人の自主性が絶対的である（古典新訳）
本人だけに関係する部分については、各人は当然の権利として、絶対的な自主独立を維持できる（日経 BP）

(1－09－10) Over himself, over his own body and mind, the individual is sovereign.

訳　個人は自分自身に対して、すなわち自分の肉体と精神に対しては、全権を握っているのである。

構文　sovereign は形容詞で補語です。

研究　**Over himself** を **over his own body and mind** で言い換えています。

▷ この **sovereign** は having superior or supreme rank or power〔優越した、ないし最高の、地位、権力を握っている〕(OED) という意味の形容詞です。もし「君主、元首、統治者」という意味の名詞なら the sovereign となるところです。形容詞の sovereign は名詞修飾で使うのが普通ですが、補語になることもあります。Webster には次の例文が出ています。The king could not be sovereign if there were any immunities . . . outside his jurisdiction.〔権限が及ばない、なんらかの免除特権があると、国王は全権を掌握した状態になれない〕

(1－10－01) It is, perhaps, hardly necessary to say that this doctrine is meant to apply only to human beings in the maturity of their faculties.

訳　この考え方は成熟した諸能力をもつ人間にだけ適用されるものであることは、おそらくほとんど言うまでもないであろう。

構文 It は仮主語で、to say that . . . が真主語です。

研究 be meant to V は「V するように意図されている」という本来の意味から「V すると思われている、V することになっている、V しなければならない、V するためのものである」などいろいろなニュアンスで用いられます。**this doctrine is meant to apply only to . . .** は本来の意味で「この考え方は…にだけ当てはまるように意図されている→この考え方は…にだけ適用される」です。意図しているのはミルおよびミルと同意見の人たちです。

▷ **in the maturity of their faculties** は「諸能力が成熟した状態にある」という意味です。

(1－10－02) We are not speaking of children, or of young persons below the age which the law may fix as that of manhood or womanhood.

訳 小児や、男女の成年として法律で定められた年齢に達していない若年者は対象にしていない。

研究 **the age which the law may fix as that of manhood or womanhood** は「法律が成年男女の年齢として定めている年齢」が直訳です。**that** = the age です。

▷ **the law may fix** の **may** は「譲歩の may」です。通常「譲歩の may」は「may . . . but」か「譲歩の意味を表す副詞節」で使われます。ここは形容詞節内で使われている例で、これについて『英語基本動詞辞典』（研究社）に以下の記載があります。

> any, such のついた先行詞を修飾する関係詞節でも may [might] が使われることがある。堅い表現 [Long, Sentence, p.140] : We shall be glad to answer any questions that you may wish to ask. 私達はおたずねになりたいことになんでもよろこんでお答えいたします。/ The student was expected to see his advisor at such hours as might be posted. 学生は掲示される時間にアドバイザーに会うことになっていた。

最初の例文で any を省略すると We shall be glad to answer questions which you may wish to ask. となります。questions には any がついていませんが、形容詞節内に may が使われていることから、any questions that you may wish to ask というニュアンスが感じ取れるのです。2番目の例文も such hours as were posted あるいは such hours as would be posted だと any hours のニュアンスはありませんが、such hours as might be posted だと any hours のニュアンスが感じられるのです。

原文はこれと同じで、**below the age which the law may fix as that of manhood or womanhood** ＝ below any age which the law may fix as that of manhood or womanhood です。譲歩のニュアンスをもっとはっきりさせると below the age which the law fixes as that of manhood or womanhood, whatever that age may be となります。may を使わず the age which the law fixes as that of manhood or womanhood にすると「一つの決まった成人年齢（男性と女性の成人年齢が異なる場合は2つになります）がある」と言っているように聞こえて、読み手の頭に「異なる国の法律が異なる成人年齢を決めている」可能性が浮かびません。

> (1－10－03) Those who are still in a state to require being taken care of by others, must be protected against their own actions as well as against external injury.

訳　まだ他人の保護を必要とする状態にある者たちは、外からの危害だけでなく、彼ら自身の行為に対しても保護されなければならない。

構文　**to require . . .** は a state を修飾しています。e.g. She was in no state to see anyone.〔彼女は人に会える状態ではなかった〕（ロイヤル英和辞典）■ **being taken care of** は take care of の受身動名詞で、to require の目的語です。現在の英語では require の目的語に動名詞を置くときは、受身動名詞ではなく、能動形の動名詞にするのが正用法です。すなわち **require being taken care of by others** ではなく、require taking care of にします。このように能動形の動名詞を使い、動名詞の後に目的語が足りない形で書くのが正用法です（require taking care of は of の後に目的語が足りません。taking care of は「目的語が足りない不完全な動名詞」です）。ちなみに、**require being taken care of by others** の場合は of の後に目的語が足りないということはありません。being taken care of はすべての要素がそろった完全な動名詞です（これは「完全他動詞として用いられる群動詞」の受身動名詞です。『序説』p.82, 138, 139, 147 参照）。

研究　▷この **still** は「（やがては～でなくなるだろうが）今のところはまだ～」というニュアンスです（1−07−13 の**研究**参照）。still があることから **Those** の中身は children であることがわかります。

▷ **be protected against their own actions** = **be protected against** injury caused by **their own actions**〔自分の行動によって引き起こされる傷害に対して保護される〕です。保護者からすれば stop children hurting themselves〔子供たちが自分の行動で怪我をするのを止める〕ということです。ここで言っていることは、「子供を怪我から守ること（= physical protection from the things that they would do〔子供がすることから子供を身体的に保護すること〕）」であって、「子供にしつけをする」ということではありません（たとえば、子供が火の中に手を入れるのを抑止する、というようなことです）。子供を怪我から守るためには、彼らの意志に反する行動を強制したり、彼らの意志に反して、行動を制限しなければならないのです。

▷ **be protected against external injury** = **be protected against injury** done by others〔他人によって与えられる傷害に対して保護される〕です。これをもっと広く言えば be protected against injury done for all other causes〔他のすべての原因によって与えられる傷害に対して保護される〕です。all other causes〔他のすべての原因〕は「their own actions〔自分の行動〕以外のすべての原因」です。

> (1−10−04) For the same reason, we may leave out of consideration those backward states of society in which the race itself may be considered as in its nonage.

訳　同じ理由から、民族自体が未成熟であると考えられる未発達の社会状態も考慮しなくてよいであろう。

構文　those は in which . . . . を指す形容詞です（いわゆる「先行詞を明示する those」です）。■ in which. . . は backward states にかかります。■ consider A as B が受身になって A is considered as B.〔A が B だと考えられる〕となっています。したがって、as は「補語の印の as」で、in its nonage は形容詞句で補語です。

研究　we may leave out の **may** は「許可」の意味です。

▷ 次の 2 つを比べてみましょう。

(a) leave out of consideration those backward states of society in which the race itself may be considered as in its nonage

(b) leave out of consideration those societies in backward states in which the race itself may be considered as in its nonage

この 2 つは states と societies のどちらに重点を置くかが違うだけで、意味は同じと考えて差し支えありません。(a) (＝原文) の場合は、考慮の対象から排除されているのは「状態」であって「社会」ではありません。したがって「社会は変化して、その状態から脱しうる」というニュアンスをもっています。それに対して、(b) は「社会」自体を排除しています。その結果、その社会は永久的にこの状態に固定されているような印象を与えます。このようなニュアンスを考慮して、ミルは (a) で書いたのでしょう。

▷ **states** ＝ conditions です。

▷ **the race itself may be considered** の **may** は「可能性」と「許可」の両方の意味です。「…と考えることができ、したがって、考えてもよい」です。

(1−10−05) The early difficulties in the way of spontaneous progress are so great, that there is seldom any choice of means for overcoming them; and a ruler full of the spirit of improvement is warranted in the use of any expedients that will attain an end, perhaps otherwise unattainable.

訳　社会が外部からの力を受けずに自然と進歩していくのを妨げる初期の困難は非常に大きいので、これを乗り越える手段はほとんどの場合一つしかない。それは改革の精神に溢れた統治者が社会を専制的に牽引するというやり方である。彼は、おそらく他の方法では達成できないであろうと思われる目的があるときは、それを達成するためにどんな方法を用いても正当化される。

構文　perhaps otherwise unattainable は an end にかかります。

研 究　社会が、外部からの力によらず、内部要因によって自然に進化していく過程における初期の段階、すなわち、民族自身がまだ未成熟な状態にあると考えられる遅れた状態においては、社会の進化を妨げる様々な困難があり、それらは非常に大きいので、ほとんどの場合、それらの困難を乗り越える方法は指導者の専制以外にはない。そして、社会を改良する精神に富んだ指導者は、社会の改良に必要な目的が他の手段ではおそらく達成できないであろうと思われる場合には、それがどんな手段であっても、それを使用することが正当と認められるのである。これがこの文の趣旨です。

▷ **The early difficulties in the way of spontaneous progress**〔自発的進歩の妨げとなる初期の困難〕は The difficulties which exist in those backward states of society in which the race itself may be considered as in its nonage〔民族自体が未成年期にあると考えられる遅れた状態の社会に存在する困難〕です。**spontaneous progress**〔自発的進歩〕の背後には「社会は外から push しなくても、自然に progress する」という観念があります。spontaneous progress ＝ progress produced from internal natural causes without outside forces〔外部からの力なしに、内部の自然な原因から生み出される進歩〕です。**in the way** は「道をふさいで、邪魔になって」という意味です。

▷ **there is seldom any choice** は「どんな選択も存在する（＝どんな選択も可能である）ということはめったにない→通常 1 つしか選択肢はない」という意味です（ちなみに there is hardly any choice は「ほとんど選択肢が存在しない」という意味です）。**there is seldom any choice of means for overcoming them** ＝ in most cases there is only one way to overcome the difficulties〔たいていの場合、それらの困難を乗り越える方法は 1 つしかない〕です。この「それらの困難を乗り越える唯一の方法」とは despotism〔専制〕です。

▷ **the early difficulties**〔初期の困難〕は「文明の発達度合いがまだ低い段階にある社会が、全体としてより高い段階に移行する際に障害となる困難」です。たとえば、実現すれば社会全体に利益をもたらすことは確実であるが、一人ないし少数者が実行するだけでは、社会全体の利益にならないのみならず、実行者にも利益が生じない（むしろ、損害を受けることもある）事業や制度があります。文明の初期段階では、こういう事業や制度は、個々人の自発的な行動に期待しても実現しません（これが the early difficulties です）。強い権力を握った者がイニシアティブをとり、社会の構成員に指令を発して、強制的に協力させて初めて実現します。

非常に多くの人間が協力し労力を出し合って初めて完遂できる事業、たとえば水田耕作のための大規模な灌漑事業などがこれに該当するでしょう。また、乾田耕作のように一人ないし少人数でやれる事業であっても、いざ利益が生じる段階になると他の強者が介入してきて利益を奪われてしまうような場合は、強い権力を握った者が無法な強者を排除して、それらの耕作者を守らなければ、乾田耕作は発達しません。

あるいは、技術を習得するのに長い修行を必要とし、その間は報酬を得られない職人の養成なども the early difficulties に含まれます。技術を習得したあかつきには、それで食べていけるという見込みがなければ、このような職人を志す人はいないでしょう。権力者が需要と供給のシステムをバックアップして、もし需要が少ないときは、社会の富をその分野に優先的に傾斜配分する（たとえば、国家が生産物を買い取ったり、職人に手当を支払う）というようなことをして育てていかなければ、高度な技術は生まれません。

大規模な公共事業や経済システムだけでなく、道徳面での向上にも困難があります。たとえば、かつて、日本の近隣の某国において、市中で少女が車にひき逃げされて路上に倒れているとき、周囲の大人たちがだれも助けようとせず、それを横目で眺めながら自転車で次々に通り過ぎて行く光景を映像で見て衝撃を受けたことがあります。このような社会状況では、指導者が同胞の危難を助けない者には罰則を与える仕組みを作って、救助行為を強制する必要があります。

ミルが the early difficulties の内容として、具体的にどのようなことを念頭に置いていたのかは定かではありません。しかし、あえて推測すれば、おそらくこのようなことだったのでしょう。

▷ **an end** = an end the attainment of which is necessary to the improvement of society〔社会を改善するためには、達成することが必要な目的〕です。

▷ perhaps は「可能性の存在することだけを示し、その確実性の度合などを問題にすることはない。従って、probably, possibly などと異なり、quite などで限定することはしない」(ロイヤル英和辞典)。**perhaps otherwise unattainable** は「他の方法では達成されえない可能性がある」という意味です。

▷ **is warranted in the use of any expedients that will attain an end, perhaps otherwise unattainable**〔おそらく他の方法では達成されえないであろう目的を達成する手段は、どんな手段でも、その使用が正当化される〕= is warranted in the use of any expedient if that is the only one that will apparently attain an end〔どんな手段でも、もしそれが目的を達成するように思われる唯一の手段であるなら、それを使うことが正当化される〕です。たとえば、先ほどの例で言えば、大規模な灌漑事業が an end です。これを達成するにはたくさんの人を結集して力を発揮させる必要があります。そのためには、成人男子全員に 1 週間の強制労働を課する以外に手段がないのであれば、統治者はこれを命じても正当化される(ただし「社会の進化の初期段階なら」という条件がついています)というのがこの文の趣旨です。

この文のように is warranted in the use of any expedients〔どんな方法の使用も正当化される〕と言い切れるかは疑問が残るところで、この一節は On Liberty の中でしばしば批判される個所です。

> (1−10−06) Despotism is a legitimate mode of government in dealing with barbarians, **provided the end be their improvement, and the means justified by actually effecting that end**.

訳　専制は、それの**目的が未開人の向上で、実際にその目的を達成することによって手段として正当化されるならば**、未開人を扱う際の正当な統治形態である。

構文　provided = if で、provided . . . that end は副詞節です。■ be は仮定法現在です。■ and は the end be their improvement と the means justified by actually effecting that end をつないでいます。これには別の解釈があります。これについては **研究** で検討します。■ justified の前に be が省略されています。

研究　**legitimate** は valid or acceptable; justifiable, reasonable〔妥当な、結構な；正当な、合理的な〕(OED) という意味です。

▶ **effect** は名詞のときは「影響、効果、結果、趣旨」という意味ですが、動詞のときは「～を遂行・達成する、(結果として) ～を生じさせる」という意味です。

▶ **provided the end be their improvement, and the means justified by actually effecting that end** を直訳すると「目的が未開人の向上であり、手段がその目的を実際に達成することによって正当化されるならば」となります。この provided-clause は事柄だけを示すのであれば provided the end be their improvement, and that end be actually effected〔目的が未開人の向上であり、その目的が実際に実現されるなら〕と書けばよいのです。それをわざわざ the means justified という語を使って、原文のように書いたのは、意図があるからです。

Utilitarianism〔功利主義〕のキャッチフレーズに **The end justifies the means.〔目的は手段を正当化する〕**という文があります。これは「最大多数の最大幸福という目的は手段を正当化する」という意味です (このキャッチフレーズにおける The end は、手段を行使する前は「最大多数の最大幸福という追求する目的」を表し、手段を行使した後は「最大多数の最大幸福という達成された目的」を表します)。原文の the means justified by actually effecting that end は、この The end justifies the means. を下敷きにしています。そして**原文の the means は the various means used in despotism (専制において用いられる様々な手段) ではありません。despotism (専制) 自体が「最大多数の最大幸福 (ここでは未開人の向上)」という目的を達成するための手段なのです**。ミルは「(専制は) 未開人の向上という目的が実際に実現されるなら (正当な統治方法である)」と言う代わりに、同じ内容なのですが、わざわざ「(専制という手段は) それが未開人の向上という目的を実際に実現することによって正当化されるなら (正当な統治方法である)」と言うことによって、読者に「著者は功利主義の枠組みの中で考えている」ということを想起させたかったのです。このような暗示的な (スマートな) 書き方ではなく、直接的な (身も蓋もない) 書き方をするなら次のようになります。

The means of despotism is a legitimate mode of government in dealing with barbarians, provided its end be their improvement, and, as the principle of utility says, it be justified by actually effecting that end.
専制という手段は、それの目的が未開人の向上であり、功利性の原理が言うように、その目的を実際に達成することによってそれが正当化されるならば、未開人を扱う際の正当な統治方法である。

▶ ところで、先行訳には違う読み方をしているものがあります。構造的に不可能な読み方であれば、誤読であることは確実で、誤りを指摘するのは簡単ですが、どちらも構造的には可能です。となると「内容」や「論理」や「表現の不自然さ」がその解釈をとらない理由ということになります。違う読み方とその弱点を簡単に説明しますので、上記の解釈と比べてみてください。

Despotism is a legitimate mode of government in dealing with barbarians, provided the end be their improvement, and the means justified by actually effecting that end

〔別の解釈 1〕the means を is の補語にする（and は a legitimate mode と the means をつなぎ、justified は the means にかかります）。「専制は、目的が未開人の向上であれば、legitimate な統治方法であり、目的を実際に達成することで justify される手段である」となります。この解釈では the means は「専制そのもの」を指します。

〔別の解釈 2〕and は Despotism is a legitimate mode . . . という文と the means is justified . . . という文（is は省略されている）をつなぐ。「専制は、目的が未開人の向上であれば、legitimate な統治方法であり、手段は目的を実際に達成することで justify される」となります。この解釈では the means が「専制において用いられる様々な手段」なのか「専制そのもの」なのかはっきりしません。

この2つの解釈はどちらもprovidedが作る副詞節をimprovementまでにしています。つまり「専制がlegitimateな統治方法である条件」を「目的が未開人の向上であること」だけにしています。この結果「専制がlegitimateでありながら、手段がjustifiedでない」ケースが想定されることになります。しかし、手段がjustifiedでなければ、専制はlegitimateとは評価されない（=「手段がjustifiedでない、legitimateな専制」というものはありえない）はずです。この点がこの2つの解釈の弱点です。

もしもその目的が未開人の改善にあり、またその手段が現実にこの目的を達成することによって正当化されるならば、専制政治は未開人をとり扱うための正当な統治方法である（岩波旧訳）
目的が未開人を改善することであって、その手段がこの目的を実際に実現することで正当化される限りでは、専制は正当な統治の仕方なのである（岩波新訳）
野蛮人を進歩させるのが目的であれば、野蛮人にたいしては専制政治が正当な統治方法なのである。手段は目的の実現によって正当化される（古典新訳）
専制政治は、未開の民族に進歩をもたらすことを目的とし、実際にその目的を達成することで手段としての正しさを実証できるのであれば、正当な統治方法である（日経BP）
専制主義は、その目的が野蛮人たちの改善であるとすれば、かれらをとりあつかうにあたっての、ひとつの正当な統治様式であり、しかも、その目的をじっさいに実現することによって正当化される手段である（大思想）

(1－10－07) Liberty, as a principle, has no application to any state of things anterior to the time when mankind have become capable of being improved by free and equal discussion.

訳　原理としての自由は、まだ人類が自由で対等な討論によって向上できるようになっていない段階では、いかなる社会状態にも適用されない。

研究　**Liberty, as a principle**〔原理としての自由〕は「名詞 as ～〔～としての名詞〕」という表現です（as は前置詞です）。これは「『自由は 1 つの原理である』と捉えた場合に、頭の中で想定される抽象的・概念的な自由」を表しています。別の言い方をすると、自由がもっている様々な aspect の中から「自由は 1 つの原理である」という aspect を取り上げて、その aspect だけを持った自由（＝原理という側面しかもっていない自由）を（実体ではなく）1 つの概念として想定しているのです（この説明だけではとうていわからないと思います。この表現については 1－12－01 の 研究 で詳しく解説してありますので、そちらを参照してください）。liberty, as a principle は the principle of liberty itself〔自由の原理それ自体〕と言っても（少なくともこの文では）同じです。この中身は 1－09－02～10 で詳述されています。

Liberty, as a principle, has an application to a society.〔原理としての自由が社会に適用される〕というのは、「原理としての自由（＝1－09－02～10 で詳述された考え方）が政府の行動の正誤を判定する基準として用いられ、誤と判定された場合は、それに基づいて、批判される」ということです。

しかし、民族自身がまだ未成熟な状態にある遅れた状態においては、社会の進化を妨げる様々な困難を乗り越える方法は指導者の専制以外にはなく、専制をおこなう指導者は、社会の改良に必要な目的を達成する手段が他にないと思われる場合には、どんな手段であっても、それを使用することが正当と認められます（←ミルは 1－10－05 でそう言っています）。

たとえば、多くの人力を結集して大規模な社会事業をおこなう際にはある程度の私権の制限は避けられません。あるいは、道徳的判断力が十分に育っていない段階では、なすべき行動を指導者が決めて強制することも必要です。したがって、1－09－02～10 で展開された the principle of liberty をそのまま「未成熟な社会の、専制をおこなう指導者」の行動の正誤を判定する基準として用いることはできません。このことをこの文で「原理としての自由は、まだ人類が自由で平等な討論によって向上できるようになっていない段階では、いかなる社会状態にも適用されない」と言ったのです（「自由で平等な討論によって向上できるようになっていない」というのは「指導者に強制されなければ向上できない」ことを裏から表現したのです)。

ただし、これはあくまでも liberty, as a principle〔原理としての自由〕が適用されないのであって、個々の具体的な自由がすべて否定されるのではありません。人が自由で平等な討論によって向上できるようになっていない段階(すなわち、指導者に強制されなければ向上できない段階)でも尊重されるべき自由、別の言い方をすれば、指導者が専制によって社会を改良していく上で障害にならない自由は個別的に認められます。この具体的な内容については、ミルは一切言及していません。ここは現在に至るまで種々論じられている点です。

▷ **state of things anterior to the time when . . .** は「…の時より前の事態」です。state of things は「事物の状態」すなわち「事態」です。things にはいろいろな事柄が考えられます。たとえば the evolution of human beings〔人類の進化〕はどうでしょう (state of things〔事態〕を state of the evolution of human beings〔人類の進化の状態〕と捉えるのです)。『自由論』はダーウィンの『種の起源』(*The Origin of Species*) と同じ年に出版されました。しかし、ダーウィンの考えは『種の起源』が出版される少し前から公表されていたので、ミルはそれを知っていて、to any state of the evolution of human beings anterior to . . .〔…に先立つ、人類の進化のどんな状態にも〕の意味で any state of things と言ったのかもしれません。これも十分に意味が通ります。

しかし、liberty と対比されているのが前文の a legitimate mode of government〔正当な統治形態〕としての despotism〔専制〕であり、次文では Akbar〔アクバル大帝〕や Charlemagne〔カール大帝〕のような専制君主の名前が挙げられているところから判断すると、ここの state of things〔事態〕は state of society〔社会の状態〕を指していると考えるのが自然です。すなわち to any state of society anterior to . . .〔…に先立つ、社会のどんな状態にも〕という意味です。ミルが state of society とはっきり書かず state of things という曖昧な書き方をしたのは、おそらく、中心となる事柄は society だとしても、society だけに限定したくなかったからでしょう。

原則としての自由は、人類が自由で平等な論議によって改善されうるようになってしまっている時期以前にはいかなる事態に対しても適用できないのである（岩波旧訳）
自由の原理は、人類が自由で対等な討論によって進歩していけるようになる以前の状況には適用できない（岩波新訳）
自由という原則は、ひとびとが何の制約も受けずに対等に議論して、それによって社会の改善をおこなうことができる段階に達して、ようやく適用される（古典新訳）
自由という原則を適用できるのは、各人が対等な立場で自由に議論することによって社会の進歩を達成できる段階に達してからである（日経BP）
一つの原理体系としての自由は、人類が自由で平等な討論によって進歩しうるようになる時代以前の社会状態に対しては、適用されない（名著）
原則的には、自由というものは、人類が自由平等な討論によって改善されうるようになってきたときよりまえには、ものごとのどんな状態にも適用されない（大思想）

(1－10－08) Until then, there is nothing for them but implicit obedience to an Akbar or a Charlemagne, if they are so fortunate as to find one.

訳　それまでは、人類はアクバルやシャルルマーニュのような人に絶対的に服従するよりほかにないのである。ただし、運よくそういう人物が現れたらの話であるが。

構文　but は前置詞で、but = except です。

研究　有名人の名前に不定冠詞をつけると「～のような人」という意味になります。**Akbar** (1542－1605) はインドのムガール王朝の第 3 代王です。インドの最も偉大な王とされ、アクバル大帝と呼ばれています。**Charlemagne** (742－814) はフランク王国の国王として 46 年在位し、晩年には西ローマ皇帝を号して「ヨーロッパの父」とも呼ばれています。日本では「カール大帝」の名が一般的に使われています。
▷ **one** の中身は an Akbar or a Charlemagne で、**if they are so fortunate as to find one** は「もし人類がアクバルやシャルルマーニュのよ

うな（良い、専制）君主を見出すほど幸運であるなら」という意味です。ミルはこの副詞節によって「未開の社会がアクバルやシャルルマーニュのような専制君主によって統治されるのは、それによってより高い文明に上がれるので、良いことだ」ということと「すべての未開の社会がアクバルやシャルルマーニュのような専制君主によって統治されるわけではない」ことを言おうとしているのです。

それまでは、運が良くてもアクバルとかシャルルマーニュといった専制君主に、無言で服従するしかない（古典新訳）
その段階に達していないのであれば、ムガル帝国のアクバル大帝やフランク王国のカール大帝のような優れた支配者に黙って服従するしかない（もちろん、そのような支配者がみつかるほど幸運な場合はめったにないのだが）（日経 BP）

(1－10－09) But **as soon as mankind have attained the capacity of being guided to their own improvement by conviction or persuasion** (a period long since reached in all nations with whom we need here concern ourselves), compulsion, either in the direct form or in that of pains and penalties for non-compliance, is no longer admissible as a means to their own good, and justifiable only for the security of others.

訳　しかし、**人類が、指導者に導かれて向上する場合でも、強制ではなく、指導者の助言・指導の正しさを自ら確信して、あるいは助言・指導に従うようにという指導者の説得を自ら受け入れて、向上できるようになる段階に入ったら直ちに**（これは、我々がここで考慮する必要があるすべての国民がずっと以前に到達している段階である）、強制は、直接的形態にしても、不服従に対して苦痛や罰を与えるという間接的形態にしても、もはや彼ら自身の幸福のための手段としては許されず、他人の安全確保の目的があるときにだけ正当化されるのである。

構文　as soon as . . . persuation は副詞節で、compulsion . . . is . . . が「主節の主語＋述語動詞」です。■ a period . . . は as soon as の節が表している時期を一

語で総括したものです。■ long since〔(今より) ずっと前に〕は副詞で reached にかかります。■ reached〔到達された〕は過去分詞形容詞用法で a period にかかります。

研究　**have attained the capacity of –ing**〔−する能力を獲得した〕= have become capable of –ing〔−できるようになった〕です。このフレーズを使って原文を書き換えると次の (b) になります。(b) と (a) (c) を比べてみましょう。

(a)　Mankind are capable of being guided to their own improvement by compulsion.
(b)　Mankind have become capable of being guided to their own improvement by conviction or persuasion.
(c)　Mankind have become capable of guiding themselves to their own improvement by themselves.

(a) (b) (c) はいずれも、人間は自分を向上させることができるようになっているのですが「自己の向上に自分が主体的に関与する度合い」がまったく違います。

(a) は指導者から行動を強制されることによって向上へと導かれていくことができるだけで、まだ 100% 指導者頼りです (自分の主体性は 0% です)。compulsion = being compelled です (この compulsion は「強制されること」という受動の意味です)。

(b) は指導者から強制される必要はなくなりました。しかし、まだ指導者頼りからは抜けきっていません。指導者から「あなたの向上のためには、こうした方がいい」と言われ、それを自分の頭で考えた結果、「確かにその方がいい」と確信するのが **conviction** です (この conviction は「(人に言われて、考えて、それが正しいと) 確信すること」という能動の意味です)。指導者から「あなたの向上のためには、こうした方がいい」と言われ、その人を信頼しているので、「あの人の言うことなら、そうしよう」と決めるのが **persuasion** です (この persuasion は「説得されること」という受動の意味です)。どちらにしても、指導者から助言・指導を受けて、向上できるようになったのです (自分の主体性は 50% です)。命令されて指導者の言う通りにやるのではなく、自分の判断で指導者の助言・指導を受け入れるという点で、(b) は (a) と異なります。

(c) はもはや指導者の助言・指導は必要ありません。独力で自分を向上させることができるようになっています（自分の主体性は 100% です）。by themselves の代わりに by conviction と書くこともできます。この場合の conviction は、自分で自分の向上策を思いつき、それを自分の頭で考えた結果、「そうするのがいい」と確信することです。しかし、by themselves の代わりに by conviction or persuasion と書くことはできません。persuasion は他人の助言・指導を意味するからです。

原文は「**(c) の状態にまでならなくても、(a) から (b) の状態に移行すれば直ちに**、その人を向上させる目的であっても強制的に何かをさせる (or させない) ことは許されなくなり、強制が正当化されるのは、その人以外の人の安全を確保する目的のためだけになる」と言っているのです。

ところで、(a) と (b) を比べると、Mankind have become capable of being guided to their own improvement の部分は共通で（一方は単純な現在形で他方は現在完了という違いはありますが）違いは by compulsion が by conviction or persuasion になっている点です。このことから、(b) の have become capable of being guided to their own improvement (←これは原文では have attained the capacity of being guided to their own improvement と表現されています）はあくまでも「前提」で、by conviction or persuasion が「焦点」だということがわかります（前提と焦点については『真実』Chapter 9 参照)。これをはっきり表に出して意味をとると「指導者に導かれて向上するのが（強制によって導かれるのではなく）確信と説得によって導かれる、という段階に入ったら直ちに」となります。

▷ **compulsion in the direct form**〔直接的形態の強制〕は、たとえば強制的に連行してある行為をやらせたり、強制的に隔離してある行為をやれなくしたりするようなことです。

▷ **in that of pains and penalties** = in the form of pains and penalties〔苦痛や罰という形態の〕です。この形態は the indirect form〔間接的形態〕です。

▷ **as a means to their own good** = even as a means to their own good〔たとえ彼ら自身の幸福への手段としても〕です。

しかしながら、人類が信伏させることや説得することを通じて彼ら自身を改善してゆく能力を獲得するようになるや否や（岩波旧訳）
しかし、人々が説得され納得させられた上で自分自身を向上させることができるようになるやいなや（岩波新訳）
しかし、確信や説得によって社会を改善に導く能力がひとびとに備われば（古典新訳）
しかし、各人の確信や説得によって進歩を達成する能力を社会が獲得すれば（日経 BP）

(1－11－01) It is proper to state that **I forego any advantage which could be derived to my argument from the idea of abstract right, as a thing independent of utility**.

訳　**功利とは無関係なものとしての抽象的な正義という概念的なものから、私の議論にとっていかなる援護を引き出すことができようとも、私はその援護には頼らない**ことを述べておくのが適当である。

構文　as a thing independent of utility は abstract right にかかります。

研究　**the idea of abstract right, as a thing independent of utility**〔功利に基づかないものとしての抽象的正義という概念的なもの〕の元になっているのは abstract right independent of utility〔功利に基づかない抽象的正義〕です。ミルが、これに the idea of をつけ、independent を , as a thing independent としたのは、読者に、あるメッセージを伝えたかったからです。そのメッセージを除外すれば、事柄としては the idea of abstract right, as a thing independent of utility ＝ abstract right independent of utility〔功利に基づかない抽象的正義〕なのです。そこで、まず次の文を正確に読み、その後で「the idea of」と「, as a thing」をつけることによってミルが伝えたかったメッセージを検討することにしましょう。

It is proper to state that I forego any advantage which could be derived to my argument from abstract right independent of

utility.

▶ **It is proper to state that I forego any advantage** は「私はどんな利点も放棄するということを述べておくのが適当である」という意味です。「利点」は「私の主張にとって有利な点」で、それを「放棄する」というのは「自分の主張の支援材料として使わない」ということです。

▶ **which could be derived to my argument from abstract right independent of utility**〔その利点は、功利に基づかない抽象的正義から私の主張のために引き出されうる〕＝ which could be derived to my argument from making use of abstract right independent of utility, as the grounds for my argument〔その利点は、功利に基づかない抽象的正義を、私の主張の論拠として、使うことから私の主張のために引き出されうる〕です。

▶ **my argument** は「だれでも、自分の行為の中で、社会に対して責任を負わなければならない部分は、他人に関係する部分だけである。彼自身にだけ関係する部分においては、彼にある行動をするように強制したり、控えるように強制したりすることは許されない。」という主張です。

▶ **abstract right**〔抽象的正義〕は、特定の行為について正義とされるのではなく、一般的な行為について正義とされるものです。たとえば「どんな人の命であっても、人の命を奪ってはいけない」というのは abstract right の一例です。それに対して「特定の行為、たとえばヒトラー暗殺はしてよい」というのは concrete right〔具体的正義〕です。

▶ **utility** の本来の意味は「効用・有用性＝役に立つ性質」です。したがって、どんなもの、どんな行為も役に立つ性質をもっていれば utility があります。しかし、原文の utility は utilitarianism〔功利主義〕における utility（功利）を指しています。ミルは、その著 *Utilitarianism* において、功利主義と正義の関係を次のように説明しています。

> The creed which accepts as the foundation of morals, Utility, or the Greatest Happiness Principle, holds that actions are right in proportion as they tend to promote happiness, wrong as they tend to produce the reverse of happiness. By happiness is intended pleasure, and the ab-

sence of pain; by unhappiness, pain, and the privation of pleasure. (*Utilitarianism* chap.2 sec.2)
功利すなわち最大幸福原理を道徳の基礎として受け入れる信条は、行為は幸福をどれくらい促進するかに比例して正しく、幸福に反するものをどれくらい生み出すかに比例して悪であると主張する。幸福とは「快楽」と「苦痛の欠如」を意味し、不幸とは「苦痛」と「快楽の喪失」を意味する。

簡単に言えば、功利主義というのは「幸福とは『快楽』と『苦痛の欠如』であり、the greatest good of the greatest number〔最大多数の最大幸福〕を生み出す行為が正義である」という考え方です。したがって、**功利主義における utility は、たんなる「役に立つ性質」ではなく、「最大多数の最大幸福（を生み出す性質）」を指します**。

▶ さて right〔正義〕には abstract なものと concrete なものがあり、utility との関係では dependent なものと independent なものがあります。そこで、right には次の 4 種類があることになります。

(a) abstract right dependent on utility〔功利に基づく抽象的正義〕

「殺人行為ごとに、社会の利害得失を計って、その殺人行為の可否を決めるよりも、一律に人を殺してはいけないとしておいた方が、社会全体の利益にかなう（＝最大多数の最大幸福にかなう）から、それがどんな人であっても、人を殺してはいけない」というのが abstract right dependent on utility〔最大多数の最大幸福に基づく抽象的正義〕の一例です。このように、個々の行為ではなく、規則を対象にして「規則が最大多数の最大幸福にかなうから、その規則は正義である」とする考え方は**規則功利主義**と呼ばれます。ヒトラーを暗殺する行為は、その行為自体は最大多数の最大幸福にかないますが、「それがどんな人であっても、人を殺してはいけない」という規則に反するので、規則功利主義からは不正義とされます。

(b) concrete right dependent on utility〔功利に基づく具体的正義〕

「ヒトラーは殺した方が社会全体の利益になるから、ヒトラーは殺してよい」というのが concrete right dependent on utility〔最大多数の最大幸福に基づく具体的正義〕の一例です。このように、個別的な行為（たとえばヒトラーを殺す行為）を対象にして「ある個別的な行為が最大多数の最大幸福にかなうから、その行為は正義である」とする考え方は**行為功利主義**と呼ばれます。ヒトラーを暗殺する行為は最大多数の最大幸福にかなうので、行為功利主義からは正義とされます。

(c) abstract right independent of utility〔功利に基づかない抽象的正義〕

これは「最大多数の最大幸福を生み出すか否かとは無関係に（＝最大多数の最大幸福を生み出さなくても）、別の基準（＝先験的な基準）によって抽象的正義とされるもの」です。たとえば Don't commit murder, because human life is a sacred thing and inviolable in any way.〔人の命は神聖なもので、いかなる点においても不可侵なのだから、それがどんな人であっても、人を殺してはいけない〕というのは abstract right independent of utility〔最大多数の最大幸福に基づかない抽象的正義〕の一例です。

(d) concrete right independent of utility〔功利に基づかない具体的正義〕

「人の命は神聖なもので、ヒトラーも人間だから、ヒトラーを殺してはいけない」というのは concrete right independent of utility〔最大多数の最大幸福に基づかない具体的正義〕の一例です。

▶ 原文の **abstract right independent of utility**〔最大多数の最大幸福に基づかない抽象的正義〕（実際には the idea of abstract right, as a thing independent of utility と表現されています）は、my argument の内容から考えて、「最大多数の最大幸福を生み出すか否かとは無関係に、誰でも常に自由を保障されるべきだ」という帰結をもたらす命題です。たとえば Liberty is an inborn human right, and must be respected in any case.〔自由は天賦の人権であって、いかなる場合にも尊重されなければならない〕とか All human beings are equal and have equal dignity, and so you must treat people as each having the same worth, no matter what the consequences.〔すべての人間は平等であり、同等の尊厳をもっている。したがって、結果がどうであれ、人間は、各々同じ価値をもっているものとして、扱われなければならない。〕とか One person should not be allowed to command another person, regardless of its consequences, because the moral worth each person has is the same.「各人が持っている精神的な価値は同じなのだから、人が人に命令することは、結果のいかんを問わず、許されない」といったような命題が abstract right independent of utility です。これらの命題の in any case（どんな場合でも）や no matter what the consequences（結果がどうであれ）や regardless of its consequences（結果とは無関係に）の部分が independent of utility に相当します。

▶ さて、このような命題（を私の主張の論拠として使うこと）から「私の主張のために引き出されうる利点」とはどのようなものでしょうか？この **advantage**〔利点＝私の主張にとって有利な点〕には an argumentative advantage〔議論する上で有利な点〕と a persuasive advantage〔説得する上で有利な点〕の 2 つがあります。**independent of utility**〔功利に基づかない〕というのは「最大多数の最大幸福を生み出すか否かに無関係」ということで、別の言い方をすれば「個別に招来される結果がどうであれ」ということです。**abstract right independent of utility は「ある抽象的な事柄を、それを肯定することから個別に招来される結果がどうであれ、正しいとする命題」です。**この命題は、結果は問わないと言うのですから、その事柄を正しいと主張する人にとっては、強力な味方になります。もし反対者から不利な事情（＝その事柄を正しいとすることによって有害な結果が招来されるという事情）を指摘されたときは、この命題を持ち出せば、その反対論を一蹴できるからです。

たとえば、「人を殺してはいけない」という主張に対し、「ヒトラーを暗殺するのもいけないのか？」と反論されたら、「人命は神聖かつ不可侵なものだから、どんな人も、殺すのはいけない。たとえヒトラーを生かしておくことでどんな結果が生じようとも、ヒトラーを殺すのは正義ではないのだ」と言い返せます。これが an argumentative advantage です。要するに「結果の有害性の検討に踏み込まずに（＝有害な結果が生じることについて弁解する必要なしに＝反対者の土俵に立たずに）反対論を一蹴できる」ということです。

これを原文に即して言うと、ミルの主張に反対する人が「本人にだけ関係する行為であっても、それによって、本人に重大な害が及ぶことが明らかな場合は、それを制止するのは社会の義務であって、当然許される」とか「本人にだけ関係する行為であっても、それが正しい行いであることが明らかな場合は、それを本人に強制するのは社会の義務であって、当然許される」というような反論をしてくることが予想されます。そのときミルは「それは重大な害ではない」とか「たとえ行為者本人には重大な害が及ぶとしても、それを止めない方が社会全体にはより大きな利益がもたらされる」とか「正しいか否かはだれが判断するのか？」といった反論をして、反対者と議論をすることになるでしょう。ところが、もしミルが abstract right independent of utility を自分の主張の論拠として使うなら、ミルは反論に対して「自由は神聖にして犯すべからざる天賦の人権であって、いかなる場合にも尊重されなければならない」とか「人間はみな同じ価値をもっているのだから、結果のいかんを問わず、人が人に命令することは許されない」といった主張をして、反論を一蹴できます。反論者は納得しないかもしれませんが、ともかく議論は打ち切れます。これが an argumentative advantage〔議論する上で有利な点〕です。

もう一つは、「自由は天賦の人権である」とか「人間はみな同じ価値をもっている」といった命題を広く一般の人が支持している場合には（必ずしも深い考察に基づいているわけではなく、感覚的に支持しているだけのこともあるでしょうが）、ミルがこういう命題に基づいて自分の主張を展開すれば、説得力が増し、一般の人たちから受け入れられやすくなります。これが a persuasive advantage〔説得する上で有利な点〕です。

このように 2 つの advantage が考えられますが、おそらくミルが念頭に置いていたのは主として an argumentative advantage の方でしょう。

▶ ミルはこのような advantage を **forego** する（＝放棄する＝自分の主張の支援材料として使わない）と言っています。なぜミルはそうするのでしょうか？ その理由は次の文（＝1−11−02）に出ています。ミルは utility〔功利＝最大多数の最大幸福（を生み出す性質）〕を the ultimate appeal on all ethical questions〔すべての倫理的問題についての最終的な判断基準〕であると考えていて、自分の主張の正否をあくまでも功利の次元で議論したいと思っているからです。

▶ それでは次に「**the idea of**」と「**, as a thing**」をつけることによってミルが読み手に伝えたかったメッセージの問題を検討しましょう。

1－07－13 の **研 究** で In the Meiji period the Emperor established the parliament and the cabinet but abated little of his claim to rule the country.〔明治時代に天皇は議会と内閣を設立した。しかし、それによって、天皇の国家統治を正当化する権威が弱まるようなことはほとんどなかった。〕という例文を出しました。この例文の解説の中に次の一節があります。

> **his claim to rule the country は「天皇が国を統治するのを正当化する根拠」という意味です。根拠の中身は「万世一系の天皇であるという事実から生じる権威」です。**

これを読んだ人は「著者は『万世一系の天皇である』を事実だと思っているんだな」と受け取る可能性があります（そのようなことを気にしない読者も多いでしょうが、しかし、少数であっても、このように受け取る読者がいる可能性はあります）。そこで、著者（＝私）が「万世一系の天皇である」を事実だと思っておらず（＝単なる神話だと思っていて）、読者に「著者は『万世一系の天皇である』を事実だと思っているんだな」と受け取られたくない場合は、意図的に次のように書きます。

> **his claim to rule the country は「天皇が国を統治するのを正当化する根拠」という意味です。根拠の中身は「万世一系の天皇であるという‘事実’から生じる権威」です。**

このように事実に quotation marks をつけると「‘事実’＝事実とされているもの」という意味になり、これによって「著者は本当に事実だと思っているわけではない」ということが読者に伝わるのです（このような使い方をした引用符号は scare quotes〔皮肉の引用符〕と呼ばれます）。

▶ さて、ミルが abstract right independent of utility と書けばよいところを、わざわざ **the idea of abstract right, as a thing independent of utility** と書いたのは、上の‘事実’と同じで、読者に「ミルは abstract right independent of utility が実際にあると思っているんだな」と受け取られるのを避けるためなのです。ミルは功利主義者として「abstract right はすべからく dependent of utility でなければならない」と思っているので、読者にそのように受け取られたくないのです。

それでは、なぜ the idea of abstract right, as a thing independent of utility と書くと「著者は abstract right independent of utility が実際に存在するとは思っていないのだな」という印象を読者に与えられるのでしょうか？ このメカニズムは一言で説明できるほど簡単ではありません。なるべく丁寧に詳しく説明することにしましょう。

▶ まず the idea of . . . という表現が文脈に応じて様々な事柄を表すことを理解する必要があります。これについて考えてみましょう。次の 3 つの文を見てください。

(a) The idea of a ghost is quite different in Japan from in England.
幽霊の概念が日本ではイギリスとは全く違う。

この the idea of a ghost は「幽霊の概念」という意味です。the idea of a ghost = the concept of what a ghost is like〔幽霊とはどのようなものかという概念〕です。

(b) The idea of a ghost is found in every culture around the world.
幽霊という概念は世界中のあらゆる文化に見出される。

この the idea of a ghost は「幽霊という概念自体」という意味です。the idea of a ghost = the concept itself of a ghost〔幽霊という概念そのもの〕です。

(c) Children are often frightened by the idea of a ghost.
子供はしばしば幽霊という概念的なものに怯える。

この the idea of a ghost は「幽霊という概念的なもの」という意味です。the idea of a ghost = the conceptual thing of a ghost〔幽霊という概念的なもの〕です。この英文は、Children are often frightened by a ghost.

〔子供はしばしば幽霊に怯える〕と言っても、表している事柄は変わりません。ただ by a ghost だと、なにやら話し手は幽霊の存在を認めているようにも受け取れます。そこで、それを嫌う話し手は by the idea of a ghost〔幽霊という概念的な存在によって→幽霊という実体のないものによって〕と言うことによって、「私は幽霊なんて実際には存在しないと思っている」ということを読み手に伝えるのです（＝読者は「筆者は幽霊の存在を信じていないんだな」と感じるのです）。

実際には存在しないものを概念として描く・想像することはありえます。たとえば幽霊が存在するとは思っていない人でも、幽霊を概念として想像することはできます。幽霊を信じていなくても、「幽霊ってどういうもの？」と聞かれたら、「足がなくてね、白い浴衣みたいな服を着ていて、髪を振り乱し、両手をだらりと垂らして、よく柳の木のそばに現れるんだよ」のように説明できます。そういう人にとっては、幽霊は、実際に存在するものではなく（＝実体はなく）、概念的な存在です。これは a ghost, as a conceptual thing〔概念的なものとしての幽霊〕です。これを the conceptual thing of a ghost〔幽霊という概念的なもの〕と表現することができ、さらに文脈に支えられれば、the idea of a ghost で表せるのです。この場合の idea は concept〔概念、観念〕ではなく、conceptual thing〔概念的、観念的なもの〕という意味です。

以上のことを一般化して言えば、X だけで事柄を表せるときに、わざわざ the idea of X〔X という概念的なもの〕と言った場合は、話し手が X の実在を認めていないことを示唆するのです。他の英文でさらに検討してみましょう。

(d) An electronic book does not fall under the usual idea of a book.
電子書籍は本の普通の概念には当てはまらない。

the usual idea of a book〔本の普通の概念〕＝ the usual concept of what a book is like〔本とはどのようなものかという普通の概念〕です。

(e) The Yanomami, who live in the upper reaches of the Amazon, do not have the idea of a book.

アマゾン川の上流域で暮らすヤノマミ族は本という概念を持っていない。

the idea of a book〔本という概念〕= the concept itself of a book〔本という概念自体〕です。

(f) Many explorers were drawn to South America by the idea of the City of Gold, but the city did not exist.
多くの探検家が黄金の都という観念的なものによって南米に引き付けられた。しかし、そのような都は存在しなかったのだ。

the idea of the City of Gold は「黄金の都の観念」ではありません。「多くの探検家が黄金の都の観念（＝黄金の都とはどのようなものかという観念）によって南米に引き付けられた」ではまったく意味が通りません。「黄金の都という観念（そのもの）」でもありません。人間は単なる観念に引き付けられて探検などしません。彼らは「黄金の都という‘実体’」に引き付けられて（＝「黄金の都という実体」があると信じて）探検に乗り出したのです。話し手は「実はそのような実体はなく、『黄金の都』はたんなる観念的な存在だったのだ」ということを伝えるために the City of Gold に the idea of をつけたのです。したがって、the idea of the City of Gold = the conceptual thing of the City of Gold〔黄金の都という観念的なもの→黄金の都という実体のないもの〕です。

もしこの文を Many explorers were drawn to South America by the City of Gold, but the city did not exist.〔多くの探検家が黄金の都によって南米に引き付けられた。しかし、そのような都は存在しなかったのだ。〕と書いたら、読み手は but the city did not exist を読んで、意味はわかります（「ああ、黄金の都という実体のないものによって引き付けられたんだな」とわかります）。しかし、同時に「存在しなかったものをどうして by the City of Gold って書くんだ。これじゃ、まるで実在していたような書き方じゃないか。」という違和感を抱きます。

逆に、Many explorers were drawn to South America by the idea of the City of Gold. と書いたら、but the city did not exist を読まなくても、読

み手は「黄金の都は存在しなかったのだな」と感じ取ります。なぜなら、黄金の都が実在したのならby the City of Goldと書けばいいのであって、わざわざby the idea of the City of Gold〔黄金の都という観念的なものによって〕などという書き方をするはずがないからです。したがって、この文はbut the city did not existを言う必要はありません（言わなくても意味は変わりません）。それに対して、by the City of Goldと言った場合は、but the city did not existを言わなければ、このことは聞き手にはわかりません（but the city did not existを言わなければ、聞き手は「the City of Goldは実在した」と思ってしまいます）。

(g) any advantage which could be derived to my argument from the idea of abstract right independent of utility
功利に基づかない抽象的正義という概念的なものから私の主張のために引き出されうるどんな利点も

the idea of abstract right independent of utility = the conceptual thing of abstract right independent of utility〔功利に基づかない抽象的正義という概念的なもの〕です。このフレーズはany advantage which could be derived to my argument from abstract right independent of utility〔功利に基づかない抽象的正義から私の主張のために引き出されうるどんな利点も〕と、表している事柄は変わらないのです。ただfrom abstract right independent of utilityだと、話し手はabstract right independent of utilityの存在を認めているように受け取れます。そこで、それを嫌う話し手はfrom the idea of abstract right independent of utility〔功利に基づかない抽象的正義という概念的なものから〕と言うことによって、自分は「功利に基づかない抽象的正義を認めていない」というメッセージを読み手に伝えるのです。

▶ 最後にabstract right independent of utilityをabstract right, as a thing independent of utilityとしている理由を説明しましょう。abstract right independent of utility〔功利に基づかない抽象的正義〕と書くと「abstract right dependent on utilityもあればabstract right independent of utilityもあり、ここでは後者だ」と言っているように聞こえます（つまり「abstract right independent of utilityが実際に存在する」という印象を読み

手に与えます)。

それに対して **abstract right, as a thing independent of utility** 〔功利に基づかないものとしての抽象的正義〕は「頭の中で想定される概念的な正義」を表しています。これは「功利に基づかない」という aspect だけを持った抽象的正義を（実体ではなく）1 つの概念として想定しているのです（これと同様の表現は 1−10−07 で出てきました。この表現については 1−12−01 の 研究 で詳しく解説しています)。これはあくまでも概念にすぎないので、「このような正義が実際に存在するか否か」についてはneutral なのです。

ミルにとっては abstract right はすべて dependent on utility であって、abstract right independent of utility 〔功利に基づかない抽象的正義〕というものは存在しません。そこでミルはわざと（「abstract right independent of utility が実際に存在するか否か」については neutral な表現である）abstract right, as a thing independent of utility と書くことによって、「功利に基づかない抽象的な正義が実際に存在する」という印象を読み手に与えるのを避けたのです。これは実質的には「功利に基づかない抽象的な正義は実際には存在しない（とミルが思っている)」ことをほのめかす効果をもっています。

▶ さて、以上の分析によって原文の表現の意図がおわかりになったと思います。ミルは「正義は功利原則によって決まる」と考えていて、功利とは無関係な抽象的正義というようなものがあるとは思っていないのです。ですから、読み手に「著者はこういう正義があることを認めている」と受け取られることは避けたいのです。しかし、だからといって、こういう正義はないと思っていることをはっきりさせた書き方をすると、今度は、あると思っている人たちから反論されて、「功利とは無関係な抽象的正義」の有無の問題に巻き込まれてしまいます。この文の目的は、そういう正義があるかないかを論じることではなく、「あろうがなかろうが、ともかくこういう正義の援護には頼らない」と宣言することにあります。そこで、はっきり不存在を伝えたわけではないが、不存在をほのめかす表現（＝ the idea of abstract right independent of utility とか abstract right, as a thing independent of utility）を意図的に使って（原文はこの両方を組み合わせた the idea of abstract right, as a thing independent of utility を使っています)、読者から「著者はこういう正義があることを認めている」と受け取られるのを避けつつ、同時に、有無の論議に巻き込まれるのを避けたのです。

ミルが「the idea of」と「, as a thing」の両方を使って、これほど神経質に「功利とは無関係な抽象的正義」の存在に予防線を張ったのは、「正義は先験的に決まるものであって、有用性とは無関係なのだ」という先験主義的な考え方が当時なお有力に存在していたからです。功利主義者のミルとしては、そこに一線を画したかったのでしょう。

▶ ところで、原文は、議論の本筋と無関係な問題に巻き込まれるのを避けるためにわざとどちらともつかない曖昧な表現を使う例でした。極端な場合には、議論の本筋と無関係な事柄については、自分の考えとは違っていても、とりあえず相手の考えに譲ってしまって、問題が起こるのを未然に防止してしまうという書き方をすることもあります。

たとえば、地動説が正しいと確信している人が、天動説を信じている人と議論する場合、地動説が正しいか天動説が正しいかが論点でないときには、この問題を避けるために、わざと仮定法過去を使って次のように言うことがあります。

If the earth did go around the sun, then . . .
もし地球が太陽の周りを回っているなら (実際には回っていないのだが)、その場合は……

こういうときは、この表現を杓子定規に受け取って「話し手は地動説を信じていない」と解釈するとおかしなことになってしまいます。話し手は地動説を信じているのですが、あえて「(実際には回っていないのだが) もし地球が太陽の周りを回っているなら、その場合は….」という言い方をして、相手 (＝天動説を信じている人) からこの点 (＝地動説が正しいか天動説が正しいか) について議論を吹きかけられることを避けたのです。

功用とは無関係なものとしての抽象的な正義の観念から、私の議論にとっていかなる利益が引き出されようとも、私はその利益を抛棄するつ

もりであることをのべておくのが適当であろう（岩波旧訳）
権利の考え方が抽象的で効用とは無関係なものである限り、そこから私の議論に都合のよい論点が引き出せたとしても、私はそれを利用しない、と言っておいた方がよいだろう（岩波新訳）
こうした私の主張は、効用の観念をもちださずに、抽象的な権利の観念のみを論拠としたほうが説得力を増すかもしれない。しかし、ここで言っておくが、私はあえてその利点を用いない（古典新訳）
あらかじめお断りしておきたいことがある。効用との関係を切り離して正義を抽象的にとらえる見方によっても、以上の主張を裏付けることができるが、その利点は利用しない（日経 BP）
功利とは無関係なものとしての抽象的な正義の観念から、私の議論のために引き出しうる利点を私は利用しない、とここで断っておくのが適当である（名著）
効用から独立のものとしての抽象的な権利という観念から、ひきだそうとおもえばひきだしうる、わたくしの議論に有利な点を、なにもわたくしは利用しないということをいっておくべきである（大思想）
私が、抽象的正義の観念から私の説明に引出し得るでもあろう便益をば功利に無關係なものとして採用しない、ということを斷って置くのが正當であらう（高橋）

(1－11－02) I regard utility as the ultimate appeal on all ethical questions; **but it must be utility in the largest sense, grounded on the permanent interests of man as a progressive being.**

訳　私は、功利を、すべての倫理的問題に関する最終的な判断基準であると考える。**しかし、その場合の功利は、最も大きな意味における功利、それも進歩する存在としての人間がもつ恒久的利益に基づく功利でなくてはならない。**

構文　grounded は過去分詞形容詞用法で、utility にかかります。

研究　discover の名詞形である discovery には「発見されるもの、発見されたもの（＝発見物）」という意味（この場合は可算名詞です）があります。construct の名詞形である construction には「建築されるもの、建築されたもの（＝建築物）」という意味（この場合は可算名詞です）があります。appeal という動詞は appeal to ～で「～に訴える⇒手段として～に頼る」という意味を表します。そこで、appeal という名詞は、discovery や construction と同様に、「手段として頼られるもの、手段として頼られたもの」という意味を表すことがあるのです。この場合は appeal ＝ what is appealed to / what was appealed to です。これが原文の appeal です。**the ultimate appeal on all ethical questions** ＝ what is ultimately appealed to on all ethical questions〔すべての倫理的問題について、判断の手段として最終的に頼られるもの→すべての倫理的問題についての最終的な判断基準〕です（is appealed to は群動詞の受身形です）。

▷ **ethical questions**〔倫理的問題〕は「正義か否かという判断の対象になる問題」です。

▶ 1－11－01 で説明したように、ここで言っている **utility** は「the greatest good of the greatest number〔最大多数の最大幸福〕を生み出す性質」です。しかし、人は一般にただ utility〔効利〕と聞くと、the greatest good of me〔私の最大幸福〕や the greatest good of our group〔われわれの集団の最大幸福〕や the greatest good of our nation〔我国民の最大幸福〕を生み出す性質と捉える傾向があります。具体的に言うと「私に最大の金銭的利益をもたらす性質」や「大英帝国に最大の繁栄をもたらす性質」を the ultimate appeal on all ethical questions〔すべての倫理的問題についての最終的な判断基準〕にするのです。

▶ そこでミルは「the ultimate appeal on all ethical questions〔すべての倫理的問題についての最終的な判断基準〕となる utility〔功利〕は、the greatest good of a specific person〔ある特定の人の最大幸福〕や the greatest good of a specific group〔ある特定の集団の最大幸福〕や the greatest good of a specific nation〔ある特定の国民の最大幸福〕ではなく、the greatest good of the greatest number〔最大多数の最大幸福〕なのだ」と言うために **but it must be utility in the largest sense**〔しかしそれは最も大きな意味における功利でなければならない〕と言ったのです。この **largest** は The range of the subject which enjoys the greatest good is largest.〔最大幸福を享受する主体の範囲が最大である〕という意味です。

すなわち utility in the largest sense は utility in the least specific sense〔特定性が最も少ない意味における功利〕です。これによって utility in the sense of the greatest good of the greatest number〔最大多数の最大幸福という意味における功利〕を表しているのです。

▶ ところで、功利主義はJeremy Bentham (1748-1832) が初めて唱えて以来、今日に至るまで様々な人が継承し、修正し、発展させてきました。その過程で常に大きな問題として論議されてきたのがgood (= happiness) の中身です。Bentham が *An Introduction to the Principles of morals and Legislation*〔道徳と立法の諸原理序説〕で功利主義の考え方を発表したのが 1789 年、ミルが *Utilitarianism*〔功利主義〕を発表したのが 1861 年、その間に 72 年の隔たりがあります。ミルも Bentham が提唱した the greatest happiness principle〔最大幸福原理〕を踏襲し、「good (= happiness) とは pleasure and the absence of pain〔快楽と、苦痛の欠如〕である」としています。しかし、その中身については新しい考えを提唱しました。「1−11−01 の 研究 で *Utilitarianism* から引用した文」に続けて、同書の中でミルは次のように言っています。

> To give a clear view of the moral standard set up by the theory, much more requires to be said; in particular, what things it includes in the ideas of pain and pleasure; and to what extent this is left an open question. (*Utilitarianism* chap.2 sec.2)
>
> この理論が設定した道徳の規準をはっきりと示すためには、はるかに多くのことを言う必要がある。特に、この理論は苦痛と快楽という観念にどんなことを含めているのか、この問題がどの程度まで未解決な問題として残されているのかについて述べなければならない。

もちろん Bentham も快楽の中身について分析をしました。たとえば、感覚の快楽、富の快楽、名声の快楽、権力の快楽、…という具合です。しかし、彼は快楽を分類しただけで、快楽の質は考えませんでした。彼は各種の快楽を均質なものとみなし、それを数量化します。そして「個人が享受する快楽の量 − 個人が蒙る苦痛の量 = 個人の幸福量 / 個人の幸福量×個人の総数＝社会全体の幸福の総量」という快楽計算を考案しました。そして、社会全体の幸福の総量を最大にすることが「最大多数の最大幸福」であるとしたのです。このようなBenthamの考え方は**量的功利主義**と呼ばれています。

これに対してミルは、快楽計算自体は肯定した上で、快楽には質の違いがあると考えました。質の低い快楽（主として肉体的感覚の快楽）と質の高い快楽（知識の快楽、良心の快楽といった精神的快楽）を区別して、後者を前者よりも価値が高いとしたのです。それは、ミルが、人間は動物とは違い知的・道徳的に進歩する存在であると見ていたからです。肉体的感覚の快楽は動物と共通ですが、精神的快楽は人間に特有のものであり、精神的快楽を追求して、知的・道徳的に進歩することが人間の幸福であるとミルは考えたのです。このようなミルの考え方は**質的功利主義**と呼ばれています。*Utilitarianism* においてミルは次のように言っています。

It is quite compatible with the principle of utility to recognize the fact, that some *kinds* of pleasure are more desirable and more valuable than others. It would be absurd that while, in estimating all other things, quality is considered as well as quantity, the estimation of pleasures should be supposed to depend on quantity alone. (*Utilitarianism* chap.2 sec.4)

ある種の快楽は他の種類の快楽より望ましく価値があるという事実を認めることは、功利の原理と完全に両立しうる。他のすべてのものを評価するときには、量だけでなく質も考慮されるのに、快楽の評価は量のみによると想定すべきだとするのはばかげているだろう。

It is better to be a human being dissatisfied than a pig satisfied; better to be Socrates dissatisfied than a fool satisfied. (*Utilitarianism* chap.2 sec.6)

満足した豚であるよりは満足しない人間である方がよい。満足した馬鹿者であるよりは、満足しないソクラテスである方がいい（←これは「感覚的快楽が満たされて、それで満足している豚と知的快楽が十分に満たされず、満足を感じていない人間だったら、後者である方がいい」という意味です)。
Utilitarianism, therefore, could only attain its end by the general cultivation of nobleness of character, ... (*Utilitarianism* chap.2 sec.9)
それゆえ、功利主義は性格の高貴さを一般的に養成することによってはじめてその目的を達成できる、…

▶ このようなミルの功利主義からすると utility in the largest sense（＝the greatest good of the greatest number）は「肉体的感覚の快楽だけでなく、それよりも質的に上位にある、知識の快楽、良心の快楽といった精神的快楽も含めた人間の快楽を最大にする性質」なのです。ところが、多くの読者は utility in the largest sense と言われれば「ベンサムの utility（＝量的功利主義）」を思い浮かべます。そこで「そうではない。ここで言う utility には精神的快楽の utility も含まれていて、それは肉体的快楽より質的に勝っているのだ。」と言うために **grounded on the permanent interests of man as a progressive being**〔進歩する存在としての人間がもつ恒久的な利益に基づく〕をつけたのです。

permanent は continuing or enduring (as in the same state, status, place) without fundamental or marked change〔根本的な、あるいは顕著な変更なしに（同じ状態、地位、場所で）継続している、あるいは持続している〕(Webster) という意味で、the permanent interests of man as a progressive being ＝ the interests which man as a progressive being has constantly in any time〔進歩する存在としての人間がいつでも常にもっている利益〕です。

ミルは、ただ man ではなく、**man as a progressive being** と言うことによって、the permanent interests に mental pleasures〔精神的快楽〕が含まれること、そして mental pleasures は人間にとって bodily pleasures より質的に勝っていることを示したのです。

私は、功用を、すべての倫理的問題に関する究極的な人心に対する訴えであると考える。しかし、その功用とは、進歩する存在としての人間の

恒久的利益を基礎とする、最も広い意味における功用でなくてはならない（岩波旧訳）
私は、あらゆる倫理的な問題に関する究極の判断基準は、効用であると考えている。ただし、この効用は、最も広い意味での効用でなければならない。つまり、進歩していく存在としての人間にとって永久に変わることのない利益を根拠とする効用でなければならない（岩波新訳）
私の見るところ、効用こそがあらゆる倫理的な問題の最終的な基準なのである。ただし、それは成長し続ける存在である人間の恒久の利益にもとづいた、もっとも広い意味での効用でなければならない（古典新訳）
効用（つまり有益さ）こそが、倫理に関するすべての問題を判断するときの最終的な規準だとわたしは考えている。ただし、その際の効用は、もっとも広い意味のものでなければならない。進歩しつづける存在としての人間の恒久的な利害に基づく効用でなければならない（日経 BP）

(1−11−03) Those interests, I contend, authorize the subjection of individual spontaneity to external control, only in respect to those actions of each, which concern the interest of other people.

訳　それらの恒久的利益は、個人の自由意思に基づく自発的行動を外部からの統制に従わせることを正当化するが、それは行動が他者の利益に関係している場合だけであると私は主張する。

構文　I contend は挿入です。■ in respect は authorise にかかります。■ those actions の those は which . . . の形容詞節を指しています（「先行詞を明示する印」の those です）。

研究　**Those interests** = the permanent interests of man as a progressive being〔進歩する存在としての人間がもつ恒久的な利益〕です。厳密に言えば「それらの利益が正当化する」のではなく「それらの利益に基づく功利（＝最大多数の最大幸福）が正当化する」のです。したがって、事柄としては Those interests = Utility grounded on those interests です。

▷ **individual spontaneity**〔個人の自発性〕= spontaneous actions of

individuals on their free will〔個人の自由意思に基づく自発的行動〕です。
▷ **external control**〔外的な統制〕＝ control from outside ＝ control by other people です。
▷ この文は「それらの利益（に基づく功利＝最大多数の最大幸福）のためなら、個人の自由意思に基づく自発的行動を外部からの統制に従わせることが正当化される。ただし、これが当てはまるのは、他者の利益に関係する個人的行為に限られるのであって、他者の利益に関係しない個人的行為に関しては正当化されない」という意味です。

> (1－11－04) If any one does an act hurtful to others, there is a *primá facie* case for punishing him, by law, or, where legal penalties are not safely applicable, by general disapprobation.

訳　誰かが他人に有害な行為をすると、法によって、あるいは法的刑罰を適用すると問題が生じる場合は、周囲の非難によって、行為者を罰するための根拠が生まれる。この根拠は、反証があれば別だが、そうでない限り有効である。

構文　or は by law と by general disapprobation をつないでいます。■等位接続詞が A と B をつないでいるとき、等位接続詞と B の間にある修飾要素は必ず B を修飾します（「A or 修飾要素 B」という形では、修飾要素は必ず B を修飾します）。したがって where legal penalties are not safely applicable は by general disapprobation を修飾します。

研究　**case** には arguments, facts and reasons in support of or against something〔何かを支える、あるいは反対する議論、事実、理由〕(CIDE) という意味があります。たとえば There's a good case for bringing in a new system.〔新しい制度を取り入れる十分な根拠がある〕のように使います。

▷ ***primá facie*** は at first sight〔一見したところ〕という意味のラテン語です。本来は副詞ですが「一見した限りでの」という意味の形容詞としても用いられます。OED は arising at first sight; based or founded on the first impression; (of evidence, etc.) acceptable unless contradicted. Also occasionally as n.: a prima facie case.〔一見したところ生じている；第一印象に基づく；（証拠等に関して）否認されない限り容認される。名詞と

しても用いられることあり：a prima facie case〕と定義しています。たとえば *primá facie* evidence は「一見した限りでの証拠→反証がない限り有効とみなされる証拠」という意味の定型的な表現です。The register is *primá facie* evidence of any particulars registered in it.〔記録簿は、そこに記録されているどの細目についても一応の証拠である〕There's a *primá facie* case for bringing in a new system.〔新しい制度を取り入れる一応の根拠がある〕The fact that someone is wearing a police uniform is a *primá facie* reason to believe that he is a police officer.〔警官の制服を着ているという事実は、反証がないかぎり、その人が警官であると信じる有効な理由である〕のように使われます。

If any one does an act hurtful to others, there is a *primá facie* case for punishing him は「もし誰かが他人に有害な行為をするなら、行為者を罰する一応の根拠（＝反証がない限り有効とみなされる根拠）が存在する」という意味です。事柄の次元で言い換えれば If we see an action hurtful to others, we can start from the assumption that punishment is justified.〔他人に害を与える行為を見たら、それを罰することは正当化されるという想定から出発してよい〕ということです。*primá facie* がイタリックになっているのは、本来は英語ではない言葉だからです。

▷ **where legal penalties are not safely applicable**〔法的刑罰が安全に適用可能でないところでは〕は「法的刑罰を適用すると問題が生じる可能性があるケースでは」という意味です。これは「有害ではあるが、法的に処罰するための構成要件を明確に規定できないケース」が考えられます。たとえば、indecent clothing〔不適切な服装〕とか discourtesy〔無礼な言行〕などがこれに当たります。これらを犯罪とした場合には、犯罪構成要件があいまいなので、敵を陥れるために悪用される危険があります。

また「同一の行為でも、被害者の感情によって犯罪にされたり、されなかったりするケース」も考えられます。たとえば harassment〔嫌がらせ〕は、同じ人が同じ行為をされても、行為者が誰かによって、それを嫌がらせと感じたり、感じなかったりします。こういう行為も単純に法的刑罰を適用するには問題があります（ただし、一度「禁止命令」が出された後で、それに違反する行為がなされた場合は、問題は生じません）。

▷ **general disapprobation**〔周囲の非難〕の general は applicable or pertinent to the majority of individuals involved〔関わりのある個人の過半数に適用されうる、妥当する〕(Webster) という意味で、general disapprobation = disapprobation from the majority of those around someone〔周囲の人たちの過半数からの非難〕です。問題になっている行動を知った周囲の人の多くから否定的態度をとられることです。具体的には、周囲の人の多くから相手にされなくなることや面罵されることなどが挙げられます。大事になれば、世論から袋叩きにあうということもありえますが、general disapprobation を直ちに「世論の非難」とするのは少し強すぎます。

もしも何びとかが他人に有害な行為を行なうならば、それこそ、あるいは法律により、あるいはまた法律上の刑罰の適用が安全でないときには公衆の非難によって、彼を処罰する、一応の証明ある事件である (岩波旧訳)

もし誰かが他人に危害を与える行為をしたら、法律によって、あるいは、法的刑罰を問題なく科すことができない場合は社会全般からの非難によって、その行為者を処罰する根拠がひとまずある、ということである (岩波新訳)

他者を害する行為は、法律によって罰せられる。法律による刑罰がきちんと適用されない場合には、世間が許さないという形で罰せられる。これはまず自明のことである (古典新訳)

他人に害を与える行動をとったとき、その人を法律によって処罰するのが当然であり、刑罰を適用できる行動でない場合には、世論の非難によって罰するのが当然だと、まずは推定できる (日経 BP)

もしだれかが、他人に有害な行為をするとすれば、これは、法によって、あるいは法的刑罰が安全に適用されえないときには世論の非難によって、彼を罰してよい、一見して明らかな場合である (名著)

(1－11－05) There are also many positive acts for the benefit

of others, which he may rightfully be compelled to perform; such as, to give evidence in a court of justice; to bear his fair share in the common defence, or in any other joint work necessary to the interest of the society of which he enjoys the protection; and to perform certain acts of individual beneficence, such as saving a fellow-creature's life, or interposing to protect the defenceless against ill-usage, **things which whenever it is obviously a man's duty to do, he may rightfully be made responsible to society for not doing.**

訳　他人の利益になる積極的行為であって、その履行を行為者に正当に強制できる行為もたくさんある。たとえば、法廷で証言することがそうだし、共同の防衛行為、その他、自分に保護を与えてくれる社会の利益のために必要な共同作業に参加して応分の義務を負担することもこれにあたる。また、同胞の命を救うとか、無防備な人たちを虐待から守るために介入するといった、一定の個人的善行をすることもこれに含まれる。**これらの善行は、それを実行するのが明らかに人間の義務であるときはいつでも、実行しない人には社会に対する責任を正当に負わせることができる行為である。**

構文　この文は、まず There are also many positive acts . . . と言い、次に many positive acts の例を such as, to give . . . ; to bear . . . ; and to perform . . . と 3 つ挙げ、さらに 3 番目の to perform certain acts of individual beneficence の certain acts の例を such as saving . . ., or interposing . . . と 2 つ挙げ、最後に、certain acts of individual beneficence がどのような類の行為であるかを things which . . . で明らかにしています。記号で表すと次のような構成です。

There are also many positive acts . . . ; such as, A; B; and C, such as c_1, or c_2, C′ (← clearer restatement of C).

最初のセミコロンは many positive acts とそれに対する例示を分けています。2 番目と 3 番目のセミコロンは A B C という 3 つの例示を区別するためのものです。この 2 つのセミコロンによって (= and 以下にはセミコロンが使われていないことによって)、and 以下 (= C, such as c_1, or c_2, C′) がひとかたまりであること (すなわち、2 番目の such as . . . が A B とは無関係であること) がわかります。■ necessary to the interest of the society of which he enjoys the protection は any other joint work にだけかかっていて、the common defence にはかかっていません。■ of which he enjoys the protection は形容詞節で the society にかかります。of which は形容詞節内で the protection にかかります。■ interposing は完全自動詞の動名詞で、to protect the defenceless は不定詞副詞用法で interposing にかかっています。■ against ill-usage は副詞句で to protect にかかります。■ things which . . . は certain acts と同格です。■ things which . . . の which は to do の目的語であると同時に、doing の目的語でもあります。

研究　**positive acts**〔積極的行為〕は、行為を actions〔作為〕と inactions〔不作為〕に分けたときの、actions を指しています。厳密に考えれば「正当に強制できる、他者に利益を与える行為」には作為と不作為の両方があります。しかし、ここでは作為だけを取り上げて、そういう行為がたくさんあると言っています。なぜ不作為を取り上げなかったかというと、前文で「他人に害を与える作為的行為」を取り上げているので、それと「他人に利益を与える作為的行為」をパラレルに比べたかったからです。

▷ 前文 (1−11−04) では「罰を与えることが許される、他人の利益を損なう (作為的) 行為」について述べました。この文では、これとは別に「正当に強制できる、他人に利益を与える (作為的) 行為」もたくさんある、という意味で **also** と言ったのです。

▷ **bear** は「(責任を) 引き受ける、担う」という意味です。**a fair share** は「相応の持ち分」という意味です。**to bear his fair share in the common defence**〔共同の防衛行為に参加して応分の義務を負担すること〕を兵役の義務に服することに限定するのは狭すぎます。軍需工場で働くことや、さらには軍備のために税金を負担することもここに含まれます。

▷ **to bear his fair share . . . in any other joint work necessary to the interest of the society of which he enjoys the protection**〔その他、自分を保護してくれている社会の利益にとって必要な共同作業に参加して応分の義務を負担すること〕は大災害の後で瓦礫を撤去したり、道路の復旧工事や仮設住宅の建設に参加するようなことが考えられます。ただし、これらの共同作業は、自発的に参加する人 (= volunteer) が十分にいるときは、義務として強制することはできません。なお、necessary to the interest of the society of which he enjoys the protection は any other joint work にだけかかっていて、the common defence にはかかっていません。なぜなら「自分を保護してくれている社会の利益にとって必要である」という性質は「共同の防衛行為」には当然内在するものだからです。ここは、まず「共同の防衛行為」と言って、次に「それと同様の性質をもった（←ここが necessary to . . . の部分です）他のどんな共同作業でも」と言ったのです。

▷ **the interest of the society of which he enjoys the protection** の of which he enjoys the protection は形容詞節で the society にかかります。この形容詞節の元になっている文は he enjoys the protection of the society〔彼は社会の保護を享受する〕です。of は「主格の of」で、society は protection の「意味上の主語」です。the protection of the society は「社会が（自分を）守ってくれること」という意味です。これは「彼は社会によって守られている」ということです。そういう社会の利益（＝**彼を守ってくれている社会の利益**）が the interest of the society of which he enjoys the protection で、「その利益のために必要な共同作業に参加して応分の義務を負担する」と言っているのです。

　ところが、先行訳の中には which の先行詞を、the society ではなく、the interest にしているものがあります。これだと形容詞節の元になる文は he enjoys the protection of the interest of the society〔彼は社会の利益の保護を享受する〕になります。最初の of は「目的格の of」で、the interest は protection の「意味上の目的語」です。the protection of the interest of the society は「（誰かが）社会の利益を守ること」という意味です。これは「誰かが社会の利益を守ってくれていて、その恩恵を彼は享受する」ということです。すると the interest of the society of which he enjoys the protection は「誰かが社会の利益を守ってくれていて、その恩恵を彼は享受するのだが、社会のそういう（誰かが守ってくれている）利益」という意味になり、「その利益のために必要な共同作業に参加して応分の義務を負担する」と言っていることになります。この読み方は、文法上は可能です。しかし、社会の成員が共同作業に参加して応分の義務を負担するのは「自分を守ってくれる社会の利益」の為であって、「社会の、誰かが守ってくれている利益」の為ではありません。

▷ **certain**〔ある〕は、話し手が具体的な中身をわかっていて、それをわざとぼかして言いたい場合に使います。**certain acts of individual beneficence** は「ある（特定の）個人的善行」です。ところで、これを

「ある種の個人的善行」と訳すのは誤りです。「ある種の個人的善行」なら certain sorts of acts of individual beneficence でなければなりません(『序説』p.98 参照)。原文で certain acts of individual beneficence の例として挙げられているのは saving a fellow-creature's life〔同胞の命を救うこと〕と interposing to protect the defenceless against ill-usage〔無防備な人たちを虐待から守るために介入すること〕ですが、これらは特定の行為類型であって、行為の種類ではありません。さらに言えば、功利主義は行為の結果によってその行為の正邪を判断する考え方です。したがって、もしある特定の種類に属するすべての行為類型が功利原則を満たす結果を生む(＝最大多数の最大幸福に資する)のであれば、「功利原則に基づいて、その種の行為を強制できる」と言えます。しかし、ある特定の種類に属する大部分の行為類型が功利原則を満たしていても、例外的に功利原則を満たさない行為類型がある場合には、「功利原則に基づいて、その種の行為類型を強制できる」とは言えません。ですからミルは、certain sorts of acts of individual beneficence〔ある種の個人的善行〕と言わず、certain acts of individual beneficence〔ある(特定の)個人的善行〕と言ったのです。

▷「個人的な善行」を individual acts of beneficence と言うのは誤りです。この表現の individual は「個々の」という意味で、individual acts は「個々の行為」という意味です。したがって individual acts of beneficence は「個々の善行」です。これに対し **acts of individual beneficence** は beneficent acts carried out by individuals acting alone〔単独で行動する個人によって行われる、恩恵を施す行為〕すなわち「個人的な善行」です。individual を non-individual にした acts of non-individual beneficence は beneficent acts carried out by individuals acting jointly〔協力して行動する個人によって行われる、恩恵を施す行為〕です。これは acts of joint beneficence と言うことができます。くどいですが individual acts of joint beneficence〔協力して行動する個人によって行われる、恩恵を施す個々の行為〕は存在しますが、joint acts of individual beneficence〔単独で行動する個人によって行われる、恩恵を施す共同行為〕は存在しません。

▷ **to protect the defenceless against ill-usage** の against ill-usage は to protect にかかる副詞句です。the defenceless にかけるのは誤りで

す。たとえば「天皇陛下をお守りする」と言ったら、いつどんな危難が降りかかってもお守りできるように24時間陛下のお側にいなければなりません。それに対して「天皇陛下を外国人の襲撃からお守りする」と言った場合は、陛下が外国人と接する可能性があるときだけ、お側にいてお守りすればよいのであって、それ以外のときはお側にいる必要はありません。これと同じで、against ill-usage を the defenceless にかけて「『虐待に対して無防備な人』を守る」と言ったら、いつどんな危難が降りかかっても守れるように『虐待に対して無防備な人』の側に24時間いなければなりません。それに対して、against ill-usage を protect にかけて「無防備な人を、虐待に対して守る」と言った場合は、無防備な人（たとえば子供）が虐待を受ける可能性があるときだけ、側にいて守ればよいのであって、それ以外のときは側にいる必要はありません。ここは、もちろん後者が正解です。

▶ **things which whenever it is obviously a man's duty to do, he may rightfully be made responsible to society for not doing** は、直前の saving . . . と interposing . . . という例に共通する性質を抽出してまとめたものです。これによって、certain acts of individual beneficence〔ある（特定の）個人的善行〕がどのような行為であるかを明らかにしています。文法的には、certain acts と things は同格です（だとしたら things ではなく acts と書けばよさそうですが、そう書くと which の先行詞が acts となり、which は形容詞節内で to do と doing の共通の目的語ですから、do acts という表現を前提にしなければなりません。しかし perform acts と言うのが普通で、do acts という言い方は、少なくともイギリス英語では、通常しません。ですから、ミルは、中身は acts ですが、things と書いたのです）。which . . . doing は形容詞節で things にかかります。節内で **which** は to do の目的語であると同時に、doing の目的語でもあります。この点を「関係代名詞の基本」に戻って説明しましょう。

▶ 文中の、ある名詞を関係代名詞に変えて、関係代名詞（ないしは、関係代名詞を含むフレーズ）を先頭に移動させると、文全体は形容詞節に変わり、その名詞（＝関係代名詞に変えた名詞）を修飾できるようになります。具体的にやってみましょう。

He was quite ignorant of the rules of the game.〔彼はそのゲー

ムのルールをまったく知らなかった〕という文の中の the game を関係代名詞 which に変えて、the rules of which を先頭に移動させると the rules of which he was quite ignorant of となります。これは依然として 1 つの文ですが、ただの文ではなく、名詞を修飾できる形容詞節に転化しています。そこで a game のあとにこの形容詞節を置くと He saw a game the rules of which he was quite ignorant of.〔彼はルールをまったく知らないゲームを見た〕という文を作れます。

To read the book was his daily habit.〔その本を読むことは、彼の毎日の習慣だった〕という文の中の the book を関係代名詞 which に変えて、To read which を先頭に移動させると（この場合は、もともと先頭にあるので移動させる必要はありません）、to read which was his daily habit となります。これは依然として 1 つの文ですが、ただの文ではなく、名詞を修飾できる形容詞節に転化しています。そこで the book の後にこの形容詞節を置くと Father gave each of us a copy of the book to read which was his daily habit.〔父は私たち一人一人に本をくれた。その本を読むことは父の毎日の習慣だったのだ。〕という文を作れます。こういう文を見たことのない人は「理解できない。これは誤文では？」と考えますが、まったく問題のない正しい英文です。

なお、p.180 l.4 の which もこれに似た使い方をしています。これらの which を理解できない人は「関係代名詞の基本」に戻って、ご自分の「関係代名詞についての理解」を見直してください（『基本文法から学ぶ英語リーディング教本』p.234 以下参照）。

If he did infringe the immunities, specific resistance, or general rebellion, was held to be justifiable.〔もし彼がその免除特権を実際に侵害したら、特定の抵抗、あるいは一般的な反乱が正当化されると考えられた〕という文の中の the immunities を関係代名詞の which に変え、which を先頭に移動させると、which if he did infringe, specific resistance, or general rebellion, was held to be justifiable となります。これは依然として 1 つの文ですが、ただの文ではなく、名詞を修飾できる形容詞節に転化しています。そこで immunities のあとにこの形容詞節を置くと First, by obtaining a recognition of certain immunities, called political liberties or rights, which it was to be regarded as a breach of duty in the ruler to infringe, and which if he did infringe, specific resistance, or general rebellion, was held to be justifiable.〔第一は、政治的自由ないし政治的権利と呼ばれる、ある免除特権を認めさせるという方法だった。この特権を侵害することは支配者側の義務違反とみなされるべきであり、実際に侵害された場合には、特定の集団が抵抗したり、あるいは一般民衆が反乱を起こすことが正当と考えられた。〕(*On Liberty* 1−02−11) という文を作れます。このような関係代名詞の使い方は「関係詞連鎖」と呼ばれます (1−08−08 で出てきました)。

Although many people could prevent it, nobody has tried to prevent the tragedy.〔その悲劇は、多くの人が防げるのに、誰も防ごうとしていない〕という文において、it は the tragedy を指しています。この文の中の the tragedy を関係代名詞の which に変え、which を先頭に移動させると、which although many people could prevent it, nobody has tried to prevent となります。これは依然として 1 つの文ですが、ただの文ではなく、名詞を修飾できる形容詞節に転化しています。そこで a tragedy のあとにこの形容詞節を置くと a tragedy which although many people could prevent it, nobody has tried to prevent となります。which は形容詞節内で to prevent の目的語になっています。ところが、この場合、it を残しておくと、it は which とは別のものを指していると受け取られるのです。そこで、この場合は it を削除して、次のようにします。a tragedy which although many people could prevent, nobody has tried to prevent〔多くの人が防げるのに、誰も防ごうとしていない悲劇〕which は could prevent と to prevent の共通の目的語になっています (いわゆる共通関係です)。

正 **a tragedy (which ⟨although many people could prevent,⟩**
O　接続詞　S　V
nobody has tried to prevent)
S　V　O | V

ところが、この共通関係を認識できず、although を「けれども」という意味を表す副詞にして (although は従属接続詞しかありませんから、このようなことは不可能です) many people could prevent にかけ、which although many people could prevent を形容詞節にして a tragedy にかけ、a tragedy を to prevent の目的語にして、全体を倒置文と捉える人がいます。次のような構造です。

誤　**a tragedy (which although many people could prevent,)**
O　O　副詞　S　V

nobody has tried to prevent
S　V　O | V

すると全体は「けれども多くの人が避けられる悲劇を、誰も避けようとしていない」となります（この日本文だけ読んだら、完全に意味が通っています）。しかし、although は副詞節を作る従属接続詞ですから、このような読み方ができないのは言うまでもありません。

原文に戻りましょう。**Whenever it is obviously a man's duty to do something, he may rightfully be made responsible to society for not doing those things.**〔あることを実行するのが明らかに人間の義務であるときはいつでも、それらのことを実行しない人には社会に対する責任を正当に負わせることができる〕という文の中の something と those things は同じことを指しています。those things を関係代名詞の which に変え、which を先頭に移動させると、which whenever it is obviously a man's duty to do something, he may rightfully be made responsible to society for not doing となります。これは依然として 1 つの文ですが、ただの文ではなく、名詞を修飾できる形容詞節に転化しています。そこで things のあとにこの形容詞節を置くと things which whenever it is obviously a man's duty to do something, he may rightfully be made responsible to society for not doing となります。which は形容詞節内で doing の目的語になっています。ところが、この場合、something を残しておくと、something は which とは別のものを指していると受け取られるのです。そこで、この場合は something を削除して、次のようにします。things which whenever it is obviously a man's duty to do, he may rightfully be made responsible to society for not doing〔実行するのが明らかに人間の義務であるときはいつでも、実行しない人には社会に対する責任を正当に負わせることができる（、そういう）事〕which は to do と doing の共

通の目的語になっています。これが原文の正しい読み方です。

正　**things (which ⟨whenever it is obviously a man's duty to do,⟩**
副詞　仮S V　C　真S V

he may rightfully be made responsible for not doing)
S　V　C　前　名 V
副詞句

ところが、この共通関係を認識できず、whenever を「いつでも」という意味を表す普通の副詞にして it is obviously a man's duty to do にかけ、which whenever it is obviously a man's duty to do を形容詞節にして things にかけ、things を doing の目的語にして、全体を倒置文と捉える人がいます。次のような構造です。

誤　**things (which whenever it is obviously a man's duty to do,)**
O　O　副詞　仮S V　C　真S V

he may rightfully be made responsible for not doing
S　V　C　前　名 V
副詞句

すると全体は「実行することがいつでも明らかに人間の義務である事を実行しない人には社会に対する責任を正当に負わせることができる」となります（この日本文だけ読んだら、完全に意味が通っています）。しかし、whenever は副詞節を作る複合関係副詞ですから（最近は「複合関係副詞」と言わず「従属接続詞」とする辞書もあるようです）、このような読み方ができないのは言うまでもありません。

▶ 不可能な読み方をこれ以上云々しても仕方がありませんが、この誤読が起こるメカニズムには「本当の英語構文とはどのようなものか」を知るヒントが隠されています。そこで、もう少し説明しましょう。

(a) At any time you are free, so you can call on me.
(b) At any time you are free, you can call on me.

at any time は「いつでも」という意味の副詞句です。(a) の At any time は you are free にかかっていて、At any time you are free は「いつ

でもあなたはひまだ」という意味です。so you can call on me は so の前に and が省略されていて「だからあなたは私を訪ねることができる」という意味です。S+V, and so S+V. は and を省略して S+V, so S+V. と書くことができるのです（この so を［接続詞的］あるいは［接続詞］と表示している辞書もあります）。全体は「いつでもあなたはひまだ。だから、私を訪ねることができる→私を訪ねてよい。」という意味です。(a) は S+V と S+V が等位接続詞の and によって対等につながれた重文（＝複数の S+V が対等の関係でつながっている文）です（ただし and は省略されています。「対等」というのは、一方が主節で他方が従属節という関係になっていないということです）。

ところで「2 つの S+V のルール」という決まりがあります。これは「2 つの S+V を（主節と従属節という関係ではなく）対等の関係でつなぐときは、間に等位接続詞、コロン、セミコロン、ダッシュのどれかを入れる」というルールです。もちろん例外もあって、2 つの S+V が同内容の言い換えになっていたり、同性質のことを列挙している場合は、コンマだけでつなぐことがあります（これを comma splice〔コンマ接合〕といいます）。しかし、そうでない限りコンマだけで対等につなぐことは原則としてしません（このルールについては『基本からわかる 英語リーディング教本』p. 50、『基本文法から学ぶ 英語リーディング教本』p. 273 参照）。

(a) は「2 つの S+V のルール」に違反していません。それに対し (b) を (a) と同じように読む（＝ At any time you are free という S+V と you can call on me という S+V は対等の関係であると読む）と「2 つの S+V のルール」に違反します。2 つの S+V がコンマだけでつながれているからです。このことから、(b) の場合は、2 つの S+V は対等の関係ではない（＝主節と従属節という関係である）ことがわかります。これが At any time you are free の読み方を変えさせるのです。time と you の間に関係副詞の when が省略されていて、when you are free は形容詞節で time にかかります。At any time you are free は「あなたがひまなどんなときでも→あなたがひまなときはいつでも」という意味です。At any time は you can call on me にかかっています。全体は「あなたがひまなときはいつでも、私を訪ねることができる→私を訪ねてよい」という意味になります。you are free と you can call on me は従属節と主節で、対等の関係ではないので、間にコンマしかないのです。(b) は複文 (＝従属節を含んだ文) です。

くどいですが、(a) の At any time は you are free にかかり、(b) の At any time は you can call on me にかかっていること (さらに、なぜそう読まなければいけないのか) を正確に認識してください。

それでは whenever を考えてみましょう。whenever は at any time〔いつでも〕という意味を表す語ですが、at any time であれば常に whenever に書き換えられるわけではありません。whenever に書き換えられるのは at any time S+V が「S が V するときはいつでも」という意味を表す場合の at any time (＝ S+V が time にかかっている場合の at any time) です。at any time S+V が「いつでも S が V する」という意味を表す場合の at any time (＝ at any time が V にかかっている場合の at any time) を whenever に書き換えることはできないのです。したがって (b) の At any time は whenever で書き換えられますが、(a) の At any time を whenever で書き換えることはできません。くどいですが「**S+V が形容詞節で time を修飾している場合の at any time S+V ＝ whenever S+V**」なのです。これを whenever の方から言うと「**whenever は複合関係副詞で、完全な S+V を後ろにともなって、whenever S+V で『S が V するときはいつでも』という意味の副詞節になる** (『いつ S が V しようとも』という意味になることもある)」となります。whenever S+V を「いつでも S が V する」という意味に読むことは構造上絶対にできないのです。

さて、先ほどの「誤りの読み方 (＝ whenever を「いつでも」という意味の単なる副詞にして it is obviously a man's duty to do にかけ、which whenever it is obviously a man's duty to do を形容詞節にして things にかけ、things を doing の目的語にして、全体を「倒置文」にする読み方)」ができない (意味がどうこうではなく、英語の構造上できない) ことは、以上の説明でおわかりになったと思います。

百歩譲って、この読み方が可能だと仮定しても (できないことを、できると仮定して、あれこれ論じることは無意味ですが)、この英文は、2つの S+V (＝ There are also many positive acts for the benefit of others, which he may rightfully be compelled to perform; such as . . . . against ill-usage と things which whenever it is obviously a man's duty to do, he may rightfully be made responsible to society for not doing) がコンマ (← things の前のコンマ) だけで対等につながれていることになり「2 つの S+V のルール」に違反するので、構造的に破綻します。

千歩譲って、この読み方が可能だと仮定し、さらに、この英文は、2 つの S+V (= There are also many positive acts for the benefit of others, which he may rightfully be compelled to perform; such as . . . . the protection と to perform certain acts . . . against ill-usage, things which whenever it is obviously a man's duty to do, he may rightfully be made responsible to society for not doing) が and (← to perform certain acts の前の and) で対等につながれていると考えれば「2 つの S+V のルール」に違反しないことになります。しかし、こうすると「to perform certain acts . . . against ill-usage という不定詞」と「things which . . . not doing という (倒置した) S+V」の構造的つながりが、意味とは関係なく、確定します。to perform certain acts . . . against ill-usage は「A and 修飾要素 B」の修飾要素の位置に入っているので、絶対に B にかかります。したがって to perform は不定詞副詞用法で things which . . . という (倒置した) S+V にかかります (←構造上こう読まなければいけないのです)。しかし、これではまったく意味が成立しません (構造を無視して、日本語の世界で無理やり単語の意味をつないで意味を創造するなら別です。このような読み方をするなら、どんな読み方でもできることになります)。ですから、このような読み方は検討にも値しません。

畢竟《ひっきょう》、このような不可能な読み方をしてしまう原因は、読みに対して構文面からのコントロールが効かないからです。『自由論』クラスの英文を読む人は **「意味が通るのでそう読みたくても、構造上そうは読めない」という世界がある**ことを知らなければいけません。釈迦に説法とは思いましたが一言しました。

▶ **he may rightfully be made responsible to society for not doing** 〔実行しない人には社会に対する責任を正当に負わせることができる〕の **may** は possibility を表しています (もし may の意味が permission なら、rightfully は redundant です)。

▶ **whenever** については、次の 2 つを比べてみましょう。

(a) things which it is obviously a man's duty to do **and** he may rightfully be made responsible to society for not doing (b) things which **whenever** it is obviously a man's duty to do, he may rightfully be made responsible to society for not doing

(a) は「実行するのが明らかに人間の義務であり、実行しない人には社会に対する責任を正当に負わせることができる事」という意味です。もしこう書いてあったら、「同胞の命を救うとか、無防備な人たちを虐待から守るために介入するといった行動は、それを実行するのが明らかに人間の義務であり、実行しない人は社会に対する責任を免れない」と言い切ったことになります。

それに対して、(b)（＝原文）は「実行するのが明らかに人間の義務であるときはいつでも、実行しない人には社会に対する責任を正当に負わせることができる（、そういう）事」という意味です。これだと「同胞の命を救うとか、無防備な人たちを虐待から守るために介入するといった行動は、状況によって、それを実行するのが明らかに人間の義務である場合と義務とまでは言えない場合があり、前者の場合は、実行しない人は社会に対する責任を免れない」ことになります。

▷ 原文には **such as** が 2 か所で使われていますが、使い方が少し違います。次の 2 つを比べてみましょう。

X, such as A, B, and C Y, such as A, B, or C

多くの文法書は「X は複数名詞であり、Y は単数名詞である」と説明しています。これは概ねこのようになるということであって、実際には Y が複数名詞のこともあります（X が単数名詞のことはありません）。and を使うのは、A, B, and C could be X at the same time.〔A と B と C は同時に X になりうる〕場合です。それに対して or を使うのは、A, B, and C could all be Y, but not at the same time.〔A と B と C はすべて Y になりうるが、同時に Y になることはない〕場合です。and と or を両方使った次の表現を見てください。

the actors in a film, such as A, B, and C, D, E, and F, or G, H, and I
1つの映画に出ている俳優陣、たとえば、（寅さん映画の）AとBとC、（釣りバカ日誌の）DとEとF、あるいは（座頭市の）GとHとI

これは「the actors in a film, such as 甲, 乙, or 丙（たとえば甲、乙、丙のような、1つの映画に出ている俳優陣）」の甲、乙、丙にそれぞれ「（寅さん映画の）AとBとC」「（釣りバカ日誌の）DとEとF」「（座頭市の）GとHとI」を入れたものです。

原文では、最初の such as の後では and が使われています。これは、ミルが to give evidence . . . と to bear his fair share . . . と to perform certain acts . . . は同時に起こりうると考えているからです（兵役についている人が証人として法廷で証言するのは不自然ではありません）。それに対して、2番目の such as の後では or が使われています（certain acts of individual beneficence は複数ですが or が使われています）。これは、saving a fellow-creature's life や interposing to protect the defenceless . . . はイレギュラーな行動であって、これが同時に起こることはない（少なくとも同時に起こるのは不自然である）とミルが考えているからです。

それを行なうことが明らかに人たるものの義務である場合には、彼はそれを為さないことに関して、当然社会に対して責任を負わせられるのが正しい、とされるような事柄である（岩波旧訳）
他の人々の利益となる積極的な行為で、本人に強制しても正当な行為も数多くある。たとえば、法廷で証言することである。また、共同防衛や、その他、社会的利益が保護されることで自分も恩恵を受けている場合に、その社会的利益に必要な共同作業を公平に分担することも、そうである。さらに、同胞の生命を救ったり、虐待に無防備な人々を守るために介入したりといった一定の個人的慈善の行為など、いついかなるときでも明らかに人間の義務であるような行為については、何もしなければ社会に

対する責任を問われても当然だろう（岩波新訳）
こうした行為のように、明らかに人がなすべき義務とされることを実行しなかった場合には、社会にたいする責任を問われても正当であろう（古典新訳）
これらの行動をとるのが明らかな義務である場合、行動をとらなかったときに社会に対する責任を問われるのが適切だともいえる（日経 BP）

（1－11－06）A person may cause evil to others not only by his actions but by his inaction, and in either case he is justly accountable to them for the injury.

訳　人は作為のみならず不作為によっても他人に害悪を与えうるが、いずれの場合も、被害者に対してその責めを負うのは当然である。

研究　**cause evil to others by his inaction**〔不作為によって他人に害を与える〕は「害が発生するのを放置する場合」と「不作為によって積極的に害を生じさせる場合」の両方を含みます。前者はたとえば「同胞の命を救う行動をとらない」とか「無防備な人たちを虐待から守るために介入することをしない」といったことです。後者は加害者と被害者の間に特別な関係があるときに問題になります。たとえば、誕生日に親からプレゼントをもらえなかった子供は深く傷つきます。したがって、子供の誕生日に親がプレゼントを与えないのは、不作為によって子供に害を与える行為です。あるいは、業務命令で新入社員の教育係りに任命されたベテラン社員が新入社員に必要な指導をせず、新入社員がうつ病になったようなケースも「不作為によって他人に害を与える行為」に該当するでしょう。

▷ この **justly** は文修飾副詞で「当然、正当に」という意味です。e.g. He is justly proud of his son.〔彼が息子を自慢するのも当然だ〕（プログレッシブ英和中辞典）

（1－11－07）The latter case, it is true, requires a much more cautious exercise of compulsion than the former.

訳 なるほど、強制の発動は、不作為の場合には、作為の場合に比べてはるかに慎重になされなければならない。

構文 it is true は挿入です。

研究 **The latter** = inaction, **the former** = action です。作為の場合の強制の発動は「ある行為（＝害悪を与える行為）を強制的にやめさせる」ことで、不作為の場合の強制の発動は「ある行為（＝害悪を防ぐ行為）を強制的に行わせる」ことです。

> (1－11－08) To make any one answerable for doing evil to others, is the rule; to make him answerable for not preventing evil, is, comparatively speaking, the exception.

訳 他人に害を加えることに対して責を負わせるというのが原則であって、害悪を防止しないことに対して責を負わせるのは、それに比べて言えば、例外である。

構文 この文は 2 つの S+V が、等位接続詞ではなく、セミコロンで対等につながれています（したがって「2 つの S+V のルール」に違反していません）。ただし、2 つの S+V は同性質の内容を対比しているので、セミコロンではなく、コンマでつなぐことも可能です（comma splice〔コンマ接合〕です。1－11－05 の **研究** 参照）。

研究 作為の責任を問うのが原則で、不作為の責任を問うのは例外だと言っています。**not preventing evil** は、これだけを見ると「害が発生するのを放置する場合」だけを指しているようですが、これは 1－11－06 の cause evil to others . . . by his inaction〔不作為によって他人に害悪を与える〕の言い換えで「不作為によって積極的に害を生じさせる場合」も含みます。

> (1－11－09) Yet there are many cases clear enough and grave enough to justify that exception.

訳 しかし、その例外を正当化するに足るほど明白で、かつ重大な事例がたくさん存在するのである。

研究 「例外（＝害悪を防ぐ行為を強制的に行わせること）が正当化されるほど（侵害が）明白で重大な事例がたくさんある」と言っています。

▷ **clear enough and grave enough** は clear and grave enough と言ってもよいはずです。なぜミルが clear と grave にそれぞれ enough をつけたのかは定かではありません。あえて推測するなら、一方において Some cases might be clear enough, but not grave enough, to justify that exception.〔その例外を正当化するに足るほど明白だが、重大さは足りない事例があるかもしれない〕ということがあり、他方において Some cases might be grave enough, but not clear enough to justify that exception.〔その例外を正当化するに足るほど重大だが、明白さは足りない事例があるかもしれない〕ということもあり、Clarity and gravity do not necessarily go together.〔明白さと重大さは必ずしも揃うとは限らない〕ので、Clarity and gravity are separate constraints.〔明白さと重大さは別々の制約条件だ〕ということをはっきりさせたかったのかもしれません。

ここで 1−11−03～09 の論述の流れを簡単にまとめておきます。

> 1−11−03 で「他者の利益に関係する行為に限り、個人の自発的行動を外部からの統制に従わせることが正当化される」とまず言い、次に「他者の利益に関係する行為」を「他者の利益を損なう行為」と「他者に利益を与える行為」に分けて、
> 1−11−04 で「前者（＝他者の利益を損なう行為）には罰を与えることが許される」と言い、
> 1−11−05 では「後者（＝他者に利益を与える行為）を正当に強制できる」と言っています。
> 1−11−06～09 で再び前者（＝他者の利益を損なう行為）に戻り、今度は、事後に罰を与えるのではなく、「他者の利益を損なう行為を事前に抑制できる」と言っています。

> (1−11−10) In all things which regard the external relations of the individual, **he is *de jure* amenable to those whose interests are concerned, and if need be, to society as their protector.**

訳　結局のところ、個人は、対外的関係にかかわる一切の事柄において、**利害関係者に対し、また必要があれば、彼らの保護者としての社会に対して、侵害を避ける道義的責任を負っているのだ。**

構文　*de jure* は副詞で amenable にかかります。

研究　この文は前文（1－11－09）を受けて、それをさらに展開したものではありません。つまり、例外が正当化される事例（＝害悪を防ぐ行為を強制的に行わせることが正当化される事例）について述べたのではありません。そうではなくて、1－11－03～09 の内容を、この文で総括したのです。したがって、文頭に In the end, whether they are actions or inactions,〔結局のところ、作為だろうが、不作為だろうが〕を置いても差し支えありません。

▷ **the external relations of the individual**〔個人の対外的関係〕＝ the relations which the individual has with others〔個人が他者に対してもつ関係〕です。

▶ **amenable** ＝ answerable〔責任がある〕です。amenable を「責任がある」という日本語に置き換えて「利害関係者に対し責任を負っている」という日本語から事柄を考えると、他人に損害を与えた後で負う責任（＝原状回復義務や損害賠償義務）のことばかりをイメージしがちです。しかし、ここの amenable は侵害が生じる前あるいは侵害が生じている最中に負う責任、すなわち「侵害を避ける義務」のことを主として言っているのです。

ミルの関心は「個人の自由を正当に制限できる範囲」すなわち「個人の行動に社会が正当に干渉できる（＝個人のある行動を社会が正当にやめさせることができる、あるいは個人にある行動を社会が正当にやらせることができる）のはどのような場合か？」という点にあります。この視点から捉えると、ここの amenable〔責任がある〕は「those whose interests are concerned（＝利害関係者）が、he（＝ある人）から侵害を受けそうになったとき、あるいは受けているとき、それを阻止するために行う請求あるいは行動に he（＝ある人）は従って、行為をやめたり、行為をしたりする義務がある」という意味です。

具体的に言えば、集合住宅で夜中に大きな音で楽器演奏をする若者がいたとします。隣あるいは上下の部屋の人がその若者に夜中の演奏を止めるように注意します。この注意をした隣あるいは上下の部屋の人が those whose interests are concerned であり、若者がその注意に従って、夜中の楽器演奏をやめる義務があることが he is amenable to those whose interests are concerned〔彼は利害関係者に従う責任がある〕です。

あるいは、敷地内の大木が枯れかけていて、強い風が吹いたら、折れて隣家の屋根に倒れて、屋根を毀損する恐れがあるとします。隣家の人が、倒れる前にその木を切るように要請します。この要請をした隣家の人が those whose interests are concerned であり、木の所有者がその要請に従って、木を切る義務があることが he is amenable to those whose interests are concerned〔彼は利害関係者に従う責任がある〕です。

あるいは、盲人が白杖を頼りに駅のホームを歩いているとき、前方から携帯電話でゲームをしながら歩いてくる若者がいたとします。もちろん盲人はそれに気がつきません。そのとき周りにいた人がそれに気がついて、その若者に歩きスマホを止めるように注意します。盲人は若者に注意することができませんから、代わりに、周りにいる人が注意するのです。この状況が **if need be**〔もし必要なら〕です。盲人のために注意をする周りにいる人が society as their protector〔利害関係者の保護者としての社会〕であり（この行動は「社会が盲人を守る」行動と言えるのです）、若者がその注意に従って、歩きスマホを止める義務があることが he is amenable to society as their protector〔彼は利害関係者の保護者としての社会に従う責任がある〕です。

もし原文が he is amenable to preventive actions of those whose . . . であれば、原状回復義務や損害賠償義務が amenable に含まれないことは明らかです。しかし、原文は he is amenable to those whose . . . ですから、原状回復義務や損害賠償義務も amenable に含まれていると解釈することもできます。しかし、その場合でも、この文の趣旨（＝ミルのイイタイコト）を考えれば、それは決してここで想定されているメインの義務ではありません。

▶ **if need be**〔もし必要が存在するならば→必要があれば〕の be は仮定法現在です。この表現は常に仮定法現在が用いられます。ここの **if need be** は「害悪を受ける可能性がある人を守るために、その人に代わって、周囲の人、場合によっては社会全体が行為者に干渉する必要があるときは」という意味です。この場合、行為者は社会に対して、その指示に従う道義的責任を負うのです。

「害悪を受ける可能性がある人を守るために、その人に代わって、周囲の人、場合によっては社会全体が行為者に干渉する」のは次のようなケースがあります。

(a) 本人が阻止できないので、社会が干渉するケース

先ほど挙げた盲人の例がこれに該当します。

(b) 本人が阻止できるが、それは許すべきではなく、社会が干渉するケース

暴利を貪るために米を買い占めて価格が高騰するまで放出しない悪徳商人がいた場合、飢えた貧民は倉庫を襲って米を奪取すれば、餓死を阻止できます。しかし、そのような直接行動（＝暴動）は許すべきでなく、国家が介入して独占行為を規制すべきです。

(c) 本人が阻止できるし、阻止してよいが、本人がそれを望んでいないので、社会が干渉するケース

自殺をそそのかし（＝教唆し）助ける（＝幇助する）行為は、悩んでいる人本人が自殺を望まなければ、本人が阻止できるし、阻止することが許されます。しかし、本人が自殺を望んでいれば、本人は阻止しません。その場合には、国家が介入して規制すべきです。あるいは自ら奴隷になることを希望して身売りする行為も、国家が介入して奴隷売買を止めさせるべきです。これは a voluntary slave〔奴隷志願者〕の自由を守るためです。ミルは、自ら奴隷になる（＝自らすべての自由を放棄する）行為を認めていません。

▶ ***de jure*** は by law〔法によって〕という意味のラテン語です（英語ではないのでイタリックになっています）。*de jure* は多くの場合 *de facto*（＝ in reality〔現実には〕）とセットで使われます。OED は according to law. Nearly always opposed to *de facto*〔法に従って。ほとんど常に *de facto* と対比される〕と定義しています。

De jure the Northern Territories are part of Japan, but _de facto_ they are part of Russia.
法的には北方領土は日本の一部である。しかし、現実にはロシアの一部になっている。

しかし、次のように *de jure* だけを使うこともあります。この場合は「しかし、現実は違う」ことをほのめかしています。

De jure the Northern Territories are part of Japan.
法的には北方領土は日本の一部である。

原文では、*de facto* という語そのものは使われていませんが、次の文(1－11－11)が *de jure* に対する *de facto* を表しています。次のような具合です。

(1－11－10) he is _de jure_ amenable to . . .〔個人は…に対して法的に責任を負っている〕
しかし、
(1－11－11) There are often good reasons for not holding him to the responsibility〔現実には、しばしば、責任を負わせない十分な理由が存在する〕

すると *de jure* amenable〔法的に責任がある〕と not holding him to the responsibility〔責任を負わせない〕が、それぞれ具体的にどのような事柄を指しているのか、が問題になります。まず思いつくのは次の可能性です。

法律の規定では責任を負うとされているが(＝責任を規定した成文法はあるが)、現実には、その責任を負わせない(＝その成文法を適用しない)理由がしばしばある。

しかし、この解釈には2つの疑問があります。

(疑問a) In all things which regard the external relations of the individual〔対外的関係にかかわる一切の事柄において〕と言っていることが気

にかかります。「対外的関係にかかわる一切の事柄について、侵害を避ける責任を規定した成文法が用意されている」というのは現実的ではありません。

(疑問 b) 次の文 (1−11−11) を読むと、責任を負わせない理由は「社会が個人を統制するよりも、個人の自由裁量に任す方が、大体において、個人がよりよい行動をとる可能性がある」ことか、「統制を実行すると、統制によって防ごうとする害悪よりも大きな害悪が生み出される」ことのどちらかでなければならないと言っています。これはもっともな理由です。しかし、あくまでも一般的かつ政策的な理由です。このような一般的かつ政策的な理由で、法律上規定されている責任をケースバイケースで個別的に免責することがあるでしょうか？ もしあるとすれば「超法規的措置 or 超実定法的措置」になります。もちろん個別的な事情に基づく情状酌量によって個別的に免責されることならありますが、これはミルが言っている理由とは違います。

これらの疑問を考え合わせると、1−11−11 の not holding him to the responsibility〔責任を負わせない〕は「(個人に責任を負わせる法律はあるが、この場合は) あえて法律を適用しない」ではなく、そもそも「(個人に責任を負わせる) 法律 (自体) を制定しない」ことを指しているという解釈が出てきます。

すると、(1−11−11) There are often good reasons for not holding him to the responsibility〔(現実には) しばしば、責任を負わせない十分な理由が存在する〕は「(現実には) 責任を負わせる法律 (自体) を制定しない十分な理由がしばしばある」という意味になります。ところが、1−11−10 では In all things . . . , he is *de jure* amenable to . . .〔あらゆることにおいて、個人は…に対して法的に責任を負っている〕と言っています。ここには contradiction〔矛盾〕があるとまでは言いませんが、ある種の tension〔緊張〕があります。責任を負わせる法律を制定しない十分な理由があるなら、そもそもそういう法律を制定しないはずです。ところが「あらゆることにおいて、個人は…に対して法的に責任を負っている」と言っている。おかしいではありませんか。

この「緊張」はどうしたら解消するでしょうか。1 つの方法は not holding him to the responsibility〔責任を負わせない〕を「責任を負わせる法律を（新たに）制定しない」ではなく「責任を負わせる（既存の）法律を廃止する」と捉える方法です。すると次のようになります。

> **法律の規定では責任を負うとされているが（＝責任を規定した成文法があるが）、現実には、その責任を負わせない（＝その成文法を廃止すべき）理由がしばしばある。**

こうすると、緊張が起こらず、かつ上記の疑問 b（＝一般的かつ政策的な理由で、法律上規定されている責任を個別の事例ごとに免責することがあるのか？）が解消します（責任を負わせる法律の廃止は、個別の事例ごとの免責ではないので、そもそもこの疑問が生じないからです）。しかし上記の疑問 a（＝「対外的関係にかかわる一切の事柄について、侵害を避ける責任を規定した成文法が用意されている」というのはおかしくないか？）は残ります。

緊張が起こらず、かつ上記（疑問 a）（疑問 b）が両方とも解消する解釈はないのでしょうか？　それはあります。*de jure*〔法によって〕の内容を法律（＝成文法）に限定しなければいいのです。法には moral laws〔道徳規範〕と written laws〔成文法〕があります。普通は *de jure*〔法によって〕を「written laws〔成文法〕によって」という意味で使います。しかし、おそらくミルはここで *de jure* を「moral laws〔道徳規範〕によって」という意味で使ったのです。そして、次の文で「通常 *de fact*〔現実には〕をつけて語られること」を言ったのです（*de fact* というフレーズは使っていませんが）。ここの *de jure* amenable〔法によって責任がある〕は「moral laws（＝道徳規範）に基づく責任（＝道義的責任）を負っている」という意味です。道義的責任であれば、「対外的関係にかかわる一切の事柄について、侵害を避ける道義的責任がある」というのはおかしくありません。また、道義的責任（＝道徳規範に基づく責任）と法律的責任（＝成文法に基づく責任）は違いますから、not holding him to the responsibility〔責任を負わせない〕を「責任を負わせる法律を（新たに）制定しない」と捉えることができます。すなわちミルは次のように言っているのです。

> **(1−11−10) In all things . . . , he is *de jure* amenable to . . .〔あらゆることにおいて、個人は…に対して moral laws（道**

徳規範）に基づく責任を負っている〕
しかし、
(1－11－11) There are often good reasons for not holding him to the responsibility〔(現実には) しばしば、その責任を負わせない (＝成文法を制定して道義的責任を法律的責任にすることはしない) 十分な (政策的) 理由が存在する〕

くどいですが In all things which regard the external relations of the individual, those whose interests are concerned have a moral right to intervene in his action.〔個人の対外的関係にかかわる一切の事柄において、利害関係者は彼の行動に介入する道義的権利を持っている〕が 1－11－10 のイイタイコトです。ミルは、これは認めるのですが、道義的権利を法律的権利にすること (＝法律によって個人の行動を制限すること) には必ずしも賛成しないのです。

なお、*de jure* を「当然に」と訳す先行訳が多いです。おそらく疑問 a を回避するためにこうしたのでしょうが、*de jure* には「当然に」という意味はありません。

個人の対外的諸関係にかかわりのある一切の事柄において、利害関係者に対し、また必要があれば、彼らの保護者としての社会に対して、法律上従う義務がある (岩波旧訳)
自分以外の人々との関係にかかわる物事であれば、そのすべてにおいて、個人が利害当事者に対して責任を負い、必要とあれば、利害当事者の保護を受け持つ社会に対しても責任を負うのは当然である (岩波新訳)
人は、他者と関係するあらゆる場面において、そのすべての関係者にたいし、また、必要であれば全体の保護者としての社会にたいし、理屈の上では責任があるのだ (古典新訳)
個人は外部世界と関係するすべての点で、それらの点に利害関係をもつ人びとに対して、そして必要な場合にはそれらの人びとを保護する立場にある社会に対して、責任を負うのが当然である (日経 BP)
個人は、外界との関係に関するすべての事がらにおいて、そこに利害関係をもつ人々に対して、当然責任を負うべきであり、また必要とあれば、

彼らの保護者としての社会に対しても責任を負うべきである（名著）
個人の対外諸関係にかんするすべてのものごとにおいて、その利害が関連する人びとにたいして、かれはとうぜんに責任をおうべきであるし、しかも、もし必要ならば、かれらの保護者としての社会にたいして、そうすべきである（大思想）

(1－11－11) **There are often good reasons for not holding him to the responsibility;** but these reasons must arise from the special expediencies of the case: either because **it is a kind of case in which he is on the whole likely to act better, when left to his own discretion, than when controlled in any way in which society have it in their power to control him**; or because the attempt to exercise control would produce other evils, greater than those which it would prevent.

訳　**しかし、現実には、彼に法的責任を負わせない充分な理由がしばしば存在する。**だが、これらの理由は、いろいろあるわけではなく、その場合の特別な便法から生じるものに限られる。すなわち、**この場合は、社会が使用可能などんな方法で個人を統制するよりも、個人の自由裁量に任す方が、個人が概してよりよい行動をとる可能性が高い場合の一種であるからという理由か**、あるいは、この場合は、統制を実行しようとすると、統制によって防がれる害悪よりも大きな他の害悪が生じる場合の一種であるからという理由のいずれかでなければならない。

構文　2つの because 節が either . . . or でつながれています。■ in which he is . . . to control him は形容詞節で case にかかります。■ when left to his own discretion = when he is left to his own discretion です。■ when controlled in any way = when he is controlled in any way です。■ in which society have it in their power to control him の have は完全他動詞で、it は仮目的語、to control が真目的語です。in which (= in the way) は、have ではなくて、to control にかかっています。■ the attempt to exercise control would produce other evils の would produce は仮定法過去の帰結節で、the attempt to exercise control に仮定が隠れています。■ those which it would prevent の those の中身は the evils で、it = the attempt to exercise control です。

研究　**There are often . . .** の前に But, *de facto*, あるいは But, in reality,〔しかし、現実には〕を置くことができます。

▶ hold A to B は「A を B に押し付ける」が原義で、ここからいろいろな意味が出てきます。hold a glass to one's lips〔口にグラスを当てる〕、hold a baby to one's breast〔赤ん坊を抱きしめる〕、hold you to your word〔君に約束を守らせる〕といった具合です。**not holding him to the responsibility** は「個人を責任に押し付けないこと→個人に責任を負わせないこと」という意味です。これは、事柄としては、「(個人に責任を負わせる法律はあるが、この場合は) 法律を適用しない」と「(個人に責任を負わせる法律はあるが、この場合は) 法律を廃止する」と**「(個人に責任を負わせる) 法律を制定しない」**の 3 つの可能性があります。ここでは 3 番目の可能性が正解です (この理由は 1−11−10 の**研究**で説明しました)。

▷ **but** は「often から読者が抱くかもしれない推測 (＝「often と言うからには、理由はいろいろあるのだろう」という推測)」に対して「しかし」と言っています。but の直後に譲歩 (＝たとえそうだとしても) を置くとよく意味が通ります。「(現実には) 個人に責任を負わせる法律を作らない十分な理由が**しばしば存在する。しかし** (たとえそうだとしても＝たとえしばしばあるにしても) それらの理由は (**いろいろあるわけではなく**) ～からくるものでなければならない」という論理関係です。

▷ **must** は「～に違いない」という推量ではなく「～でなければならない」という必要性の意味です。

▷ **special** は peculiar to the case〔その場合に特有の〕という意味です。

▷ **expediencies** は a means of achieving a particular end〔特定の目的を達成する手段、便法、方便〕という意味です。ここでは「最大多数の最大幸福を達成するための便法」です。ここは「個人に責任を負わせる法律を作らない十分な理由というのは、その場合の (最大多数の最大幸福を達成するための) 特別な (＝特有の) 便法から生じるものでなければならない」という意味です。要するに**「この場合、最大多数の最大幸福を達成する方法としては、個人に法的責任を負わせるよりも効果的な、別の便法がある」というのが理由でなければならない**と言っているのです。

▷ **the case** は「その事例、その場合」です。Halfway through the cycling tour, we took a break at a small temple and ate lunch. The head priest kindly served us tea.〔私たちはサイクリングの途中で、小さなお寺で休憩し、お昼を食べた。そこの住職は親切にも私たちにお茶を振る舞ってくれた。〕の場合に head priest に the がついているのは、前に a small temple と言っているので、the head priest と言えば、そこの住職だとわかるからです。原文はこれに近い関係です。case に the がついているのは、先に There are often good reasons for not holding him to the responsibility〔彼に責任を負わせない充分な理由がしばしば存在する〕と言っているので、the case と言えば **the case where the propriety of holding him to the responsibility is put in question〔彼に責任を負わせることの妥当性が問題になる場合〕**のことだとわかるからです。ただし、The head priest の場合は「特定の一人の住職」ですが、the case の場合は「特定の一つの場合」ではありません。その類型にあてはまる case であれば、どの case でも the case なのです。ここが普通の the と違うところです。

▷ このあとに because 節が 2 つ続き、**either . . . or** で結ばれています。この because 節は good reasons = these reasons の中身を具体的に示したものです。either A or B〔A か B のどちらか〕で結ばれていることと because 節の内容から考えて、these reasons はこの 2 つだけと解釈するのが妥当です。したがって、either の前に these reasons must be を置くことができます（ただし、次の文の冒頭にこれにそぐわない表現があります）。

▶ **it is a kind of case** の **it** は the case を指しています。

▶ ここの **on the whole** は「概して、一般に」の意味です。1−08−04 の 研 究 で説明したように、この意味の on the whole には in most parts〔大部分が〕と in most instances〔ほとんどの場合に〕の 2 つの事柄があります。

主語が「単数の人間」のときは、on the whole は in most instances〔ほとんどの場合に〕を表すことが多いです。たとえば John Smith is on the whole likely to act better . . . は「ジョン・スミスは、社会の統制を受けず、自由裁量で行動することが複数回あると、概して（＝ほとんどの場合）よりよい行動をとる可能性が高い」という意味です。

それに対して、主語が「複数の人間」のときは、on the whole は in most parts〔大部分が〕を表すことが多いです。たとえば Parents are on the whole likely to act better . . . は「親は、社会の統制を受けず、自由裁量で行動する場合、概して（＝大部分の親が）よりよい行動をとる可能性が高い」という意味です。

ところで、原文の主語（＝ he）は単数ですが、特定の彼（＝特定の個人）を指しているのではなく、不特定の個人を指しています。つまり、he のところにはあらゆる個人が入りうるのです。そこで、on the whole を in most parts〔大部分が〕の意味にとることもできます。ここの on the whole は in most parts〔大部分が〕と in most instances〔ほとんどの場合〕の両方を表していると解釈すべきです。すると、he is on the whole likely to act better, when left to his own discretion, than when controlled in any way は「社会がなんらかの方法で個人を統制するよりも、個人の自由裁量に任した方が、概して（＝ほとんどの人が、ほとんどの場合に）、よりよい行動をとる可能性が高い」という意味になります。

▶ **he is likely to act better** は「彼はよりよい行動をとる可能性が高い」という意味です。

▶ **when left to his own discretion**〔自己の自由裁量に任されたとき〕は when left to his own conscience〔自己の良心に任されたとき〕と言っても同じです。

▶ Society have it in their power to control him in the way. は「社会は、その方法で彼を統制することを、自らの力の中にもっている」が直訳です。「～をすることを自らの力の中にもっている」というのは「～をすることは自らの力の限界を超えていない」ということで、要するに「～をすることができる」ということです。したがって、この文は Society can control him in the way.〔社会は、その方法で彼を統制することができる〕と言っているのと同じです。ただし、注意すべきことがあります。それは「ここは control him が前提で in the way が焦点だ」ということです。すなわち「社会は（その方法を使って）彼を統制できる」と言いたいのではなく「社会は（彼を統制するのに）その方法を使える」と言いたいのです。これを can の射程の問題と捉えると、意味的に、can（＝ have it in their power to) は control him についているのではなく、in the way についているのです（「前提と焦点」については『真実』Chapter 9 参照）。そこで **in any way in which society have it in their power to control him** は in any way in which society can control him とイコールで、これを in which に焦点があることをはっきりさせて和訳すると「社会が彼を統制するのに使えるどんなやり方でも」となります。

in any way の中身は成文法もあれば social ostracism〔村八分〕のような非公式に行われる強い疎外行為も含まれます。

society は集合名詞で、複数として扱われています。一般に集合名詞は個々の構成要素を示すときは複数扱いで、一つの集合体を示すときは単数扱いになるとされています。たとえば、次のような具合です。

> My class were very pleased to hear the news.
> My class consists of 35 students.

しかし、イギリス英語の文語では一つの集合体を示すときも複数扱いにすることが普通に行われます。ここもその例です。

▶ ところでミルはなぜ **controlled in any way in which society . . .** と言ったのでしょうか。controlled by society ではいけないのでしょうか？次の 2 つを比べてみましょう。

> **(a) when controlled by society**
> 社会が彼を統制するとき
> **(b) when controlled in any way in which society have it in their power to control him**
> 社会が彼を統制するのに使える（やり方なら）どんなやり方でも、それを使って（社会が）彼を統制するとき

「(a) ＋やり方を問わない＝ (b)」です。(b) には「どんなやり方で社会が彼を統制するときよりも、彼の自由裁量に委ねられたときの方が、彼はよりよい行動をとる可能性が高い」の下線部が加わっています。ミルはこう言うことによって、彼の自由裁量に委ねることの優位性が絶対であることを示したのです。

▶ **a kind of case in which he is on the whole likely to act better**

を「大体において、個人がよりよい行動をとる可能性が高いような種類の場合」と訳すのは間違いです。この意味であれば a kind of case ではなく the kind of case でなければなりません（たとえば the kind of job he wants to have〔彼がつきたいと望む類の仕事〕のような具合です。これに対し a kind of job he wants to have は「彼がつきたいと望む仕事の一種」という意味です）。

「a kind of . . .」という表現は、of . . . を a kind にかけて「…の一種」と読む場合と、a kind of を…にかけて「一種の…」「ある種の…」と読む場合があります。たとえば Greyhound is a kind of dog.（グレイハウンドは犬の一種だ）は前者で、He is a kind of environmentalist.（彼は一種の環境保護論者だ / 彼はある種の環境保護論者だ）は後者です。「彼は一種の環境保護論者だ」と「彼はある種の環境保護論者だ」は事柄がまったく違います。「彼は一種の環境保護論者だ」は「本物の環境保護論者」ではなく「厳密には環境保護論者とは言えないが、まあ環境保護論者みたいなものだ」という意味です。それに対して「彼はある種の環境保護論者だ」は、彼は本物の環境保護論者なのです。ところが本物の環境保護論者にもいろいろな種類があり「彼はその 1 種だ」という意味です。「それなら Husky is a kind of dog. と同じように of environmentalist を a kind にかければいいではないか」と思うかもしれませんが、それはできません。なぜなら Greyhound は犬種ですから Greyhound = a kind が成立しますが、He は特定の個人であって、種類ではありませんから He = a kind は成立せず、したがって a kind を補語にすることはできないからです。

「一種の～（本当は～ではないが、～のようなもの）」の例を挙げましょう。

One of the cardinals said, "The present pope is a kind of politician".
枢機卿の一人が言った「今の法王は一種の政治家だ」。
One of my ambitions was to become a kind of Hercules.
（ロイヤル英和辞典）
私の大きな望みの一つはヘラクレスみたいになることだった。

> **A kind of divine madness takes hold of the soul of a true artist.** (ロイヤル英和辞典)
> 神聖な狂気とでも言うべきものが真の芸術家の魂をとらえる。

さて、**a kind of case in which he is on the whole likely to act better** は「of . . . を a kind にかけて『…の一種』と読む場合」で**「個人が概してよりよい行動をとる可能性が高い場合の一種」**が正解です。

▶ **to act** の事柄を考えてみましょう。he is on the whole likely to act better は「(どんな方法で社会が個人を統制する場合よりも、個人自身の裁量に委ねられた場合の方が) 個人は概してよりよい行動をとる可能性が高い」という意味です。これだけを取り出せば、to act の内容は様々なものが考えられます。たとえば「気晴らしに何をやるかを選ぶ」というのも、to act に適合します。社会が「個人の気晴らしは、その人のタイプに応じてこれを選ぶべし」と決めるよりも、個人の裁量に委ねた方が、個人は自分に合った気晴らしをより上手に選ぶでしょう。しかし「気晴らしに何をやるかを選ぶ」のは「個人が他人の利益を侵害しないようにする行動」ではありません。この文は「個人が他人の利益を侵害しないようにする行動」を法律で強制することの可否を問題にしています。したがって、to act の内容は文脈から「個人が他人の利益を侵害しないようにする行動」に限定されているのです (これは、詳しく言うと「自分の行為で他人の利益を侵害しないようにする」と「他人が別の他人の利益を侵害するのを阻止する」の両方を含みます)。

▶ この 2 点 (= a kind of case の読み方と to act の内容) を確定させた上で、**it is a kind of case in which he is on the whole likely to act better, . . .** を精密に考えてみましょう。まず**「法律で強制することもできるが、個人の裁量に委ねた方が概してよりよい行動をとる可能性が高い」**のはどのような場合でしょうか？「法律で強制されると最小限の侵害阻止行為しかやらない」とか、「法律に規定された状況では阻止行為をするが、それ以外ではやらない」とか、あるいは「行為者が自発的に行わなければ、侵害阻止の効果が生じない」といったことが考えられます。

たとえば、1−11−10 の 研究 で例に出した「集合住宅における騒音の排出」を考えてみましょう。法律で「午後11時から午前6時までは50デシベルを超える騒音を出してはいけない」と規定すると、「午後11時までは50デシベルを超えてもいいんだ」と考えて50デシベルをはるかに超える騒音を出し、周囲から注意されても「法律に違反してないんだから、文句を言われる筋合いはない」などと突っぱねる人が出てきます。また午後11時以降も「50デシベルさえ超えなければいいんだ」と考えて、50デシベルに近い騒音を平気で出す人も出てきます。こうなると、かえって法律で規制した方が騒音の害が大きくなるということもありえます。

あるいは、誕生日に親からプレゼントをもらえなかった子供は深く傷つきます。したがって、子供の誕生日に親がプレゼントを与えないのは、不作為によって子供に害を与える行為です。だからといって、これを法律で強制しても、その侵害は防げないでしょう。親が自発的にプレゼントをくれるのでなければ、侵害防止の効果（＝子供が傷つかない）は生じないからです。このように「法律で強制することもできるが、個人の裁量に委ねた方が概してよりよい行動をとる可能性が高い場合」というのはいろいろなケースが考えられます。

▶ 次に、なぜミルは **it is a kind of case** という言い方をしたのでしょうか？ これには2つの問題点があります。

（問題点a）なぜ it is a case in which . . . あるいは it is the case in which . . . と言わないのか（＝なぜ「それは…の場合である」と言わないのか）？

これは、case in which . . .〔…の場合〕にはいろいろな種類があるからです。it is a kind of case in which . . .〔それは…の場合の一種である〕と言うことによって、it は case in which . . . の一種であり、it 以外にも case in which . . . にはいろいろな種類があるということが示されているのです。

（問題点b）なぜ it is one of the cases in which . . .〔それは…の場合の一つである〕と言わないのか？

これは、it の内容が a case（＝具体的な特定の一事例＝特定の一個人の特定の一行動）ではなくて a kind（＝一般的・抽象的な1つの種類）だからです。法律というものは具体的な特定の一事例を統制するために作られるものではありません（皇室典範は別ですが）。たとえば「夫婦である佐藤太郎と佐藤花子が息子である佐藤一雄の誕生日にプレゼントを与えないことによって佐藤一雄の心を傷つけるのを防止する法律」などというものはありません。必ず抽象化がなされます。たとえば「親が neglect によって子供の心を傷つけるのを防止する法律」といった具合です。もし「夫婦である佐藤太郎と佐藤花子が息子である佐藤一雄の誕生日にプレゼントを与えないことによって佐藤一雄の心を傷つけないようにする」が it の内容なら、これは a case（＝個人の自由裁量に任す方が、個人が概してよりよい行動をとる可能性が高い場合の個別具体的な一事例）ですから、端的に it is one of the cases in which . . .〔それは…の場合の一つである〕と言います。ところが、it の内容が「親が neglect によって子供の心を傷つけないようにする」であれば、これは a case（＝個別具体的な一事例）ではなくて、a kind（＝個人の自由裁量に任す方が、個人が概してよりよい行動をとる可能性が高い場合の一般的・抽象的な一つの種類）です。ですから、it is a kind of case in which . . .〔それは…の場合の一種である〕と言ったのです。

▷ **the attempt to exercise control would produce other evils, greater than those which it would prevent**〔**統制しようとすると、統制によって防がれる害悪よりも大きい別の害悪が生み出される**〕の具体例としては大麻の禁止が挙げられます。大麻が使用者に与える害はタバコの害よりも小さく、社会に与える害は飲酒の害よりも小さいと言われています。ところが、大麻を禁止すると、大麻の密売が組織犯罪の資金源となり、アメリカでは多くの若者が大麻の使用によって犯罪者になっています（←これが、統制によって防がれる害悪よりも大きい別の害悪です）。

あるいは「**普通は良い結果をもたらすが、稀に有害な結果をもたらす行為があるとき、稀に生じる有害な結果を防止するためにその行為を禁止することによって、通常得られる良い結果が失われる**」場合もこれに含まれるでしょう。たとえば、「人を採用するときにある種の情報を参考資料にできなくする」ことが挙げられます。大学の AO 入試を考えてみましょう。AO 入試において選考のための資料として「全国統一テストの成績」の他に「志望者の高校までの履歴および両親の職業・年収を記載した書類」を使えるとします。すると、統一テスト（たとえば A-Level）の成績が同じ（たとえば A* A* A という「最高ランクのちょっと下の成績」をとった）2 人の志望者がいたとき、入試担当者（たとえば the University of Cambridge の入試担当者）がその書類を見て、中流階級の家庭で公立高校出身の志望者を落とし、上流階級の家庭で名門パブリックスクール（たとえば Eton College）の出身者を選ぶようなことが起こりえます（←これが「稀に生じる有害な結果」です）。そこで、このような事態を避けるために「志望者の高校までの履歴、両親の職業・年収を記載した書類」を AO 入試の資料にすることを禁止したらどうでしょうか？ 教育環境の違いを勘案すると、公立高校出身の志望者の方が優秀である可能性がずっと高いのです（もしこの志望者が Eton College に行っていたら、おそらく A* A* A*という「最高ランクの成績」をとっていたでしょう）。そこで、実際には、入試担当者は、この書類に基づき本人の能力を公平に判定して、公立高校出身の志望者を合格させるのが普通です（このケースで Eton College の出身者を優先的に選ぶようなことは、普通はないと考えて差し支えありません）。したがって、ほとんどありえない差別的扱いを防止するために、この履歴書類の使用を禁止すれば、公立高校出身の優秀な志望者を選抜できなくなってしまいます（←これが「通常得られる良い結果が失われる」です）。ミルが念頭に置いたのは、おそらくこのような性質の事柄だと思われます。

▷ 2 番目の because 節では it is a kind of case in which が使われていません。これは内容的に当然のことなので、繰り返さなくても知性のある読者にはわかるからです。これをあえて繰り返すと読者に対して irritating であり、文体的にも極めて awkward になります。しかし、事柄としては because it is a kind of case in which the attempt to exercise control would produce other evils, greater than those which it would prevent〔それは、統制しようとすると、統制によって防がれる害悪よりも大きい別の害悪が生み出される場合の一種だから〕なのです。

彼に責任を負わせずにおく充分な理由の存在することもしばしばあるが、これらの理由は、その場合の特別な便宜から生まれてくるのにちがいない。すなわち、社会がその個人を統制する力があるのに、社会がなんらかの方法で個人を統制するよりも、個人の自由裁量に任すときの方が、大体において、個人がよりよい行動をとる可能性があるような種類の場合であるゆえであるか、あるいはまた、統制を実行しようとする企てが、その企てが防止しようとする害悪よりも一層大きな他の害悪をもたらすように思われるゆえであるか、いずれかである（岩波旧訳）

行為者に〔他人の利益に影響する行為であっても〕責任を負わせない正当な理由のある場合もしばしばある。しかし、そのような理由は特別な事情から生じたものでなければならない。つまり、どんな形であれ社会が権力によって本人を規制するよりも、本人の裁量に任せた方がたいていは本人の行為がもっと望ましいものになる、という理由であるか、あるいは、社会が規制しようとすると、規制によって防止される害悪に比べてもっと大きな別の害悪が生じてしまう、という理由である（岩波新訳）

しばしば、彼に責任をとらせなくてもよい十分な理由のある場合がある。しかし、それらの理由は、その場合の特殊な便宜的事情から生じるものでなければならない。すなわち、彼自身の思慮にまかせたほうが、社会がその力のままに彼を思いどおりに支配するよりは、彼が全体的にみれば、より良い行動をとりそうに思われる場合であるか、あるいは、社会が支配しようとすれば、防止しようとする害悪よりもさらに大きな他の害悪を生みだしてしまう場合であるか、のどちらかの理由からでなければならない（名著）

(1－11－12) When such reasons as these preclude the enforcement of responsibility, the conscience of the agent himself should step into the vacant judgment seat, and protect those interests of others which have no external protection; judging himself all the more rigidly, because the case does not admit of his being made accountable to the judgment of his fellow-creatures.

訳　このような理由によって法的責任が問われないときは、行為者自身の良心は、空席になった裁判官の席に座り、他人の、法に基づく外的な保護を得られない利益を守らなければならない。そして、この場合は、他人に害を与えても自己の同胞たる裁判官の判決によって法的に責任があるとされる可能性がないのだから、良心はそれだけいっそう厳格に自分を律せねばならないのである。

構文　この文の「主節の述語動詞」は step と protect で、should は step と protect の両方についています。■ step と protect に付属する「付帯状況の分詞構文」である judging himself . . . は should の射程に入っています（＝「～すべきだ」は judging himself にも及んでいます）。■ all は強調の副詞で the にかかり、the は「それだけ」という意味の指示副詞で more にかかり、more は「より」という意味の副詞で rigidly にかかり、rigidly は judging にかかっています。■ because . . . は all the more にかかります。■ his は動名詞の意味上の主語です。being made は不完全他動詞の受身動名詞で of の目的語です。■ accountable は being made の補語です。

研究　前文の研究で「these reasons はこの 2 つだけと解釈するのが妥当です。したがって、either の前に these reasons must be を置くことができます。」と書きました。そうだとすると、ここは When these reasons preclude . . . と書くべきです。**such reasons as these**〔これらのような、そういう理由〕は、these の他にも同様の理由がある場合に使う表現です。しかし、these reasons の内容は包括的、一般的で、この 2 つ以外の理由があるとは思えません。前文の either because . . . or because . . . という表現と、この文の such reasons as these という表現には、contradiction とまでは言いませんが、ある種の tension があることは否定できません。ミルの small carelessness の可能性があります（もし私の解釈が間違いで、ミルは前文の 2 つの because 節を an exhaustive list〔挙げ尽くしたリスト〕ではなく only a pair of non-exhaustive examples〔挙げ尽くしていない例のうちの 2 つだけ〕と考えているのだとしたら、2 つの because 節を either . . . or でつないでいることが slightly careless です）。

▷ **enforce** は force に接頭辞 en をつけて他動詞にしたもので、put . . . in force〔…を、力をもった状態にする〕、cause . . . to take effect〔…に効

力をもたせる〕(Webster) という意味です (同様に strength に接尾辞 en をつけると strengthen〔強化する〕という他動詞になります)。したがって enforce laws〔法律を、力をもった状態にする→法律を施行する〕のように使います。ここの文脈では **the enforcement of responsibility** は「責任を (法的な) 力をもった状態にすること、責任に (法的) 効力をもたせること」という意味で、これは事柄としては「責任を規定する成文法を制定すること」です。それを **such reasons as these preclude**〔これらのような理由が妨げる〕というのは「前文で述べられた 2 つの理由から、責任を規定する成文法が制定されない」ということです。

▷ 責任を規定する成文法が制定されなければ、裁判官はその問題については法的責任を負わせることはできません。そこで、このような問題については、人は己の良心にしたがって、自分を律しなければなりません。このことを **the conscience of the agent himself should step into the vacant judgment seat**〔行為者自身の良心が、空席になっている裁きの座に座らなければならない〕と言っています。

　裁判官が法的責任を問えないということは、その問題については裁判官が存在しないということです。これを **the vacant judgment seat**〔空席になっている裁きの座〕と表現したのです。これは聖書になぞらえた書き方で、本来 the judgment seat〔裁きの座〕は「神が座るところ」を指す言葉です。そこに **the conscience of the agent himself**〔行為者自身の良心〕が座ると言うことによって、行為者本人にとっては the judgment of conscience〔良心の判断〕は、たんに裁判官の判決に代わるだけではなく、the judgment of God〔神の裁き〕に匹敵するほど強い拘束力をもつのだと言いたいのです。

▷ **those interests of others which have no external protection** の **those** は which-clause を指しています (いわゆる「先行詞を明示する those」です)。ここは interests が of others と which-clause によって 2 回限定される二重限定になっています (which の先行詞は単なる interests ではなくて、「of others によって限定された interests」すなわち interests of others です)。これをはっきり表に出して訳すと「他人がもっている利益の中で、外的保護を受けない (方の) 利益」となります。英語では、関係代名詞が who ではなくて which であることから、先行詞が others

でないことは明らかです。しかし、日本語では「外的保護を受けない他人の利益」と訳すと「外的保護を受けない」が「他人」にかかっているように聞こえてしまいます。「他人がもっている、外的保護を受けない利益」と訳した方がいいでしょう。**external protection**〔外的保護〕は警察、裁判所、その他の公的機関による保護です（cf.1－11－03 の external control）。

▷ **protect those interests of others which have no external protection**〔他人の、被害をこうむっても公的機関による保護を受けられない利益を守る〕が「（良心にしたがって、自らを律し）そういう利益を自分の行為で損なわないようにすること」を含むことは間違いありません。それでは「そういう利益が誰かに損なわれそうになっているときに、その侵害行為を止めるようにすること」はこれに含まれるでしょうか？ これは一概には言えません。今問題になっているのは「法的統制を実行しようとすると、統制によって防がれる害悪よりも大きな他の害悪が生じるので、法的統制（＝侵害行為者に法的責任を負わせる）以外の方法で利益を守るケース」です。侵害行為を止めるために第三者が介入する行為もある種の統制です。法的統制が、統制によって防がれる害悪より大きな他の害悪を招来するときに、「それは法的統制だからそうなるのであって、私人による統制なら、統制によって防がれる害悪より大きな他の害悪を招来することはない」とは言い切れません。ですから「私人による統制（＝第三者が侵害行為を止めること）」が protect those interests of others which have no external protection に含まれるかどうかは一概には言えないのです。

▷ **judging himself . . .** は付帯状況を示す分詞構文で、意味上の主語は the conscience of the agent himself です。judge himself〔自分自身を裁く〕は「自分の行動は本当に他人のそういう利益を守っているだろうか？」「自分は、本当は他人のそういう利益を犠牲にして、自分の利益のためだけに行動しているのではないか？」こういったことを良心に照らして判断することです。一言で言えば「自分で自分を律する」ということです。

▷ **all the more rigidly, because . . .** は『序説』1－06－09 の研究で解説した「all the 比較級＋理由（～なので、それだけいっそう比較級だ）」です。『序説』の分類に従うなら「程度の観念を入れられる副詞 / 同時的因果関係」のタイプです。「(良心の裁きは) もともと相当厳格であるが、…なので、それだけいっそう厳格に (自分を裁かねばならない)」という意味です。

▷ **the case** は文頭の when-clause を指しています。**does not admit of . . .** は「…の余地がない」という意味です。the case does not admit of . . . は「その場合 (＝責任を規定する成文法が制定されない場合) は…の余地がない (＝…が生じる可能性がない)」という意味になります。

▷ **his being made accountable to the judgment of his fellow-creatures**〔自己の同胞たちの裁きに対して責任があるとされること〕は「法的に責任があるとされること」です。**his fellow-creatures** は事柄としては裁判官のことで、これは聖書を意識した書き方です。creatures は God に対する語で、the judgment of God〔神の裁き〕を下敷きにして、裁判所の判決を the judgment of his fellow-creatures〔自己の同胞たちの裁き〕と言ったのです。**the judgment of his fellow-creatures** は事柄としては「民事裁判における被告側敗訴の判決 (すなわち原状回復義務や損害賠償債務が認定されること)」あるいは「刑事裁判における有罪判決 (すなわち罰金刑を科せられたり、刑務所に収監されたりすること)」を指します。

▷ **judging himself all the more rigidly, because the case does not admit of his being made accountable to the judgment of his fellow-creatures** は「その場合 (＝責任を規定する成文法が制定されない場合) は、自己の同胞たちの裁きに対して責任があるとされる (＝裁判所の判決で法的に責任があるとされる) 余地がない (＝可能性がない) ので、(行為者自身の良心は) それだけいっそう厳格に自分を律しなければならない」という意味です。

> こうした理由のために責任を課されないときには、行為者本人の良心が、空席となった裁判官の席に着いて、外からの保護を受けられない他の人々の利益を保護すべきである。そして、この場合は、他の人々の裁きに対して責任を負わなくてもよいのだから、なおさら厳格に自分を裁くべきなのである (岩波新訳)

こうした理由で責任が問われなくなったときには、行為者自身の良心がみずから裁判官の役を務めなければならない。そして、ほかからの保護がえられないひとびとの利益を保護してあげねばならない。このとき、裁定をほかの裁判官にまかせることが許されない分だけ、人はますます厳しく自分を裁くことになる（古典新訳）

(1－12－01) **But there is a sphere of action in which society, as distinguished from the individual, has, if any, only an indirect interest;** comprehending all that portion of a person's life and conduct which affects only himself, or if it also affects others, only with their free, voluntary, and undeceived consent and participation.

訳　**しかしながら、個人とは区別されたものとしての社会が、何らかの利害関係をもつとしても、間接的な利害関係しかもたない個人活動の領域が存在している。**その領域は、行為者本人にのみ影響を及ぼすか、あるいは、他人にも影響する場合は、影響を受ける人が自由に、自発的に、欺かれることなしに、同意し参加しているような、そういう個人の生活や行動の全部を含んでいる。

構文　as は前置詞です。distinguished は過去分詞形容詞用法で as の目的語です。as distinguished from the individual は形容詞句で society にかかります（1－09－01 の**構文**参照）。■ if any ＝ even **if** it (＝ society, as distinguished from the individual) has **any** interest in action です。■ comprehending は there is a sphere of action に付属する「付帯状況を表す分詞構文」で、意味上の主語は a sphere of action です。■ all は that portion にかかります。■ which affects . . . . participation は形容詞節で、portion にかかります。■ which 節の中は which affects only himself, or if it also affects others, affects others only with their free, voluntary, and undeceived consent and participation から下線部の affects others が省略されています（繰り返しを避けるための省略です）。■ or は affects only himself と affects others をつないでいて、if it also affects others は「A or 修飾要素 B」の修飾要素の位置に入っているので、必ず B (＝ affects others) にかかります。■ only with their free . . . participation は affects others にかかります。

研究　前の段落は「作為・不作為を問わず、個人が社会に対して責任を負わなければならない行動（←これは「社会が直接的な利害をもっている行動」です)」について述べています。この文の冒頭に **But** があるのは「しかし、(個人の行動は「社会に対して責任を負わなければならない行動」すなわち「社会が直接的な利害をもっている行動」に限られない。) 社会が利害をもたないか、または間接的な利害しかもたない行動領域がある」という論理展開です。英語で言うと But actions of the individual are not limited to ones for which he is amenable to society, there is a sphere of action in which society, as distinguished from the individual, has, if any, only an indirect interest; です。

▷ 前の段落の topic は以下です。

作為・不作為を問わず、個人が社会に対して責任を負わなければならない行動
＝社会が直接的な利害をもっている行動
⇒自由を制限するのが妥当な行動領域

▷ この段落の topic は以下です。

社会が利害をもたないか、または間接的な利害しかもたない行動
⇒自由を制限するのが妥当でない行動領域
⇒ the appropriate region of human liberty〔人間が自由をもつことが妥当である領域〕(1－12－03)

▷ このあと (1－12－03) に This, then, is the appropriate region of human liberty.〔さて、以上に述べた領域が、人間が自由をもつのが妥当な領域である〕という文が出てきます。**the appropriate region of human liberty の中核は「行為者にだけ影響する行為」です。**したがって、次のように書けば中核は表されます。

that portion of a person's life and conduct which affects only himself
〔行為者本人にだけ影響を及ぼす個人の生活と行動の領域〕

しかし、ミルは、他者に影響する行為であっても、他者の「自由かつ自発的で、騙されていない同意と参加」がある場合は、その行為は「人間が自由をもつことが妥当である領域」に含まれると考えています。そこで、中核 (＝行為者にだけ影響する行為) にそれを加えて、以下のように言ったのです。

(1－12－01) that portion of a person's life and conduct which affects only himself, or if it also affects others, only with their free, voluntary, and undeceived consent and participation

〔行為者本人にだけ影響を及ぼすか、あるいは、行為者以外の人にも影響する場合には、影響を受ける人の側に自由かつ自発的で、騙されていない同意と参加が必ずある、そういう個人の生活と行動の領域〕

▶ ところで、原文はこれ（＝この段落の topic ＝ that portion of a person's life and conduct which . . .）を言う前に、先に社会の観点から **there is a sphere of action in which society, as distinguished from the individual, has, if any, only an indirect interest**〔個人とは区別されたものとしての社会が、たとえ何らかの利害をもつとしても、間接的な利害しかもたない行動の領域が存在している〕と言っています。なぜわざわざ先に社会の観点から前置き的なことを言うのでしょうか？ それは、個人の行動を制約する主体は、害悪を与えられる個人（＝被害者本人）ではなく、社会だからです（この論文のテーマは（1−01−01）the nature and limits of the power which can be legitimately exercised by society over the individual〔社会が個人の上に合法的に行使できる力の性質と限界〕で、実際、前の段落でも再三 society に言及しています）。(1−12−03) の the appropriate region of human liberty〔人間が自由をもつことが妥当である領域〕とは「個人の行動に社会が介入できない領域」なのです。そこで、まず「(個人の行動に社会が介入できない領域、すなわち）社会が利害をもたないか、または間接的な利害しかもたない行動領域がある」と言い、それを行為者個人の観点から「that portion of a person's life and conduct which affects . . . のすべて」だと言い直したのです。

▶ それでは、**なぜ、ただ society と言わずに、society, as distinguished from the individual と言ったのでしょうか？** それは、ただ society と言っただけでは「社会が利害をもたないか、または間接的な利害しかもたない行動領域」という基準が機能しないからです。

ミルは「社会が介入できない個人の行動」を「社会が利害をもたないか、または間接的な利害しかもたない行動領域」という基準で切り出したいのです。ところが、現実の社会は a group of individuals〔個人の集合〕です。行為者自身が社会の構成員なのですから、「行為者の利害」は即「社会の利害（の一部）」であり、行為者にだけ影響する行為であっても、その行為は直接的に社会に影響します。そこで a sphere of action in which society has no interest, or if any, only an indirect interest〔社会が利害をもたないか、たとえ何らかの利害をもつとしても、間接的な利害しかもたない行動の領域〕など実際には存在しないと言われてしまいます。これでは「社会が利害をもたないか、または間接的な利害しかもたない行動領域」は行動を切り分ける基準として機能しません。

これを避けるためには、society の概念を個人から切り離せばよいのです。たとえば society, as a group of relations between individuals〔個人間の関係の集合としての社会〕という概念にしたらどうでしょう（社会とは、たんなる個人の集合ではなく、個人と個人の間の関係の集合である、と捉えるのです）。たとえば、強制収容所に 100 人の政治犯が収容されているとします。この 100 人は全員が独房に入れられ、口をきくことはおろか、顔を合わせることすら禁じられています。すると、この 100 人の間には relations は存在しません。この収容所は、society, as a group of individuals という概念からは社会と言えますが、society, as a group of relations between individuals という概念では社会とは言えません。さて、society の概念をこのようにすると「行為者にだけ影響する行為」は relations between individuals には影響しませんから society has no interest, or if any, only an indirect interest〔社会が利害をもたないか、たとえ何らかの利害をもつとしても、間接的な利害しかもたない〕と言えます。これが、ミルがただ society と言わずに society, as distinguished from the individual と言った理由です。

▶ それでは「① society, as distinguished from the individual は ② society, as a group of relations between individuals のことである」と考えてよいでしょうか？ そう簡単にはいかないのです。ミルはこの英文で「個人の行動の中には①が利害をもたないか、何らかの利害をもつとしても、間接的な利害しかもたない行動領域があり、そういう行動領域は『(a) 行為者にだけ影響する行為』と『(b) 他者の利害に影響するが、他者の自由かつ自発的で、騙されていない同意と参加がある行為』の 2 つを含む」と言っています。ところで、(b) はいくら他者の自由かつ自発的で、騙されていない同意と参加があるとしても、他者の利害に影響するのですから、relations between individuals〔個人間の関係〕に直接的に影響します。ですから (b) について②は直接的な利害をもつのであって、(b) を「②が間接的な利害しかもたない行動領域」に含めることはできません。したがって、① society, as distinguished from the individual を単純に② society, as a group of relations between individuals とイコールであると考えると、ミルの言っていることと整合しない点が出てくるのです。

ここでミルが念頭に置いた society の概念は、単純に society, as a group of relations between individuals ではなく、おそらく、もう少し条件をつけた複雑なものです。ですからミルは society の概念を積極的に定義する (society, as a group of relations between individuals は society の積極的な定義です) ことは避けて、消極的に society, as distinguished from the individual〔個人から区別されたものとしての社会〕という曖昧な言い方をしたのです。 society, as distinguished from the individual の中核は society, as a group of relations between individuals であると言ってよいでしょうが、完全にイコールとは言えないということです。

▶ ところで「これは言葉の遊びだ。こんな概念を作っても現実の社会はどこまでいっても個人の集合なのだから (=個人なくして社会なし)、『社会が利害をもたないか、または間接的な利害しかもたない個人行動の領域』など実際には存在しない (=すべての個人行動に社会は直接的な利害をもつ)。だから、個人から切り離した society の概念など、積極的に定義しようが消極的に定義しようが、どちらにしても、行動領域を切り分ける基準として機能しない。」と考える人が皆さんの中にいるかもしれません。これについては文法的な検討をした後で説明します。

▶ **society, as distinguished from the individual** を文法的な面から説明します。名詞がもっている (or もちうる) いろいろな aspect (=側面、様相) の一つを取り上げて、それを前置詞 as の目的語にして、as 〜を名詞にかけると「名詞 as 〜 (〜としての名詞)」となります。これは「**名詞を『〜である』と捉えた場合に、頭の中で想定される抽象的な名詞**」を表しています。別の言い方をすると、その名詞がもっている (or もちうる) いろいろな aspect の中の一つを取り上げて、その aspect だけをもった名詞を (実体ではなく) 一つの概念として想定しているのです。

たとえば次のような具合です。

Mt. Fuji, as a symbol of Japan〔日本の象徴としての富士山〕

これは、富士山を「日本の象徴である」と捉えた場合に、頭の中で想定される抽象的な富士山です。この（抽象的な）富士山は「日本の象徴」という aspect しかもっていません。現実の（具体的な）富士山は「日本の象徴」とは別の aspect も持っています。たとえば、突然大岩が崩落して登山者を死亡させることもあります（これは「危険な山」という aspect です）。西面には大沢崩れのような土砂の流出が止まらない一帯もあります（これは「絶えず地形が変化している山」という aspect です）。Mt. Fuji, as a symbol of Japan は、このような「日本の象徴」とは別の aspect は一切持っていません。したがって、Mt. Fuji, as a symbol of Japan は架空の富士山（別の言い方をすれば「概念的な富士山」）です。

geisha, as part of Japanese traditional culture〔日本の伝統文化の一部としての芸者〕

これは、芸者を「日本の伝統文化の一部である」と捉えた場合に、頭の中で想定される抽象的な芸者です。この（抽象的な）芸者は「日本の伝統文化の一部」という aspect しか持っていません。現実の（具体的な）芸者は「日本の伝統文化の一部」とは別の aspect も持っています。たとえば、お座敷がない日には髪を金髪に染めて流行のドレスを着て彼とデートするかもしれません（これは「現代っ子」という aspect です）。geisha, as part of Japanese traditional culture は、このような「日本の伝統文化の一部」とは別の aspect は一切持っていません。したがって、geisha, as part of Japanese culture は架空の芸者（別の言い方をすれば「概念的な芸者」）です。

▶ ところで前置詞の as は名詞だけでなく形容詞および形容詞相当語句（たとえば形容詞用法の分詞など）を目的語にすることができます。次のような具合です。

He was ignored as unimportant.〔彼は重要でないとして無視された〕

unimportant は形容詞で、前置詞 as の目的語になっています。

> **This will be remembered as representing the best of its kind.**〔これはその種のうちの最上のものを示しているとして記憶されるだろう〕(ロイヤル英和辞典)

representing は現在分詞形容詞用法で、前置詞 as の目的語になっています。

そこで「名詞 as ～(～としての名詞)」の～に形容詞や形容詞用法の分詞を置くこともあります。

> **the church as separate from the state**〔国家とは別なものとしての教会〕(ロイヤル英和辞典)

separate は形容詞で、前置詞 as の目的語になっています。これは、教会を「国家とは別である」と捉えた場合に、頭の中で想定される抽象的な教会です。この(抽象的な)教会は「国家とは別である」という aspect しか持っていません。現実の(具体的な)教会は「～の点で国家と密接な関係がある」とか「～の点で国家と一体である」という aspect も持っています。しかし the church as separate from the state は「国家とは別である」という aspect 以外の aspect は一切持っていません。したがって、the church as separate from the state は架空の教会(別の言い方をすれば「概念的な教会」)です。

> **geisha, as thought of as a symbol of Japan by foreigners**〔外国人によって日本の象徴と考えられているものとしての芸者〕

thought of は群動詞 think of の過去分詞形です。過去分詞形容詞用法で、as の目的語になっています。これは、芸者を「外国人によって日本の象徴と考えられている」と捉えた場合に、頭の中で想定される抽象的な芸者です。現実の(具体的な)芸者は「外国人によって日本の象徴と考えられている」という aspect とは別の aspect も持っています。しかし geisha, as thought of as a symbol of Japan by foreigners は「外国人によって日本の象徴と考えられている」という aspect 以外の aspect は一切持っていません。したがって、geisha, as thought of as a symbol of Japan by foreigners は架空の芸者（概念的な芸者）です。

▶ところで、ここに極めて紛らわしい表現があります。これを説明しましょう。**従属接続詞の as が名詞を限定する形容詞節を作ることがあります。**この場合、節内は完全な文で（as は従属接続詞ですから当然です）、被修飾語の名詞を受ける代名詞を含んでいます（←これが、この特殊な as 節の目印です）。これは「**『S+V な名詞』という aspect をもった具体的な名詞**」を表しています。この名詞は「S+V な名詞」という aspect をもっていれば、必ずしも「本当に S+V な名詞」でなくてもかまいません。たとえば次のような具合です。

Mt. Fuji, as it is seen from Tagonoura〔田子の浦から見たような富士山〕

as は従属接続詞で、節内の it は Mt. Fuji を指しています。名詞と as 節の間にはコンマを置く場合と置かない場合がありますが、どちらでも as 節が名詞を限定することに変わりはありません。これは、「『田子の浦から見られた』という aspect をもった（具体的な）富士山」です（この富士山は具体的な［実在する］山ですから、ここでは言及されていないだけで、「危険な山」とか「絶えず地形が変化している山」といった別の aspect も当然もっています）。たとえば、ゆるやかに湾曲する湾を介して、前面に展開する低山を取り込み、遮るものがなにもない雄大な富士山です。こういう富士山であれば、田子の浦以外の場所から見た富士山であっても、それは「田子の浦から見たような富士山」です。

そこで、富士山の写真を見た人が次のように言ったとします。This is Mt. Fuji, as it is seen from Tagonoura.〔これは田子の浦から見たような富士山だ〕この場合、この写真は田子の浦ではなく他の場所から写した写真でもよいのです。しかし、この人が次のように言ったとします。This is Mt. Fuji seen from Tagonoura.〔これは田子の浦から見た富士山だ〕この場合、この写真は田子の浦から写した写真でなければなりません。もう一つ例を出しましょう。

geisha, as they are found in Gion〔祇園で見られるような芸者〕

これは、「『祇園で見られる（＝祇園にいる）』という aspect をもった

（具体的な）芸者」です（geisha, as they are found in Gion ＝ such geisha as are found in Gion です）。たとえば、伝統文化継承の担い手としての高い矜持を持ち、踊りや唄、三味線などの高度な技芸と教養を兼ね備え、洗練されたもてなしをお客に提供する芸妓です。こういう芸者であれば、他の土地の芸者であっても、それは「祇園で見られるような芸者」です。

そこで、She is a geisha, as they are found in Gion, but she works in Mukoujima.〔彼女は祇園で見られるような芸者だが、向島で働いている〕と言うことができます（a geisha, as they are found in Gion が正しい表現で、a geisha, as she is found in Gion は誤りです）。それに対し、geisha who work in Gion〔祇園で働いている芸者〕はまさしく祇園で働いている芸者であって、神楽坂や赤坂の芸者は該当しません。

▶ さて、**この特殊な as 節は節内が「代名詞 be 形容詞」または「代名詞 be p.p.」のときは「代名詞 be」を省略して「as 形容詞」あるいは「as p.p.」にすることができます。**次のような具合です。

Mt. Fuji, as seen from Tagonoura
田子の浦から見たような富士山（＝ Mt. Fuji, as it is seen from Tagonoura）
geisha, as found in Gion
祇園で見られるような芸者（＝ geisha, as they are found in Gion）

すると、the church as separate from the state には次の 2 つの読み方があることになります。

the church as separate from the state
(a) **国家とは別なものとしての教会**（＝教会を「国家とは別である」と捉えた場合に、頭の中で想定される抽象的な〔架空の〕教会、「国家とは別である」という aspect しかもっていない）
as は前置詞で、as の次に it is を補えない（→概念を表している）
(b) **国家とは別である場合の教会**（＝「国家とは別である」という aspect をもった具体的な〔実在する〕教会、他の aspect ももっている）
as は従属接続詞で、as の次に it is を補える（→実体を表して

いる）

同様に geisha, as thought of as a symbol of Japan by foreigners にも次の2つの読み方があります。

geisha, as thought of as a symbol of Japan by foreigners
(a) **外国人によって日本の象徴と考えられているものとしての芸者**（＝芸者を「外国人によって日本の象徴と考えられている」と捉えた場合に、頭の中で想定される抽象的な［架空の］芸者、「外国人によって日本の象徴と考えられている」という aspect しかもっていない）
as は前置詞で、as の次に they are を補えない（→概念を表している）
(b) **外国人によって日本の象徴と考えられているような芸者**（＝「外国人によって日本の象徴と考えられている」という aspect をもった具体的な［実在する］芸者、他の aspect ももっている）
as は従属接続詞で、as の次に they are を補える（→実体を表している）

▶ (a) と (b) のどちらであるかは文脈によって決まります。

Geisha, as thought of as a symbol of Japan by foreigners, is different from geisha, as a group of women who entertain guests with Japanese traditional music and dance.
外国人によって日本の象徴と考えられているものとしての芸者は、日本の伝統的な音楽と舞踊で客人をもてなす女性の集団としての芸者とは異なる。

geisha, as a group of women who . . . の as は前置詞で、この geisha は「抽象的な芸者（＝概念的な芸者）」です。したがって、Geisha, as thought of as a symbol of Japan by foreigners も、as が前置詞で、「抽象的な芸者（＝概念的な芸者）」でなければ意味が通りません。この文は芸者の概念を比べて「異なっている」と言っているのです。

> **The presence of geisha, as thought of as a symbol of Japan by foreigners, is one of the main selling points of Kyoto.**
> 外国人によって日本の象徴と考えられているような芸者がいることは京都の主要な売りの一つである。

これを「抽象的な芸者（＝概念的な芸者）」にとると、京都には「外国人によって日本の象徴と考えられている」という aspect だけをもった抽象的・概念的な芸者がいて（というよりも、そういう芸者概念があって）、それが京都の主要な売りの一つであるということになり、意味不明です（観光客は概念にひきつけられて京都に来るのではありません）。この as は従属接続詞で、as の後に they are が省略されています。

▶ さて、これらの例からわかるように、**前置詞 as を使った表現は「具体的実在の全体から 1 つの aspect を取り出し、その aspect だけをもった抽象的な存在を想定したもの」で、中身は「概念」**であるのに対して、**従属接続詞 as を使った表現は「具体的実在の全体を 1 つの aspect から眺めたもの」で、中身は「実体」**なのです。

▶ それでは原文に戻りましょう。society, as distinguished from the individual は概念を表す場合と実体を表す場合の 2 つの可能性があります。

> **society, as distinguished from the individual**
> (a) **個人から区別されたものとしての社会**（＝社会を「個人から区別されている」と捉えた場合に、頭の中で想定される抽象的な［架空の］社会、「個人から区別されている」という aspect しかもっていない）
> as は前置詞で、as の次に it is を補えない（→概念を表している）
> (b) **個人から区別された場合の社会**（＝「個人から区別されている」という aspect をもった具体的な［実在する］社会、他の aspect ももっている）
> as は従属接続詞で、as の次に it is を補える（→実体を表している）

▶「外国人によって日本の象徴と考えられているような芸者」は「外国

人によって日本の象徴と考えられている」という aspect をもった具体的な (実在する) 芸者で、中身は生身の人間です。したがって、それ以外の aspect ももっています (たとえば、日本の象徴にはふさわしくないと外国人が考えるような行動をとることも、ときにはありえます)。

それに対して「外国人によって日本の象徴と考えられているものとしての芸者」は「外国人によって日本の象徴と考えられている」という aspect だけをもった抽象的な (架空の) 芸者で、中身は概念です。したがって、この (架空の) 芸者が、日本の象徴にはふさわしくないと外国人が考えるような行動をとることはありません。

▶ これと同じように、society, as distinguished from the individual を「個人から区別された場合の社会」と解釈すると、これは「個人から区別されている」という aspect をもっている社会ですが、あくまでも具体的な (実在する) 社会であって、中身は現実の個人の集合体です。したがって、「他者の利害に影響する行為」はもちろんのこと、「行為者にだけ影響する行為」であっても「個人から区別された場合の社会」に影響を与えます。そして、その影響は必ず間接的なものだと決めつけることはできません (直接的な影響を及ぼす場合もあるかもしれません)。これでは、ミルがわざわざ society を as distinguished from the individual で限定した意図 (=「社会が利害をもたないか、または間接的な利害しかもたない行動領域」が「個人の行動を切り分ける基準」として機能するようにするという意図) が達せられません。

▶ それに対し、society, as distinguished from the individual を「個人から区別されたものとしての社会」と解釈すると、これは具体的実在から切り離された抽象的な社会、別の言い方をすれば概念的な社会です。この概念的な社会は「個人から区別されている」という aspect しかもっていません。個人がいなければ社会は存在しないのですから**「『個人から区別されている』という aspect しかもたない社会」は現実にはありえません。それゆえ、この概念的な社会は架空の社会です。**

ところで、この架空の社会は「個人から区別されている」という aspect しかもたないのですから「行為者にだけ影響する行為」がこの架空の社会に影響を与えないのは当然です。

それでは「他者の利害に影響する行為」はどうかというと、「個人から区別されている」という aspect の中身を a group of relations between individuals〔個人間の関係の集合〕だけと考えれば、この架空の社会に直接的な影響を与えます。しかし、「個人から区別されている」という aspect に a group of relations between individuals 以外の要素（←これがどんな要素かはミルに聞いてみないとわかりません）も加えるなら、必ずこの架空の社会に直接的な影響を与えるとは言えなくなります。「他者の利害に影響する行為」であっても「他者の自由かつ自発的で、騙されていない同意と参加」がある場合には、この架空の社会に間接的な影響しか与えないとすることも可能です。これはつまり「社会が利害をもたないか、または間接的な利害しかもたない行動領域」が個人の行動を切り分ける基準として機能するということです。したがって、ミルが society を as distinguished from the individual で限定した意図に叶います。

以上のようなメカニズムによって、**原文の society, as distinguished from the individual は、as が前置詞で、distinguished が前置詞の目的語で、このフレーズは「概念的な社会」を表しているという解釈が正解**なのです（「as は従属接続詞で、as の後に it is が省略されている」という解釈は誤りです）。なお「as が従属接続詞で、as の後に it is が省略されている形容詞節」は 1−14−05 で出てきます。

▶ ところで、皆さんの中には「架空の社会（別の言い方をすれば「概念的な社会」）を持ち出して、『（架空の、概念的な）社会が利害をもたないか、または間接的な利害しかもたない行動領域が存在している』などと言っても意味がないのではないか？　現実の社会（＝ a group of individuals〔個人の集合〕）はそういう行動にも直接的な利害をもっているはずだから『（架空の、概念的な）社会』では行動を切り分けられない。」と思う人がいるかもしれません。この疑問について考えてみましょう。

「ご両親を悲しませるような行動はお控えなさい」は行動の可否を判断する基準として機能します。ところで、すでに両親が亡くなっている人は両親を悲しませる行動はできません。どんな行動をしても、両親が悲しむことはありえないからです。それでは「ご両親を悲しませるような行動はお控えなさい」は、両親が亡くなっている人に対しては、行動を切り分ける基準として機能しないでしょうか？　そんなことはありません。「仮に両親が生きていたら」と仮定して「その架空の両親が悲しむかどうか」で行動を切り分けることができます。

これと同じで、society, as distinguished from the individual は現実には存在しない「架空の、概念的な社会」です。しかし、「仮にそういう架空の社会が存在するとしたら、利害をもつかもたないか、もつとして、直接的か間接的か」という判断をすることができます。ですから 「架空の、概念的な社会」であっても個人の行動領域を切り分ける物差し（＝基準）として機能するのです。「架空の、概念的な社会」は基準に必要な要素だけを備えた社会です。ですから、むしろ「架空の、概念的な社会」であるからこそ、物差しとして有効に機能するのです。

この基準によって切り出された「社会が間接的な利害しかもたない行動」は、厳密には（＝実際には）「社会が直接的な利害をもつ行動」かもしれません。しかし、それで構わないのです（ちょうど「ご両親を悲しませるような行動」によって切り出された行動が、実際には両親が亡くなっていて両親を悲しませることがなくても構わないのと同じです）。くどいですが、**ミルは「現実の社会が直接的な利害をもつ行動領域」を「架空の社会」を物差しにして「（架空の）社会が直接的な利害をもつ行動領域」と「（架空の）社会が間接的な利害しかもたない行動領域」に二分し、後者を「自由を制限するのが妥当でない行動領域」に指定しようとしたのです**。大袈裟な言い方かもしれませんが、ミルはここで、後年 Max Weber が用いた Idealtypus〔理念型〕に近い考え方をしているのです。あるいは自然科学の領域で言えばノックアウトマウス（遺伝子組み換え技術によって人工的に作られた標的遺伝子破壊マウス）を使って抗ガン剤の有効・無効を判定するのに似ています。

▷ **comprehending** は付帯状況を表す分詞構文で、意味上の主語は a sphere of action です。S comprehend . . . は「S は…を含んでいる」という意味です。これは「S には…以外のものも含まれている」ことを示唆します。したがって comprehending all that portion of a person's life and conduct which . . .〔その領域は、個人の生活や行動の…なすべての部分を含んでいる〕という表現は a sphere of action in which . . . には all that portion of . . . 以外のものも含まれていることを示唆します。しかし、ミルは all that portion of . . . が a sphere of action in which . . . のすべてであると考えているはずなので、ここで comprehend〔～を含む〕という語を使うのは不適切です。ここは comprise〔〜から構成される〕を使って comprising all that portion of a person's life and conduct which . . .〔その領域は、個人の生活や行動の…なすべての部分から構成されている〕と書くべきところです。

ちなみに comprise は次の 3 つで用いられます。

(a) 全体 comprise 部分.〔全体が部分を含んでいる〕 (b) 全体 comprise 部分.〔全体が部分から構成されている〕 (c) 部分 comprise 全体.〔部分が全体を構成している〕

(a) の comprise = comprehend で、(b) の comprise = consist of です。

▷ **that** は後ろの which affects . . . を指しています (いわゆる先行詞を明示する印です)。

▷ **or if it also affects others, only with their free, voluntary, and undeceived consent and participation** = or if it also affects others, affects others only with their free, voluntary, and undeceived consent and participation〔あるいは、他者にも影響するとしたら、自由かつ自発的で、騙されていない同意と参加を通してだけ影響する〕です。

▷ **free** と **voluntary** と **undeceived** は「ミルが想定する consent と participation」に違う角度から光を当てているだけです (free consent and participation と voluntary consent and participation と undeceived consent and participation という 3 種類の異なる consent and participation があるわけではありません)。たとえば、町内会のお祭りにプロのロックバンドを呼びたいという希望が青年団から出て、回覧状を回して住民の賛否を問うことになったとします。賛成多数なら希望は実現します。そこで、青年団は演奏の時間帯、予想される音量、ロックバンドに払う出演料などを正確に記載した文書を作って、回覧します。これに承認の署名をする (これが consent です) 人は、他者から圧力を加えられて署名するわけではありません (この側面が free です)。さらに、何のことかよくわからず署名するのではなく、この企画の内容を承知した上で署名します (この側面が voluntary です)。そして、正確な情報に基づいて署名します (この側面が undeceived です)。

▷ **consent** と **participation** が **and** で結ばれています。ということは、

同意と参加の両方が必要なのでしょうか？ 同意するだけで、参加しない場合は、others（＝行為の影響を受ける人）の自発性・積極性が足りないとされて、行為者にだけ影響が及ぶ行為とは別の扱いを受ける（＝他人に影響が及ぶ普通の行為として規制の対象になる）のでしょうか？ そうではありません。ここは「同意だけして参加しない場合」と「同意して参加もした場合」のどちらでもよい（＝どちらでも、行為者にだけ影響が及ぶ行為と同じ扱いを受ける）のです。しかし、それなら consent or participation と書くべきではないか？ という疑問が生じます。たしかに、ここは or でもよいのです。しかし、or にすると、今度は「同意か参加のどちらか」というニュアンスが生じてしまい「（同意しないで）参加だけした場合」も含むように読み取れてしまいます。つまり、and にすると「同意と参加の両方ある場合に限るのか？」という問題が生じ、or にすると「同意なしで参加した場合を含むのか？」という問題が生じるのです。そこで、A and B は必ず both A and B の意味を表すわけではありませんから、ミルは or よりも and の方を選んだということです。

しかしながら、個人とは区別されたものとしての社会が、たとえ何らかの利害関係をもつとしても、単に間接的な利害関係しかもたない活動の領域が存在している。その中には、個人自身のみに影響を及ぼす個人生活と行動、或いは、たとえそれが他人にも影響するとしても、その人々が自由に自発的にまた欺かれずに、それに同意し参加しているような、そういう個人の生活や行動の全部が含まれている（岩波旧訳）
しかし、個人とは区別されるものとしての社会が、利害を持つとしても間接的な利害でしかないような行為の領域が存在する（岩波新訳）
さて、個人とは別個の存在として社会をとらえたとき、社会が個人にたいして、せいぜいのところ間接的にしか関与できない活動の領域がある（古典新訳）
だが、個人とは切り離したものとして社会を考えたとき、社会の利害にはせいぜいのところ間接にしか関係しない分野の行動がある（日経 BP）
しかし、個人とは区別されたものとしての社会が、たとえもつとしても間接的な利害しかもっていない行動の領域がある。すなわち、その領域は、人間の生活と行為のうちで、彼自身にだけ関係するか、あるいは他人に関係するとしても、他人が自由に自発的にまただまされずに同意し参加しているような部分のすべてから成っている（名著）
然し社會が、個人とは異って、少々ではあっても間接の利害關係をのみ有する一行動領域がある（高橋）

(1－12－02) When I say only himself, I mean directly, and in the first instance: for whatever affects himself, may affect others through himself; and **the objection which may be grounded on this contingency,** will receive consideration in the sequel.

訳　彼自身にのみ影響を及ぼすと私が言うとき、それは、直接的に、誰よりも先に彼自身に影響を及ぼすという意味である。なぜなら、およそ彼自身に影響することは、どんなことでも、彼自身を通して他の人々にも影響する可能性があるからである。**この偶然性を根拠とする（はたしてこれを「根拠」と呼べるか疑問だが）反対は、**後に考察が加えられるであろう。

構文　only himself は say の目的語です。directly, and in the first instance は、mean を修飾する副詞ではなく、mean の目的語です。only himself と directly, and in the first instance は、using a word（語を使っている）のではなく、mentioning a word（語に言及している）のです。たとえば Lions eat antelopes.〔ライオンはアンテロープを食べる〕の Lions は using a word で、"Lions" has five letters.〔lions は５つの文字で構成されている〕は mentioning a word です。mentioning a word の場合は quotation marks でくくるのが厳密なやり方です。ですから原文は When I say "only himself," I mean "directly, and in the first instance" とするのが厳密な書き方です。しかし、mentioning a word であることがはっきりわかるときは、原文のように quotation marks でくくらないこともごく普通に行われます。■ for〔なぜなら〕は等位接続詞です。■ whatever affects himself は名詞節で、may affect の主語です。■ the objection は will receive の主語です。will receive の前にコンマがあります。主語に形容詞節がついているとき、形容詞節の終わり（＝述語動詞の直前）にコンマを置くのは今でも珍しくありません。ミルはよくこの書き方をします。

研究　**only himself** は前文の which affects only himself の only himself という表現を指しています。ミルが言う **affects only himself** はまっ

たく他者に影響が及ばないということではありません。直接的に (directly) かつ、まず第一に (in the first instance) 彼自身に影響するなら、たとえ他者に影響が及んでも、それは「彼自身にだけ影響する (affects only himself)」なのです。

▷ **directly**〔直接的に〕は「行為自体が (影響を与える)」という意味です。行為自体が誰かに影響を与え、その影響がその人を通して他の人に及ぶのは indirectly です。

▷ **in the first instance**〔まず第一に〕は「誰よりも先に」という意味です。「directly かつ in the first instance で行為者に影響すること (＝行為自体が誰よりも先に行為者に影響すること)」が、ミルの定義によれば、affects only himself なのです。

affects only himself は行為の影響が他者に及ばないということではありません。行為の影響が他者に及んでも、行為自体がまず行為者に影響していれば (＝ affects himself directly かつ affects himself in the first instance であれば) それは (ミルの定義によれば) affects only himself なのです。

▷ **whatever affects himself, may affect others through himself** は「行為者に影響することはどんなことでも、行為者を通して、他者にも影響するかもしれない」という意味です。affect others through himself に may がついています。これは「行為者自身に影響が及ぶ行為は必ず行為者を通じて他者に影響が及ぶ」というわけではないからです。他者に影響しないこともあります。たとえば、一人で酒を飲んで酔っ払う行為は、無人島で行う限りは誰にも影響しません。しかし、その後車を運転するのであれば、他人に重大な影響を及ぼす可能性があります。

▶ **the objection**〔反対〕は this contingency〔この偶然性〕を根拠にしています (←原文は may be grounded on . . .〔…に基づくかもしれない〕と言っているので、「根拠にしています」と言い切ることに疑問を感じる人がいると思いますが、これについては後で詳しく説明します)。this contingency の内容は whatever affects himself, may affect others through himself〔行為者に影響することはどんなことでも、行為者を通して、他者にも影響するかもしれない〕ということです。したがって、それに基づく the objection〔反対〕の内容は「人の行動はどんな部分も、行為者を通して、他者に影響を及ぼす可能性がある。だから、すべての行動が規制の対象とされるべきだ。」というものです。

▶ 先ほど説明したように **affect others through himself** に **may** をつけて「行為者自身を通じて、他者に影響を及ぼすかもしれない」と言ったのは、「行為者自身に影響が及ぶ行為が、行為者を通じて、他者に影響が及ぶかどうか」は一概に言えないからです。影響が行為者自身に留まることもあれば、他者に及ぶこともあります。ただ、この違いは行為自体の性質から生じるのではなく、外的条件によって生じるものです。たとえば、先ほどの飲酒の例で言えば「他者にも影響が及ぶかどうか」は「一人で酒を飲んで酔っ払う行為」自体とは無関係です。外的条件が「無人島」であれば他者には影響が及びませんし、外的条件が「飲酒運転」であれば他者に影響が及ぶ可能性があります。行為自体とは関係ないのですから、他者に影響が及ぶことは、その行為にとっては contingency〔偶然の条件に左右されること＝偶然性〕です。そこで、whatever affects himself, may affect others through himself を **this contingency**〔この偶然性〕と表現したのです。

▶ さて、ミルはこの「反対」を the objection which is grounded on this contingency〔この偶然性に基づく反対〕と言わず、**the objection which may be grounded on this contingency**〔この偶然性に基づくかもしれない反対〕と言っています。なぜここに **may** を使ったのでしょうか？「この偶然性に基づくかもしれない」というのは「この偶然性に基づかない」可能性もあるということです。ミルはこの「反対」は **will receive consideration in the sequel**〔後で考察が加えられるであろう〕と予告しています。ところが、その個所（＝第 4 章第 8 節以下）を見ると、考察が加えられているのは、まさしく this contingency を根拠にした「反対」（内容は「すべての行動が規制の対象とされるべきだ」）であって、これ以外の「反対」は出てきません。

　そもそも「この偶然性に基づかない反対」とはどういう内容なのでしょうか？ もし「すべての行動が規制の対象とされるべきだ」という内容自体は同じだとしたら、それを支える「別の根拠（＝『行為者に影響することはどんなことでも、行為者を通して、他者にも影響するかもしれないのだから』とは違う根拠）」とはいったいどんな根拠なのでしょうか？

このように考えてみると、ここでミルが考えている「反対」は「この偶然性に基づく反対」であり、「その他の根拠に基づく反対」はミルの念頭にはなく、実際にも、そのような「反対」は存在しないのです。したがって、**ここは the objection which is grounded on this contingency〔この偶然性に基づく反対〕と書くべきなのです。ところが、ミルは may be grounded〔基づくかもしれない〕と言っています。これはどう考えたらよいのでしょうか？**

▶ ここでちょっと脱線すると、この may のような問題は、知らない人にとっては難問に感じられます。仮に may に「かもしれない」とは違う意味があって（たとえば許可とか）、ここはその意味なのだ、というのなら、難問ではありません。辞書を丹念に調べて、may の意味を片端から原文に当てはめていけば、やがては正解にたどりつくでしょう。しかし、ここは違うのです。ここの may は「かもしれない」で正しいのです。原文は「この偶然性に基づくかもしれない反対」という和訳で正しいのです（決して上手な和訳ではありませんが）。問題は、**「この和訳がここで表している事柄」が、「この和訳から私たちが直観的に想像する事柄」とは違う**という点にあるのです（「解説」の冒頭に引用したアメリカの著名な推理小説作家にして奇術師 Clayton Rawson の言葉を思い出してください）。自分が直観的に想像した事柄では文脈に適合しない（あるいは論理的に整合しない）ということに気がついても、どこを追究すればいいかわからない（＝**この和訳には別の事柄がありえるのだということに思い至らない**）のです。ですから難しいのです。『序説』の「はじめに」で『誤解を招く携帯メール』と題する 12 歳の女子中学生の投書を紹介しました。この投書の「何で来るの？」と同じようなことが、この文の may be grounded〔基づくかもしれない〕にも起こっているのです。この後の解説をお読みになって「may についてこういうことがあるのだ」ということを知れば「なあんだ！」という問題ですが、知らないといつまでも釈然としないままになります。

▶ may 〜〔〜かもしれない〕という表現を使う場合「話者は〜について確信をもっていない」、あるいは「話者は〜について疑念を抱いている」、あるいは「主語は〜ではない可能性がある」のです。それはそうなのですが、だからと言って、話者は〜（＝ may の後に続く部分）のすべてに

「確信がない、疑念を抱いている」とは限りません。あるいは、主語は～のすべてに「そうでない可能性がある」とは限りません。～の「ある部分」については確信があり（確信がある理由は「すでに確定しているから」とか「他に考えられないから」とか、いろいろありえます）、～の一部について確信がない、あるいは疑念を抱いている場合があります。あるいは、～の「ある部分」については確定していて、～の一部についてそうでない可能性がある場合があります。この場合には、may は意味的には「～の中の確信がない」部分、あるいは「疑念を抱いている」部分、あるいは「そうでない可能性がある」部分に付いているのです。これは「前提と焦点」の問題が「may の射程」の問題として現れていると捉えることができます（「前提と焦点」については『真実』Chapter 9 参照、助動詞の射程については 1−11−11 の 研究 p.140 参照）。確信がある部分、あるいは確定している部分が「前提」で、確信がない部分、あるいは疑念を抱いている部分、あるいはそうでない可能性がある部分が「焦点」なのです。

たとえば、He may be moving to London next year. で考えてみましょう。彼がロンドンに引っ越すことが確定していて（= be moving to London が前提で）、その時期について確信がない（= next year が焦点である）とすると、この文は「彼はロンドンに引っ越すが、それは来年かもしれない」という意味になります。彼が来年引っ越すことが確定していて（= be moving next year が前提で）、その引っ越し先について確信がない（= to London が焦点である）とすると、この文は「彼は来年引っ越すが、引っ越し先はロンドンかもしれない」という意味になります。彼が来年ロンドンに行くことが確定していて（= to London next year が前提で）、それが引っ越しであるということについて確信がない（もしかすると一時滞在かもしれません）（= be moving が焦点である）とすると、この文は「彼は来年ロンドンに行くが、それは引っ越すのかもしれない」という意味になります。「彼は来年ロンドンに引っ越すかもしれない」（英語では He may be moving to London next year.）と言うときに、「来年」（英語では next year の部分）をことさらに強く発音してみてください。最初の意味に聞こえます。「ロンドン」（英語では London の部分）をことさらに強く発音してみてください。2 番目の意味に聞こえます。「引っ越す」(英語では moving の部分) をことさらに強く発音してみてください。3 番目の意味に聞こえます。ところが、書いてある文を読むときは、音声という情報がありません。そのために「彼は来年ロンドンに引っ越すかもしれない」という文を読むと、「かもしれない」は「来年ロンドンに引っ越す」の全部についている (つまり、話者は「来年」と「ロンドン」と「引っ越す」のすべてに確信がない) ように直観的に受け取ってしまうのです (もちろん、前後の文脈から、どこに焦点があるかわかれば別です)。

▶ それでは **the objection which may be grounded on this contingency**〔この偶然性に基づくかもしれない反対〕に戻りましょう。私たちはこの英語 (というよりも、この和訳) を読んで「反対は、この偶然性に基づかない可能性もある (＝他の根拠に基づく可能性もある) のだな」と直感的に思います。この解釈は be grounded on を前提として (＝be grounded on〔何かに基づいている〕は確定していて)、this contingency に焦点を当てています (＝「根拠が this contingency〔この偶然性〕ではない可能性がある」としています)。無意識にそうしているのです。しかしこの解釈は「objection に the がついていること」と整合しません。

objection に the がついているのは、ミルが「the objection which may be grounded on this contingency と言えば、読者はどんな反対かわかる」と思っているからです。もし前に一度 objection が出ているなら「さきほど話題にした、この偶然性に基づくこともあれば基づかないこともある、あの反対」という意味で、objection に the がついていてもおかしくありません。あるいは一度も objection が出ていなくても、the objection と言われれば普通何のことかわかる場合には「この偶然性に基づくこともあれば基づかないこともある、あの (読者の皆さんもご存じの) 例の反対」という意味で、objection に the がついていてもおかしくありません。

しかし、原文はここで初めて objection が出てきて、しかも the objection と言われれば「ああ、あれか！」とわかるような状況ではありません。それなのに objection に the がついています。これはミルが「読者は the objection which may be grounded on this contingency を読んだだけで、どんな反対かわかるはずだ」と思っているからです。しかし「この偶然性に基づくかもしれない反対 (＝根拠がこの偶然性ではない可能性もある反対）」では、反対の内容を推測する唯一の手がかりである「根拠」が定まらないのですから、どんな反対かわかりません。ですから、objection には当然 an がつくのであって、the がつくはずはないのです。したがって、「根拠が『この偶然性』でない可能性があるので may をつけたのだ」という解釈と「objection に the がついていること」は整合しないのです。

それでは、どういう解釈なら「may」と「the」が整合するのでしょうか？ それは「反対の根拠が『この偶然性』であることは確定しているのだが、ミルは be grounded について確信がない（ので may をつけた）のだ」と解釈すればよいのです（意識的にそう解釈するのです）。この解釈は this contingency を前提として、be grounded に焦点を当てています（意識的に前提と焦点を入れ替えているのです）。すると、この英語は「**this contingency が根拠であることは確かだが、be grounded については（私には）そうかもしれない（としか言えない）反対**」という意味になります。これがどういうことかわかれば、正解に到達するのです。

▶ 別の例で説明しましょう。息子が結婚したいと言って連れてきた女性が丙午（ひのえうま）の年に生まれた女性であることを理由に、この結婚に猛反対している両親がいるとします（丙午の年は 60 年に一度巡ってくるのですが、この年に生まれた女性は気性が激しく、結婚した夫は早死にするという迷信があるのです）。両親のこの反対を the objection which is grounded on the fact that she was born in the Hinoe-Uma year, that is, the forty-third year in the sexagesimal system for counting years〔彼女が丙午の年に生まれたという事実に基づく反対〕というように表現しても、もちろん、間違いではありません。しかし、この表現は is grounded［（…に）基づいている］と言い切っているために、聞き手に対して「話者はこの事実が反対の根拠として成立することを認めている」かのような印象を与えるのです。そこで、これを嫌う（＝「自分はこの事実が結婚反対の根拠になるかどうか疑問に思っている。いや、むしろ根拠にはなりえないと思う」ということを聞き手に伝えたい）話者は the objection which may be grounded on the fact that she was born in the Hinoe-Uma year, that is, the forty-third year in the sexagesimal system for counting years と言うのです。これは「彼女が丙午の年に生まれたという事実（が理由であることは確かだが、このような不合理な理由を指して）に基づく（と呼べるかどうかについては、私には確信がない。しいて言うなら、そう呼べる）かもしれない反対」という意味です。この英語を「彼女が丙午の年に生まれたという事実に基づくかもしれない（し、また別の事情に基づくのかもしれない）反対」というように読むと文脈（＝両親が丙午を理由に猛反対しているという状況）に適合しなくなるのです。

▶ これが原文に起こっていることです。ミルは「この偶然性」は反対の根拠にはなりえないと思っているのです。ところが the objection which is grounded on this contingency と書くと、「ミルは this contingency が反対の根拠になっていることを認めているのみならず、根拠になりうることも認めている」という印象を読者に与えます。そこで「自分は（this contingency について）is grounded on と言えるかどうか疑問に思っている（＝**自分は this contingency を is grounded on という表現を使えるようなまともな根拠だとは思わない**）」ということを読者に伝えるために意識的に the objection which may be grounded on this contingency と書いたのです。これは「この偶然性が理由であることは確かだが、このような理由を指して『に基づく』と呼べるかどうかについては、私には確信がない。しいて言うなら、そう呼べるかもしれない反対」という意味なのです。

くどいですが、ミルは事柄（＝反対が this contingency に基づいていること）自体は認めているのです。ただ、その事柄を表現するのに be grounded という語を使えるかどうかに疑問を呈しているのです。もしここをいわゆる scare quotes〔皮肉の引用符（1－11－01 の 研究 p.94 参照）〕を使って the objection which is ‘grounded’ on this contingency と書くと、原文（＝ may be grounded）と同じ意味も表せますが、むしろ事柄（＝反対が this contingency に基づいていること）自体に疑問を呈したように受け取られる可能性が高くなります。「この反対は this contingency に基づくと考えられているが、私は基づいていないと思う」と言っているように聞こえるのです（scare quotes は文脈によってさまざまなニュアンスで使われます）。

▶ それでは、なぜミルは「この偶然性」を「根拠」の名に値しないと思ったのでしょうか？ これについては原文には何の手がかりもありません。あえて想像すると、「whatever affects himself, may affect others through himself は、affects others にしても through himself にしてもまったく無限定なので、無人島ででも暮らしていない限り、どんな行為でも他者に影響が及ぶと解釈することができ、これを根拠にして行為を規制対象にすると、規制がバッティングする（＝正反対の規制が併存する）可能性がある。したがって、これは根拠とは呼べない（＝根拠にはなりえない）」ということかもしれません。

具体的に説明しましょう。たとえば女性がヒジャブ（イスラム教徒の女性が頭に被るベール）を着用していた場合、それを見たヨーロッパ人は、多くの人が不快に感じます（特に黒いヒジャブの場合）。これはヒジャブを被る行為が、被っている女性を通じて、他者に（心理的）害を与えているのです。そこで、これを根拠にして女性のヒジャブ着用を禁じる規制を行うことができます。すると、女性はヒジャブを着用しません。ところが、ヒジャブを着用しない女性を見たアラブ人は、多くの人が不快に感じます。これはヒジャブを被らない行為が、被らないでいる女性を通じて、他者に（心理的）害を与えているのです。そこで、これを根拠にして女性にヒジャブ着用を強制する規制を行うことができます。かくして、正反対の規制が併存することになり、規制にバッティングが生じます。ですから、これは行為を規制する根拠にはなりえない（＝根拠として有効に機能しない）のです。

このカラクリが見通せる人は、このような単なる偶然的事情（周囲の人がたまたまヨーロッパ人だったので有害になったこと）が「反対（ヒジャブ着用の自由に反対すること）」の根拠になるとはとても思えない（周囲の人がたまたまアラブ人なら、ヒジャブ着用の自由が認められるのですから）ので、is grounded on this contingency と言う気にはなれません。もしかするとミルはこのようなことを考えて may be grounded on this contingency と言ったのかもしれません。

> 彼自身のみに〔影響を及ぼす〕、と私がいうとき、私はそれが直接に、且つ第一審において〔問題の最初において〕ということを意味する。…この起こるかも知れない偶発事を根拠とするかもしれない反対は、後にお

いて考察が加えられるであろう（岩波旧訳）

本人にしか影響しない、ということで私が言いたいのは、直接的に、かつ最初の段階において、ということである。…こうした付随的に起こる物事を根拠とした反対論については、後に考察することにしよう（岩波新訳）

自分にしか影響を与えない、というのは、自分がまず最初に直接的に影響をこうむることを意味するにすぎない。…しかし、このような、あるかもしれない偶発事を根拠にした反論については、もっと後で考察することにしよう（古典新訳）

ここで本人にしか影響を与えないとは、直接に直《じか》に影響を与えることがないという意味である。…このような間接的で付随的な影響を根拠とする反論については、第 4 章で扱う（日経 BP）

私が、彼自身をのみといふとき、それは直接にといふこと及び先づ第一にといふことである。…この或は起り得ぺき事の上に樹てられるかも知れない反対論は、後章に於て考察を加へられるであらう（高橋）

(1－12－03) This, then, is the appropriate region of human liberty.

訳　さて、以上に述べた領域が、人間が自由をもつのが妥当な領域である。

研究　**This** は 1−12−01 の that portion of a person's life and conduct which affects only himself, or if it also affects others, only with their free, voluntary, and undeceived consent and participation〔行為者本人にだけ影響を及ぼすか、あるいは、行為者以外の人にも影響する場合には、影響を受ける人の側に自由かつ自発的で、騙されていない同意と参加が必ずある、そういう個人の生活と行動の領域〕です（ただし「行為者本人にだけ影響を及ぼす」は 1−12−02 で条件が緩和されています）。

▷ **then** は「そこで / かくして」という意味です。ミルは 1−12−01、02 で「社会が間接的な利害しかもたない行動領域」別の言い方をすれば「自由を制限しないのが妥当な行動領域」を説明しました。1−12−01 では「行為者にだけ影響する」行為のみならず、「行為者以外の人にも影響を与える行為」も、行為者以外の人の自由かつ自発的で、騙されていない同意と参加があるなら、「自由を制限しないのが妥当な行動領域」に含まれるとしました。1−12−02 では affects only himself〔行為者にだけ影響する〕というのは「行為者以外の人には一切影響しない」ということではなく、行為者本人への影響が directly〔直接的〕かつ in the first instance〔第一次的〕であれば、行為者以外の人に影響が及んでも、その行為は「行為者にだけ影響する行為」なのだと言って、「行為者にだけ影響する」の条件を緩和しました。さらに「この条件緩和に基づく反論が予想されるが、それには後で答える」と言って反論にも配慮しています。このように前 2 文で周到な条件設定をすることによって「自由を制限しないのが妥当な行動領域」の一般的・抽象的な定義づけが完了しました。それでミルは **then**〔そこで / かくして（これが人間の自由の妥当な領域である）〕と言ったのです。

▷ appropriate は suitable〔適切な、妥当な〕という意味です。**the appropriate region of human liberty**〔人間の自由の妥当な領域〕は the region in which it is appropriate for human beings to have liberty〔人間が自由をもつことが妥当である領域〕です。

▷ ミルは「人間の自由の妥当な領域」を、この後の文で、first（1−12−04、05）、Secondly（1−12−06）、Thirdly（1−12−07）と 3 つに分けて具体的に説明します。

first は「内面の自由」すなわち「思考・感情の自由」です。これを「意識の自由」「良心の自由」「思想・感情の自由」「意見・情緒の自由」といろいろに言い換えています。さらに、これに加えて「言論・出版の自由」を挙げます。これは分類としては Secondly の方に入りますが、「内面の自由」と不可分なので、セットにして論じています。

Secondly は「外面の自由」すなわち「行動の自由」です。これを「嗜好と活動の自由」として論じています。

Thirdly は「団結の自由」です。この自由は、領域としては、Secondly の「行動の自由」に属しますが、個人が単独では行えないという点で「嗜好と活動の自由」とは異なるので、別個に扱っているのです。

(1−12−04) It comprises, first, the inward domain of consciousness; demanding liberty of conscience, in the most comprehensive sense; liberty of thought and feeling; absolute freedom of opinion and sentiment on all subjects, practical or speculative, scientific, moral, or theological.

訳　第一に、それは意識という内面的領域を含んでいる。それは、最も包括的な意味における良心の自由、すなわち思想および感情の自由、言い換えれば、実際的、思弁的を問わず、科学的、道徳的、神学的なすべての問題について意見と感情を抱く絶対的な自由である。

研究　**It** = the appropriate region of human liberty〔人間の自由の妥当な領域〕です。It comprises A.〔それはAを包含する〕をIt demands B; C; D.〔それはB; C; Dを必要とする〕で言い換えています（compriseの用法については1−12−01の**研究** p. 165参照）。この文は、後者を分詞構文にして、前者につないでいます（demandingの意味上の主語は、the inward domainではなく、Itです）。A（= the inward domain of consciousness）では内容がはっきりしないので、B; C; Dで言い換えたのです。B; C; Dはすべて同じものを指しています。「BすなわちC、別の言い方をすればD」という関係です。A→B→C→Dと後に行くにしたがって、より明確で具体的になっていきます。ここで4つに言い換えられているのは、一言で言えば、「人間の内面の自由」すなわち「思考をめぐらし、感情を抱く自由」です。

▷ **the inward domain of consciousness**〔意識という内面の領域〕のofは「同格のof」です。

▷ **liberty of conscience**〔良心の自由〕は「心の中で自分の良心を保持する（＝捨てない）自由」です。これに**in the most comprehensive sense**〔最も包括的な意味における〕がついているのは、良心の自由の一部を制限する（＝良心を捨てさせる）考えがあるからです。それはおそらく宗教的な面だと思われます。具体的には、無神論者を陪審員にさせなかったり、無神論者の証言に証拠価値を認めない、といったことが第2章の注に挙げられています。国教会の信者でなければ公職につけない旨を規定したTest Acts〔審査法〕（1673年制定）が廃止されたのは1828年（カトリック教徒の権利が回復されたのは翌年の1829年）で、『自由論』が出版される31年前のことです。それまでは、カトリック教徒やNonconformist〔非国教徒：国教会の信者以外のプロテスタント信者〕が公職につくためには、良心を捨てて（＝良心に背いて）、国教徒であることを表明しなければなりませんでした。liberty of conscience in the most comprehensive sense はこのような制限を受けない「良心の自由」を指しています。

▷ **conscience in the most comprehensive sense** を **thought and feeling** で言い換え、それをさらに **opinion and sentiment** で言い換えています。「thought ＝ opinion」「feeling ＝ sentiment」と考えて差し支えありません。

▷ **practical or speculative**〔実際的あるいは思弁的な〕と **scientific, moral or theological**〔科学的、道徳的、あるいは神学的な〕はそれぞれ別個に **subjects** にかかります。したがって「実際的な科学的問題」「思弁的な科学的問題」「実際的な道徳的問題」「思弁的な道徳的問題」「実際的な神学的問題」「思弁的な神学的問題」の 6 種の問題があり「これらすべての問題について意見と感情の絶対的な自由を包含する」と言っています。ただしミルは「この 6 つで重要な問題はカバーしている」と考えたのであって、これですべてだと思っていたわけではないでしょう。たとえば、scientific, moral or theological と並んで aesthetic〔審美的な〕も挙げられると思います。

▷ **liberty** と **freedom** は、freedom の方が liberty より具体的な意味で使われる傾向があります。この文では最後の opinion and sentiment on all subjects, . . . が前 2 つに比べて具体的なので freedom が使われています。

(1－12－05) The liberty of expressing and publishing opinions may seem to fall under a different principle, since it belongs to that part of the conduct of an individual which concerns other people; but, being almost of as much importance as the liberty of thought itself, and resting in great part on the same reasons, is practically inseparable from it.

訳　意見を発表し出版する自由は、個人の行為のうち他人に関係する部分に属しているために、異なる原理の下にあるように見えるかも知れない。しかし、この自由は、思想そのものの自由とほとんど同じくらいの重要性をもつものであり、またこの自由を支える根拠は大部分が思想そのものの自由を支える根拠と同じであるから、実際上は思想の自由と分離することができない。

構文　この文の骨格は The liberty . . . may seem . . . ; but . . . is . . . です。but は may seem と is をつないでいます（is の主語は The liberty です）。■ that part of the conduct の that は後の which 節を指しています。いわゆる「先行詞を明示する that」です。part が which の先行詞です。■ being と resting は分詞構文です。この 2 つの分詞構文は「A but 修飾要素 B」の修飾要素の位置に入っていますから B（= is practically inseparable from it）にかかります。

研究　「言論・出版の自由は、前文で述べた『思想の自由』とは異なる原理に属するように見えるかもしれない」と言っています。それでは「思想の自由」が属する原理とは何でしょうか。それはこのパラグラフの第 1 文（1−12−01）で述べられた「行為者本人にだけ影響を及ぼすか、あるいは、行為者以外の人にも影響する場合には、影響を受ける人の側に自由かつ自発的で、騙されていない同意と参加が必ずある、そういう個人の生活と行動の領域においては自由を制限すべきでない」という原理です。言論・出版は他人に影響を与え、しかも影響を受ける人の側に自由かつ自発的で、騙されていない同意と参加があるとは限りません。ですから「言論・出版の自由」はこの原理から外れているように見えるのです。

しかし、ミルは、一見そう見えるが、実は同じ原理に属すると考えています。それは、「言論・出版の自由」を支える根拠は大部分が「思想の自由」を支える根拠と同一（= the same reasons）だからです。the same reasons（←複数形です）の一つは「社会の多数派の考えが真理であるとは限らない（＝多数派が間違っているかもしれない）」という理由です。これは、せんじ詰めれば 1−07−05 の the fallibility of what is called the moral sense〔いわゆる道徳的判断力の可謬性〕に行きつきます（ここで言う「道徳的判断」は一般的に「～すべきである / ～すべきでない」という判断であって、倫理的な判断に限定されないことに注意してください）。「道徳的判断力は過ちを犯しうる→だから多数派の道徳的判断が間違っているかもしれない→その場合は少数派の道徳的判断が正しいことになる→この可能性がある以上、少数派が独自の道徳的判断をする自由を認めるべきだ→したがって『思想の自由』と『言論・出版の自由』が保障されなければならない」という論理です。道徳的判断力が可謬である以上、真理に到達するためには、多数派・少数派を問わず、各人が自由に考え、それを他人に聞かせて、他人から批判を仰ぐことが必要です。そのためには「思想の自由」だけでなく「意見を発表し、出版する自由」もなければならないのです。

the same reasons のもう一つはおそらく「自分に合った生活は人それぞれ違うのであり、それを見つけるためには各人が自由に考え、それを他人に聞かせて、他人から批判を仰ぐことが必要である」という根拠です。そのためには「思想の自由」だけでなく「意見を発表し出版する自由」もなければならないのです。

かくして「言論・出版の自由」は「思想の自由」と同じ根拠に基づいていて、かつ、ほとんど同程度の重要性をもっており、実際上は「思想の自由」と分離することができません。そこで「言論・出版の自由」は、厳密には only with their free, voluntary, and undeceived consent and participation〔影響を受ける人の側に自由かつ自発的で、騙されていない同意と参加が必ずある〕という条件を満たしていませんが、「行為者本人にだけ影響を及ぼすか、あるいは、行為者以外の人にも影響する場合には、影響を受ける人の側に自由かつ自発的で、騙されていない同意と参加が必ずある、そういう個人の生活と行動の領域においては自由を制限すべきでない」という、「思想の自由」（が属しているの）と同一の原理に属しているのです（←このミルの考えが正しいか、あるいは現実に機能するか、については現在に至るまでいろいろな議論がなされています。しかし、それはそれとして、ミルはこのように考えて、この文を書いたのです）。

▷ **fall under . . .** は「…に属する、…に該当する」という意味です。

▷ **almost** は as much importance〔同程度の重要性〕を修飾しているのではなく、of as much importance〔同程度の重要性をもっている〕を修飾しています。次の 2 つを比べてください。

(a) being of almost as much importance as the liberty of thought itself

思想そのものの自由と同程度というわけではないが、それに極めて近い程度の重要性をもっている。 (b) being almost of as much importance as the liberty of thought itself 思想そのものの自由と同程度の重要性をもっているわけではないが、それに極めて近い状態である。(←これが原文です)

(a) と (b) は厳密には違いますが、ここではその違いは問題になりません。

▷ **resting in great part on the same reasons** は分詞構文で「意味上の主語」は「この英文の主語」である The liberty of expressing and publishing opinions です。そこで、これを直訳すると「(言論・出版の自由は) 大部分 (思想そのものの自由と) 同一の根拠に基づいている」となります。この直訳だけ読むと「一口に『言論・出版の自由』と言っても、中身はいろいろあり、それらの 90% は the same reasons に基づいているが、残りの 10% は別の理由に基づいている」と言っているように聞こえます。しかし、ここの in great part はそういう意味ではありません。「『言論・出版の自由』が基づいている理由はいろいろあるが、それらの理由の大部分は the same reasons だ (別の理由もあるが)」ということです。つまり、and でつながれた 2 つの分詞構文は、形の上ではどちらも「意味上の主語」が The liberty of expressing and publishing opinions なのですが、内容の上では、being の「意味上の主語」は「言論・出版の自由」ですが、resting の「意味上の主語」は「言論・出版の自由が基づいている理由＝言論・出版の自由を支える根拠」なのです。

それでは、その「別の理由」とは何でしょうか？ この後を読んでも、それをはっきり書いてある個所はありません。したがって、推測するしかないのですが、第 3 章 11 節で、ミルは、社会にはお手本になる人が必要だと言っています。

(3−11−03) There is always need of persons not only to discover new truths, and point out when what were once truths are true no longer, but also to commence new practices, and set the example of more enlightened

conduct, and better taste and sense in human life.
新しい真理を発見する人、以前は真理だとされていたものがもはや真理ではないことを指摘する人は常に必要である。だがそれだけでは足りない。新しい習慣を始める人、より賢明な行為や人間生活におけるよりよい趣味や感覚の点で手本を示してくれる人も常に必要なのである。

あるいは第 3 章 12 節で、ミルは、独創的な人が独創性を自由に伸ばすことの重要性を主張しますが、それだけでよいとは考えません。独創的な人は独創的でない人の目を開かせてやらなければいけないと言うのです。

(3−12−05) Originality is the one thing which unoriginal minds cannot feel the use of. They cannot see what it is to do for them : how should they? If they could see what it would do for them, it would not be originality. The first service which originality has to render them, is that of opening their eyes : which being once fully done, they would have a chance of being themselves original.
独創性とは、独創的でない人々が効用を感じることのできない唯一のものである。彼らは、独創性が自分たちにとって何の役に立つのかわからない。いったいどうやって彼らにわかるだろうか。何の役に立つのか彼らにわかるのであれば、それは独創性ではないだろう。独創性がこうした人々に何よりも最初にしてやらなければならないのは、彼らの目を開かせることである。これがいったん十分に行なわれれば、彼ら自身が独創的になる可能性が出てくるだろう。
(下から 2 行目の which は「that of opening their eyes を先行詞にする関係代名詞」で、従属節内では being done という分詞構文の「意味上の主語」になっています。which being once fully done は独立分詞構文［＝意味上の主語がついた分詞構文］です。p.117 の to read which も参照してください。)

このようなことができるためには「言論・出版の自由」が保障されて

いなければならないことは言うまでもありません。ミルは、このようなことを「別の理由」と考えていたのかもしれません。

▷ **inseparable from it** の **it** は the liberty of thought を指しています。

(1－12－06) Secondly, the principle requires liberty of tastes and pursuits; of framing the plan of our life to suit our own character; **of doing as we like, subject to such consequences as may follow**: without impediment from our fellow-creatures, so long as what we do does not harm them, even though they should think our conduct foolish, perverse, or wrong.

訳　第二に、この原理は嗜好と活動の自由を要求する。それは、人生の計画を自分の性格に合うように作る自由であり、**どんな結果が生じてもだれにも文句は言えない状態で、やりたいようにやる**自由である。たとえ他人がその行動を愚かだ、非常識だ、間違っていると考えようとも、自分の行動が他人を害しないかぎり、この自由を他人から妨げられることはない。

構文　of framing と of doing は liberty にかかります。■ subject to such consequences は「being が省略された分詞構文」です。being を補うと being subject to such consequences となります。subject は省略された being の補語です。この分詞構文は doing as we like にかかります。■ as may follow の as は follow の主語になる関係代名詞で、先行詞は such consequences です。■ without impediment は tastes and pursuits と framing the plan と doing as we like のすべてにかかります（したがって、厳密に言えば tastes and pursuits に対しては形容詞句、framing the plan と doing as we like に対しては副詞句ということになります）。■ so long as what we do does not harm them は副詞節で without impediment にかかります。so long as は 1 つの従属接続詞です。what we do は名詞節で does not harm の主語です。■ even though they should think our conduct foolish, perverse, or wrong は副詞節で without impediment にかかります。

研究　the appropriate region of human liberty〔人間の自由の妥当な領域〕の 2 番目は、1 番目（＝ the inward domain of consciousness〔意識という内面的領域〕）とパラレルに言えば、the outward domain of action〔行動という外面的領域〕です。これをこの文では **liberty of tastes and pursuits** と言っています。

▷ この文は **the principle requires liberty of A; of B; of C: with-**

out . . . という書き方をしています。A と B と C は同じことを違う角度から表現したものです。これによって、liberty の内容をはっきりさせようとしているのです。without . . . は A と B と C のすべてにかかります。
▷ **the principle** は前文で示唆された「思想の自由」と「言論・出版の自由」が属する原理です。すなわち、このパラグラフの第 1 文 (1–12–01) で述べられた「行為者本人にだけ影響を及ぼすか、あるいは、行為者以外の人にも影響する場合には、影響を受ける人の側に自由かつ自発的で、騙されていない同意と参加が必ずある、そういう個人の生活と行動の領域においては自由を制限すべきでない」という原理です。
▷ **tastes** は「嗜好」、**pursuits** は「人のたずさわる活動」です。この 2 つは (たとえば趣味のように) 重なる領域もありますが、どちらかとしか言えない場合もたくさんあります。ストロベリーアイスクリームより抹茶アイスクリームを好んで食べるというのは taste ですが、pursuit とは言いません。理論物理学の重要問題を解くのは pursuit ですが、taste とは言いません。
▷「frame 名詞 to V」で「名詞を V するように作る」という意味を表します。e.g. a house framed to resist typhoons〔台風に耐えられるように作られた家〕**liberty of framing the plan of our life to suit our own character** は「人生の計画を自分の性格に合うように作る自由」という意味です。

▶ **subject to such consequences as may follow** は subject の前に being が省略された分詞構文です。**such consequences as may follow** は any consequences which may follow〔生じるかもしれないどんな結果でも〕とほぼ同じ意味です。しいて言えば、前者は「結果が多種多様であること」を示唆しますが、後者にはそのような含意はありません。また、前者は何らかの結果が生じることを含意しますが、後者にはそのような含意はなく、結果が生じないこともありえます。なお、ここの consequences は自分の行為から自然に生じる結果で、良い結果も悪い結果も含みます。しかし、ミルが念頭に置いているのは (行為者にとって) 悪い結果です。

▶ **(being) subject to . . .**〔…にさらされた状態で〕は (being) unable to escape from . . . ということで、「…から自然に生じる結果から逃れら

れない状態で」という意味です。e.g. Our country is subject to earthquakes.〔我が国は地震の危険にさらされている〕たとえば、フランス語を勉強したら、カフェで隣のテーブルに座っているフランス人が話している内容がわかってしまいます。たとえそれが自分の聞きたくないことであっても、フランス語を勉強した以上、それがわかってしまうのは避けられません。あるいは、高い岩場から水中に飛び込んだら、怪我をする可能性は避けられません。こういう状態のことです。このフレーズはあくまでも行為者が置かれている客観的な状態を描写しているだけで、行為者の行動も心理も表していません。ですから「結果を引き受ける覚悟で」「結果を甘んじて受ける覚悟で」「結果を容認して」といった和訳は少なくとも直訳ではありません。

ところで、なぜミルはこのような当たり前と思われることを付け加えたのでしょうか？ それは「やりたいように行動して、悪い結果が生じると、それを社会のせいにする人」がいるからです。たとえば明らかに危険だとわかる断崖の端まで行って、下を覗きこみ、足を滑らせて転落し、大怪我を負った人が、行政訴訟を起こして、国や県が柵を作っていなかったのは安全確保義務を怠ったものだから、損害を賠償せよと要求するようなケースです。ミルは、社会には「人がやりたいように行動するのを妨げない義務」はあるが、「人が危険行為をすると決めたとき、その人の安全をはかる義務」はないと考えているのです。ですから「やりたいようにやる自由がある。ただし、それからどんな結果が生じても、他人に文句は言えない。」のです。この下線部の但し書き（＝付随条件）の部分を **subject to such consequences as may follow**〔自然に生じる結果にさらされた状態で〕と表現したのです。そこで、このフレーズが但し書き（＝付随条件）であることをはっきりさせ、さらにミルが言いたかったことを直接的に表現すると（awkward な英語ですが）次のようになります。

the principle requires liberty . . . of doing as we like, but in such a condition that we can complain to nobody about any consequences that may follow〔この原理は、自分が好きなように、ただし、起こる可

能性があるどんな結果についても誰にも文句が言えない状態で、行動する自由を要求する。〕

▷ **even though they should think our conduct foolish, perverse, or wrong** の **even though** は even if に書き換えることができ、さらに ifだけで書き換えることもできます。節内の should は「if . . . should . . .」の should です。たとえば、If I should live to be a hundred, I will never understand Picasso.〔たとえ 100 歳まで生きたとしても、私にはピカソの絵は絶対にわからないだろう〕(ジーニアス英和辞典) という文の If を Even though に変えることができます (ただし、標準的な現代英語の書き方ではありません)。

(1－12－07) Thirdly, from this liberty of each individual, follows the liberty, within the same limits, of combination among individuals; freedom to unite, for any purpose not involving harm to others: the persons combining being supposed to be of full age, and not forced or deceived.

訳　第三に、各個人のこの自由から、同じ制限を受けた上で、個人間の団結の自由が出てくる。すなわち、他人に損害をおよぼさない目的であれば、いかなる目的のために団結することも自由でなければならない。ただし、団結する人が成年者であって、強要されても騙されてもいない、ということが前提である。

構文　この英文は単文で、follows が唯一の述語動詞です。follows の主語は the liberty です。■ freedom は the liberty の言い換えです。■ involving は現在分詞形容詞用法で、any purpose にかかります。■ harm は名詞で、involving の目的語です。■ the persons は being supposed の意味上の主語です。■ combining は現在分詞形容詞用法で、the persons にかかります。■ being supposed は受身の分詞構文です。the persons . . . being supposed . . . は独立分詞構文 (＝意味上の主語がついた分詞構文) です。■ supposed は不完全他動詞の過去分詞形で、to be は being supposed の補語です。■ of full age と not forced or deceived は to be につながります。

研究　the appropriate region of human liberty〔人間が自由をもつのが

妥当な領域〕の3番目は、「団結の自由」です。この自由は、領域としては、2番目の「行動という外面的領域」に属するものです（1－12－03の 研究 参照）。

▷ **this liberty of each individual** は前3文（＝1－12－04～06）で列挙された「思想・感情の自由」「言論・出版の自由」「嗜好・活動の自由」を指しています。これらは3つですから these liberties of each individual と言ってもよいのですが、この3つはどれも「個人が単独で行える」という共通の性質を持っています。そこでまとめて this liberty of each individual と言い、そこから「個人が単独で行えない」という性質を持っている「団結の自由」が出てくる、と言ったのです。

▷ **follows** = occurs as a consequence〔結果として生じる〕です。

▷ **the same limits** は前文の so long as what we do does not harm them〔自分のやることが同胞たちを害しないかぎり〕という制限です。この文では **not involving harm to others**〔他人への害を伴わない〕で言い換えられています。この制限はすでに1－12－01で affects only himself, or if it also affects others, only with their free, voluntary, and undeceived consent and participation〔行為者本人にだけ影響を及ぼすか、あるいは、行為者以外の人にも影響する場合には、影響を受ける人の側に自由かつ自発的で、騙されていない同意と参加が必ずある〕と表現されており、ここには affects only himself と if it also affects others, only with their free, voluntary, and undeceived consent and participation という2つの制限があるので the same limits と複数形になっているのです。

▷ **liberty** と **freedom** は、1－12－04の 研究 に書いたように、freedom の方が liberty より具体的な意味で使われる傾向があります。ただし、この文では purely stylistic variant です。

▷ **the liberty, within the same limits, of combination among individuals** と **freedom to unite, for any purpose not involving harm to others** は同じことの言い換えです。freedom に the がついていないのも purely stylistic variant で、意味の違いはありません。

▷ **the persons combining being supposed to be of full age, and not forced or deceived**〔団結している人たちが成人で、強要されても騙されてもいないと想定されている状態で（団結の自由が出てくる）〕は

「付帯状況を表す独立分詞構文」です。supposing that（あるいは on the supposition that あるいは on the assumption that）the persons combining are of full age, and not forced or deceived〔団結している人たちが成人で、強要されても騙されてもいないことを前提にして〕で書き換えることができます。

▷ **liberty** と **the** について

1−12−04～07 には 6 つの liberty が出てきます。そのうち 3 つには the がついていて、3 つには the がついていません。なぜでしょうか？

(a) liberty of conscience in the most comprehensive sense (1−12−04)
(b) liberty of thought and feeling (1−12−04)
(c) **The** liberty of expressing and publishing opinions (1−12−05)
(d) **the** liberty of thought itself (1−12−05)
(e) liberty of tastes and pursuits (1−12−06)
(f) **the** liberty of combination among individuals (1−12−07)

まず結論から言うと、これは書き手の感覚の問題であって、文法的には全部に the をつけてもいいし、全部に the をつけなくてもいいのです。ミルは「(a) (b) (e) に比べて (c) の liberty は限定の度合いが強い（＝より個別具体的である）」と感じたのです。そこで (c) に the をつけました。すると、(d) は (c) と同じ文中にあり、しかも (c) と比較されています。したがって、(c) に the をつけるのであれば、(d) にも the をつけなければパラレルな書き方になりません。逆に、(d) に the をつけないと、わざとパラレルな書き方を崩しているわけですから、the がつかない特別な事情があるのではないかと読者は勘ぐります。このような理由から (b) の liberty of thought と (d) の the liberty of thought itself は同じ内容ですが、(d) には the がついているのです。(f) の liberty に the がついているのは (c) と同じ理由で、限定の度合いが強い（＝より個別具体的である）と感じたからです。

(1－13－01) **No society in which these liberties are not,**

on the whole, respected, is free, whatever may be its form of government; and none is completely free in which they do not exist absolute and unqualified.

訳　**これらの諸自由が大体において尊重されている社会でないかぎり、その政治形態が何であろうと、自由な社会ではない。**また、これらの諸自由が絶対かつ無条件に存在している社会でないかぎり、完全に自由な社会ではない。

構文　on the whole は respected にかかります。■ whatever may be its form of government は譲歩の副詞節です。■ whatever は補語で、its form が may be の主語です。■ in which . . . unqualified は形容詞節で、none にかかります。■ absolute and unqualified は exist につく準補語（疑似補語）です。

研究　**these liberties** は前のパラグラフで論じられた liberty of thought and feeling〔思想および感情の自由〕、the liberty of expressing and publishing opinions〔言論・出版の自由〕、liberty of tastes and pursuits〔嗜好と活動の自由〕、the liberty of combination among individuals〔個人間の団結の自由〕を指しています。

▶ 次の 2 つの文を比べてみましょう。

(a) **No society in which these liberties are, on the whole, not respected, is free.**
これらの自由が概して尊重されていない社会は、どんな社会も自由ではない。←これは原文ではありません

(b) **No society in which these liberties are not, on the whole, respected, is free.**
これらの自由が概して尊重されている、のではない社会は、どんな社会も自由ではない。←これが原文です

(a) は not respected に on the whole がかかっています（「概して尊重されていない」という意味です）。「これらの自由が概して尊重されていない社会」は次ページの表の⑥ (Liberty 度 20) と⑦ (Liberty 度 0) を指します。⑦は「概して尊重されていない」ではなく「まったく尊重されていない」ですから、厳密にはここに含まれません。しかし、この文は「自由でない社会」を定義しているのですから、⑥が「自由でない社会」

であるなら、⑦が「自由でない社会」であるのは当然のことです。したがって、文脈から⑦も含むのです。ところで、on the whole, not respected〔概して尊重されていない〕を広く解釈する（＝Liberty 度 40 くらいでは「概して尊重されていない」に入ると考える）人は⑤もここに入れるでしょう。しかし、今は on the whole, not respected を狭く解釈して⑤を含めないことにします。すると (a) は「**⑥、⑦の社会（＝ Liberty 度 20 以下の社会）は自由ではない**」と言っていることになります。

しかし、こんなことは当たり前のことで、わざわざ言う必要はありません。ですから原文は (a) の書き方をしていないのです。しいて、(a) を言う意味があるとするなら、「『自由でない社会』は⑦ (Liberty 度 0) だけである。他は多少なりとも自由があるのだから『自由でない社会』とは言えない」と主張する頭の固い人に対して、「多少の自由があっても、自由が概して尊重されていない社会、すなわち⑥ (Liberty 度 20) はやはり『自由でない社会』なのだ」と言う場合くらいでしょう。

liberty		**restriction**
100	①	0
80	②	20
60	③	40
50	④	50
40	⑤	60
20	⑥	80
0	⑦	100

これに対して、(b)（＝原文）は respected に on the whole がかかっています（「概して尊重されている」という意味です）。そこで、まず「これらの自由が概して尊重されている社会」を考えてみましょう。これは上の表の① (Liberty 度 100) と② (Liberty 度 80) を指します。①は「概して尊重されている」ではなく「完全に尊重されている」ですから、厳密にはここに含まれません。しかし、①をここに含めないと最終的に「①は自由ではない」という不合理な結論になってしまいます。したがって、

文脈から①も含むのです。ところで、on the whole, respected〔概して尊重されている〕を広く解釈する（＝ Liberty 度 60 であれば「概して尊重されている」に入ると考える）人は③（Liberty 度 60）もここに入れるでしょう。しかし、今は on the whole, respected を狭く解釈して③を含めないことにします。すると (b) の society in which these liberties are not, on the whole, respected〔これらの自由が概して尊重されている、のではない社会〕は「①と②ではない社会」ですから、上の表の③～⑦（Liberty 度 60～0）を指します。したがって、(b) すなわち原文は「**③～⑦の社会（＝ Liberty 度 60 以下の社会）は自由ではない**」と言っているのです。

こう言うことには大いに意味があります。なぜなら、世の中には、③や④や⑤、特に③（Liberty 度 60）や④（Liberty 度 50）は「制限が自由を上回っていないのだから自由な社会だ」と考える人がいるからです。ミルはそういう考えの人に対して「いや、それは違う。**制限が自由を上回っていない（Liberty 度 50 以上）というだけではダメなのだ。自由が概して尊重されているような社会、すなわち①（Liberty 度 100）や②（Liberty 度 80）でなければ、自由な社会ではないのだ**」と言ったのです。

▶ ここの **on the whole** は「概して、一般に」の意味です。1−08−04 の**研究**で説明したように、この意味の on the whole は「大部分が（in most parts）」と「ほとんどの場合に（in most instances）」の 2 つの事柄があります。ここはどちらの事柄も含んでいます。さらに、ここの on the whole は to a considerable extent〔かなりの程度まで〕という意味も含んでいると考えるべきです。

すべての自由が常に完全に尊重されている（＝ All these liberties are fully respected all of the time.）社会が①（Liberty 度 100）です。それに対して、結社の自由が制限されている場合は all the liberties ではありません。同性婚が認められないのは are fully respected ではありません。主要国首脳会議の開催中に交通規制が行われるのは all of the time ではありません。このように「認められる自由の種類」「自由が認められる程度」「自由が認められる時」のそれぞれに制限があっても、全体的に Liberty 度 80 だと評価されれば、その社会は②（＝自由が概して尊重されている社会）です。

▶ **whatever may be its form of government**〔それの政治形態が何

であろうとも］は譲歩の副詞節ですが、節内の構造は whatever が補語で、its form が主語です。厳密な文法に従った語順は whatever its form of government may be です。主語が長いので倒置したのです。may be を省略して whatever its form of government にすることもよくあります。

▷ **none** ＝ no society です。セミコロンの前とパラレルな書き方にすると no society in which they do not exist absolute and unqualified is completely free となります。原文は、形容詞節を後ろに回して「否定的 S ＋ V ＋ (S にかかる) 否定的修飾要素」という形になっています。これは二重否定構文の定番の書き方です。次の文を見てください。

> **Nothing in this world is of any worth which does not have labor and toil as its price.**

which . . . price は Nothing にかかっています。直訳すると「労力や苦心を代価として要しないどんなものも、この世ではなんの価値もない」となります。これは二重否定構文で、強い肯定の意味を表しています。意訳の仕方には次の 3 通りがあります。

> (a) 労力や苦心を代価として要するものだけが、この世では価値がある。
> (b) この世でなんらかの価値があるものは、必ず代価として労力や苦心を要する。
> (c) なんらかの価値があるものの中で、代価として労力や苦心を要しないものはこの世にない。

(a) と (b) は「否定と否定を打ち消し合わせて強い肯定にした訳し方」です。(c) は元の英文を次のような二重限定の英文に書き換えて、これを直訳したものです。

There is nothing in this world that is of any worth which does not have labor and toil as its price.

これと同様に、原文 **none is completely free in which they do not exist absolute and unqualified** も次の 4 つの訳し方ができます。

> (直訳) これらの自由が絶対かつ無条件に存在していないどんな社

会も完全に自由というわけではない。
(a) これらの自由が絶対かつ無条件に存在している社会だけが完全に自由なのである。
(b) 完全に自由な社会は、必ずこれらの自由が絶対かつ無条件に存在している。
(c) 完全に自由な社会の中で、これらの自由が絶対かつ無条件に存在していない社会はない。

文脈に応じて適切な訳し方を選びます。ここは、前半を直訳したのであれば、後半も直訳するのがよいでしょう。「否定的 S + V+ (S にかかる) 否定的修飾要素」の英文は 2−20−06 でも出てきます。

(2−20−06) No one can be a great thinker who does not recognise that as a thinker it is his first duty to follow his intellect to whatever conclusions it may lead.
自分の知性がどんな結論に到達しようとも、自分の知性に従うことが、思想家として第一の義務であるということを認識しない人間は、どんな人も偉大な思想家にはなれない。

▷ **absolute** と **unqualified** は exist についている準補語 (疑似補語とも言います) です。「これらの自由が絶対的かつ無条件な状態で存在する、ということがないどんな社会も完全に自由ではない」という意味です。この文では「絶対的な (absolute)」を「無条件な (unqualified)」と区別して使っています。これから考えると、ここの「絶対的な」は**「自由が認められている分野の中ではまったく制限がない (=この限度を超えたら自由を認めないという制限がない) 状態」**です。たとえば「嗜好の自由 (freedom of taste)」の分野では「健康に害を及ぼさない限り何を食べてもよい」というのは絶対的でない例です。あるいは「結社の自由 (freedom to unite)」の分野では「共産党に加入しない限り結社の自由がある」というのは絶対的でない例です。英国議会には強い freedom of speech があります。議会では何を発言しても許されます。同僚議員を stupid〔愚か者〕と罵ることもできます。しかし liar〔嘘つき〕と呼ぶことは許されません。これも絶対的ではない例です。

「無条件の (unqualified)」は**「自由が認められる分野に制限がない（＝どの分野にも自由が認められている）状態」**です。たとえば「宗教の分野以外なら思想・信条の自由がある」というのは無条件でない例です。あるいは「政治的分野以外なら結社の自由がある」というのは無条件でない例です。「政治的結社も含めて、すべての分野で結社の自由を認めるが、共産党だけは認めない」というのは無条件ではあるが絶対的ではない状態です。「宗教の分野以外なら、どのような思想・信条を持とうが完全に自由である」というのは無条件ではないが絶対的である状態です。「これらの自由が絶対的かつ無条件な状態で存在する社会」は上の表の①だけです。したがって、セミコロンの後（＝これらの自由が絶対的かつ無条件な状態で存在する、ということがないどんな社会も完全に自由というわけではない）は「①以外のどんな社会も完全に自由というわけではない＝①**だけが完全に自由な社会である**」という意味になります。

ところで、セミコロンの前で「③**〜**⑦**は自由ではない**（＝①と②が自由な社会である）」と言っています。「自由でない社会（＝③〜⑦）」が「完全に自由というわけではない」のは当たり前です。ですから、セミコロンの後（＝①以外のどんな社会も完全に自由というわけではないではない＝②〜⑦は完全に自由というわけではないではない）は**「②は自由な社会ではあるが、完全に自由な社会とは言えない」**ということを言いたいのです。

結局、**この文は、セミコロンの前と後を合わせて、「完全に自由な社会は①だけである」「完全ではないが自由な社会は②である」「自由でない社会は③〜⑦である」という 3 つを明らかにしている**のです。

(1－13－02) The only freedom which deserves the name, is that of pursuing our own good in our own way, so long as we do not attempt to deprive others of theirs, or impede their efforts to obtain it.

訳　自由の名に値する唯一の自由は、他人の幸福を奪おうとしたり、幸福を得ようとする他人の努力を妨害しようとしないかぎり、自分自身の幸福を自分自身のやり方で追求する自由である。

構 文　so long as . . . obtain it は副詞節です。so long as は 3 語で 1 つの従属接続詞です。■ or は deprive と impede をつないでいます。

研 究　the name は「自由という名称」です。「自由の名に値する自由」とは「本当の自由」を指します (the only freedom which deserves the name = the only true freedom です)。たとえば、「宗教の自由」と言っても、現実にはキリスト教の中でどの宗派を選んでもよいということであって、キリスト教以外の宗教、たとえばヒンズー教を信仰することは許されないとするなら、それは本当の自由 (＝自由の名に値する自由) ではありません。あるいは、「婚姻の自由」と言っても、その自由の中身が「婚姻は両性の合意にのみ基づく」ということであって、男性同士、女性同士の婚姻を認めないのであれば、それは本当の自由 (＝自由の名に値する自由) ではありません。ミルは「自由と呼ばれるものにはいろいろあるが、その中で自由の名に値する自由、すなわち本当の自由は that of pursuing our own good . . . . だけである」と言ったのです。

▷ good の中核は happiness〔幸福〕です。しかし、ミルが考える good は happiness より広い概念で、たとえば個人的発達 (personal development) なども含みます。個人的に発達したら (たとえば新しいことを知ったら) 必ず幸せになるとは限りません。したがって、厳密には good = happiness ではないのです。

▷ この文の that of pursuing . . .〔…を追求する自由〕は前文の these liberties (思想・感情の自由、言論・出版の自由、嗜好・活動の自由、団結の自由) を言い換えたもので、この 2 つは同じものを指しています。these liberties をジャンルごとに分けず、一括りにして表現すると that of pursuing . . .〔他人の幸福を奪おうとしたり、幸福を得ようとする他人の努力を妨害しようとしないかぎり、自分自身の幸福を自分自身のやり方で追求する自由〕となるのです。つまり、この文は「『自由の名に値する自由』すなわち『本当の自由』は前文の『これらの自由』だけだ」と言ったのです。

　それでは、何のためにこのようなことを言ったのでしょうか？ それは、自由な社会の判定基準の妥当性を主張するためです。ミルは、前の

パラグラフ (1-12) で 4 つの自由 (思想・感情の自由、言論・出版の自由、嗜好・活動の自由、団結の自由) を紹介し、次のパラグラフ (1-13) の第 1 文で、これらの 4 つの自由 (= these liberties) を基準にして、社会を「完全に自由な社会」「完全ではないが自由な社会」「自由でない社会」の 3 つに分けました。すると読者の中には「自由はこの 4 つ以外にもいろいろあるはずだ。この 4 つの自由だけを判定基準にして社会を分けるのは妥当なのか ?」という疑問を抱く人が出てきます。

そこで、ミルは、この文で「these liberties (思想・感情の自由、言論・出版の自由、嗜好・活動の自由、団結の自由) は、一言で言えば、『他人の幸福を奪おうとしたり、幸福を得ようとする他人の努力を妨害しようとしないかぎり、自分自身の幸福を自分自身のやり方で追求する自由』であり、これだけが『自由の名に値する自由』すなわち『本当の自由』なのである。したがって these liberties を『自由な社会』の判定基準にするのは妥当なのだ。」と言ったのです。ただし、この論理が読者にすぐに了解されるためには、that of pursuing . . . を読んだとき「ああ、これは前文の these liberties を言い換えたのだな」とわかる必要があります。少なくともミルは「これはすぐにわかるはずだ」と思って、こういう (cohesion〔密着性〕が弱い) 書き方をしているのです。

(1 − 13 − 03) Each is the proper guardian of his own health, whether bodily, or mental and spiritual.

訳　人は、肉体、精神、霊魂を問わず、自分の健康を各々自分で守るのが適切であり、そうする自由をもっている。

構文　whether bodily, or mental and spiritual は副詞節で、whether の後に it is が省略されています。

研究　ミルは、前文で「『自由の名に値する自由』すなわち『本当の自由』は『他人の幸福を奪おうとしたり、幸福を得ようとする他人の努力を妨害しようとしないかぎり、自分自身の幸福を自分自身のやり方で追求する自由』すなわち these liberties (=思想・感情の自由、言論・出版の自由、嗜好・活動の自由、団結の自由) だけである。したがって these liberties を『自由な社会』の判定基準にするのは妥当なのだ。」と言いました。

すると読者の中には「それはそうかもしれないが、この自由を全面的に認めるのは適切でない。この自由を全面的に認めると、自分の健康にとって有害なことでも、自分の幸福に必要だと思えば、他人に害を与えない限り、自由にできることになる。各人の健康を守るためには、社会が各人の健康の保護者となり、何が害であるかを決めて、各人がその害から身を守るようにさせる（つまり、その行為を控えさせる）べきだ。」と考える人が出てきます。実際当時は、この行為は有害だからすべきでないと社会が決めて（←ここまではいいのです）、それを行う人に有形・無形の不利益を与えて、事実上できなくさせる（←これが自由を制限するということです）例がいろいろあったのです。これに対して、ミルは**「たとえ自分の健康にとって有害なことでも、本人が自分の幸福に必要だと思えば、他人に害を与えない限り、自由に行うのが許されるべきだ**（たとえば「タバコが健康にとって有害だということはわかっている。しかし、自分のストレス解消のためにはなくてはならないものだ。だから、自分の家に喫煙ルームを作って、高機能な空気清浄器を設置して、そこで一人で喫煙する。」というのは許されるべきだ）」と考えました（その理由は次の文で説明されます）。そこで、この文で Each is the proper guardian of his own health〔各自は自分自身の健康の適切な保護者である→各自が自分の健康を自分で守るのが適切である〕と言ったのです。

▷ **Each is the proper guardian of his own health**〔各自は自分自身の健康の適切な保護者である〕は It is proper that each is the guardian of his own health〔各自が自分自身の健康の保護者であることが適切である→各自が自分で自分の健康を守るのが適切である〕という意味です。これは裏から言うと「人の健康について、他人があれこれ口をはさむのは適切でない」ということです。proper は suitable for a specified or implicit purpose or requirement〔特定ないし暗黙の目的、要求をかなえるのにふさわしい〕(OED) という意味です。ここでの a specified purpose は「自分の健康を守ること」です。

▷ 健康には肉体的健康と精神的健康の 2 つがあります。通常 **mental** (health) と言えば精神的健康を網羅しますが、ミルはあえて **mental and spiritual** (health) と表現しています。**spiritual** health は霊的な健康すなわち宗教面での健康を指します。具体的に言えば believing in good religion and not committing sins〔良い宗教を信じて、宗教的な罪を犯さないこと〕です。すると、mental health はそれ以外の面での精神的健康です。中心となるのは知的側面（事実に関する精神のありよう）です。具体的に言えば having a correct perception of facts〔事実を正しく認識すること〕です。妄想を抱いたり、事実に対して過剰反応したり、逆に事実に対して鈍感すぎたりしないのが（この文での）mental health です。たとえば「何か言われると侮辱されたと誤解して、すぐに怒る人」は精神的に不健康です。この場合「侮辱されたと誤解する」のが mental な不健康で、「すぐに怒る」のが spiritual な不健康です。

▷ ミルがわざわざこのようなことを言うのは、当時、肉体的健康、精神的健康を問わず、個人の健康維持は個人の自由ではなかった（＝個人の健康維持に社会が口出しすることが普通に行われていた）からです。特に宗教の面ではそれが顕著でした。たとえば、自慰行為は宗教的な罪（sin）とされ、自慰行為をすることは spiritual health を損なうとされていました。他にも、同性愛、飲酒なども sin とされ、spiritual health を損なうとされていました。しかし**「他人に害を与えない限り、宗教的な罪であっても、それを犯す、犯さないは個人の自由である」**というのがミルの考えです。ただ、それをストレートに言うことはさすがに憚られます。自由を擁護することに理解のある人でも、the freedom to commit a sin〔（宗教的な）罪を犯す自由〕となると、いくら他人に害を与えないことが条件だとしても、大っぴらに支持するわけにはいかないでしょう。そこでミルは、freedom とか liberty という語を使わず、Each is the proper guardian of his own health〔各人は自分自身の健康の適切な保護者である〕という言い方をして、それに whether bodily, or mental and spiritual という譲歩節をつけることによって、遠回しに「他人に害を与えない限り、宗教的な罪であっても、それを犯す、犯さないは個人の自由である」ということを主張したのです。

自分の健康を自分で守るのは当たり前のことですから Each is the proper guardian of his own health 自体に異論が出る気遣いはありません。また spiritual health という言い方は not committing sins〔（宗教的な）罪を犯さないこと〕だけでなく believing in good religion〔良い宗教を信じること〕も指しており、当時すでに the freedom of religion〔宗教の自由〕

は少なくとも概念上は認められていましたから、believing in good religion の点で「社会の介入を認めない＝自分で自分の霊的健康を守る」ことは容易に受け入れられます。このように、ミルは、できるだけ刺激的な言い方を避けて、自分の考えを述べたのです。

▷ところで「各人は自分の spiritual health の保護者である」と言っているのに、sin〔宗教的な罪〕を犯して spiritual health を損なう自由があるというのは矛盾しているように聞こえるかもしれません。しかし、これは矛盾していないのです。保護者 (guardian) というのは「何が害であるかを決めて、その害から守る人」です。ですから、自分が保護者である以上、社会が害であると認めていること (あるいは宗教が罪と認めていること) でも、自分が害 (あるいは罪) とは思わなければ、それから身を守る (つまり、その行為を控える) 必要はないのです。結局、この文は「肉体的健康であろうと精神的健康であろうと、各人は何が健康に悪いかを自分で決めて、健康に悪いことはやらず、健康に悪くないことはやる自由がある」と言っているのです。

(1－13－04) Mankind are greater gainers by suffering each other to live as seems good to themselves, than by compelling each to live as seems good to the rest.

訳　人類は、自分にとって幸福に思われる生活をお互いに許しあう方が、他者が幸福とみなす生活を各人に強いるよりも、大きな利益を得るのである。

構文　suffering は不完全他動詞の動名詞で、to live は補語です。■ as は従属接続詞で as seems good to themselves は副詞節です。このように様態を表す as-clause では節内が省略形になることがあります。e.g. Everything had happened exactly as had been expected.〔すべてはまったく予想されていた通りに起こった〕(ロイヤル英和辞典) He made dinner as he thought best.〔彼は最善と思うやり方で夕食を作った〕

研究　**suffer** = allow〔許す〕です。この文は前文の根拠を述べています。すなわち、各人がそれぞれ自分の健康を自分で守るのがなぜ正しいのかを説明したのです。

▷このパラグラフでは同じ自由を these liberties ⇒ that of pursuing our own good in our own way, so long as we do not attempt to deprive others of theirs, or impede their efforts to obtain it ⇒ the guardian of his own health, whether bodily, or mental and spiritual ⇒ **suffering each other to live as seems good to themselves** と次々に表現を変えて言い換えています。

> (1－14－01) Though this doctrine is anything but new, and, to some persons, may have the air of a truism, there is no doctrine which stands more directly opposed to the general tendency of existing opinion and practice.

訳　この考え方は、けっして新しいものではなく、人によっては、自明のことという印象をもつかもしれない。しかし、現在の世論と慣行の一般的傾向にこれ以上真っ向から反する考え方はないのである。

構 文　but は前置詞で、new が but の目的語です。is anything but new は「新しい以外の何ものでもある→決して新しくない」という意味で、anything but = not at all です。■stands は「～の状態にある」という意味の不完全自動詞、opposed は形容詞で補語です。■ existing は「現在の」という意味の形容詞で opinion と practice にかかります。

研 究　**this doctrine** は前のパラグラフの内容を指します。

▷ **air** は impression〔外見〕という意味で、**truism** は〔自明の理、わかりきったこと〕です。**have the air of a truism** は〔わかりきったことという外見をもつ〕という意味です。

▷ **A is directly opposed to B.**〔A は B に直接的に反している〕は「たんに A と B が両立しないというだけでなく、A が B の核心となる部分に反している場合」を指す表現です。たとえば、ある小島の領有権を甲国と乙国が争っているとします。国際司法裁判所が「この小島は乙国の領土内にある」という判決を下しました。その後、甲国はその小島に恒久的施設の建設を始めました。この行動は国際司法裁判所の判決に directly opposed です。それに対して、甲国が多数の漁船を小島の周辺海域に派遣することは、国際司法裁判所の判決を尊重しない意志を示すものですが、国際司法裁判所の判決に directly opposed とは言えません。directly opposed は diametrically opposed〔真っ向から反している〕と言っても同じです。

▷ **the general tendency**〔一般的な傾向〕は、the tendency among the people in general〔一般人の間に存在する傾向〕という意味ではなく、the average direction〔平均的な方向性〕という意味です。**existing opinion and practice**〔現在の世論と慣行〕は、特定の分野や特定の人では自由を尊重することもありますが、概ね個人の自由を抑圧する方向を向いているのです。

> (1－14－02) Society has expended fully as much effort in the attempt (according to its lights) to compel people to conform to its notions of personal, as of social excellence.

訳　社会には「社会の一員としての優れた人間像」があり、社会は（十分に吟味した上で、これは正当であるとした見解に従って）個人をこれに当てはめようと懸命に努力してきた。だが、それだけでなく、同時に「個人としての優れた人間像」ももっていて、個人をこれに当てはめようとすることにも、同じくらい懸命な努力を払ってきた。

構文　to compel people to conform to its notions of personal excellence, as to compel people to conform to its notions of social excellence から下線部が省略されています。■ fully は as much にかかります。■ to compel は the attempt にかかります。■ to conform は to compel の補語です。

研究　この文は「社会は『社会の一員としての望ましい人間像』というものをもっていて、社会の構成員をこの人間像にあてはめようと懸命に努力してきたのだが、あろうことか、社会と関わらない場合の個人についても『個人としての望ましい人間像』をもっていて、個人をこの人間像にあてはめようと同じくらい努力してきたのだ」と言っています。

▷ **fully** は「ゆうに、たっぷり」という意味の副詞です。**fully as much effort** は「ゆうに同量の努力」という意味です。as much effort〔同量の努力〕と言っただけでは多量の場合もあれば少量の場合もあります。fully をつけることによって「多量だ」ということを表したのです。OED は used for emphasis with comparative expressions, as ***fully* as — as**〔fully as — as の形で、比較表現と共に、強調のために用いられる〕と説明しています。

▷ **according to one's lights** は「～が十分に吟味した末に、これは正

当であるとした見解に従って」という意味です（ただし、たいていの場合、話者はこの見解に賛同していません）。e.g. People raising girls in the Edo period did their best for them according to their lights, even though we would condemn most of what they did were it done today.〔江戸時代に女子を養育した人たちは、十分に吟味した上で正しいと判断した見解にしたがって、彼女たちに最善を施したのだ。しかし、もしそれを今日行ったとしたら、私たちはその大部分を非難するだろう〕do one's best according to one's lights は「自分なりに最善を尽くす」と訳されますが、これは「十分に吟味した上で、これは正当であるとした見解に従って、最善を尽くす」という意味です。OED はこの lights を the opinions, information, and capacities, natural or acquired, of an individual intellect. Often in phr. *according to (one's) lights* .〔個々の知性的存在たる人間が持っている意見、知識、先天的ないし後天的能力、しばしば according to (one's) lights という句で用いられる〕と定義しています。

according to its lights はカッコに入って挿入されています。ここは、本来は the attempt, which was according to its lights, to compel . . .〔その試み、これは社会が十分に吟味した末に、これは正当であるとした見解に従ったものだったのだが〕とするところですが、ミルは「, which was」を取って、全体をカッコに入れて、挿入句の体裁にしています。こうした方が読者の注意をより引きつける効果があります。ミルは、このフレーズで「(個人に対して制限する内容あるいは要求する内容について) 社会は、概して、注意深く考察していた。しかし、現在我々はその多くに同意しない」と言いたいのです。

▷ **personal excellence**〔個人的卓越性〕と **social excellence**〔社会的卓越性〕はどちらも一人の個人が持っている excellence です。**its notions of personal excellence**〔個人的卓越性に関する社会の見解〕は its notions of what characteristics an excellent person as an individual separated from society has〔社会から切り離された個人としての卓越した人間はどのような特徴をもっているか（＝人を社会から切り離して、一個人として評価した場合、優れた人間と評価される人はどのような特徴をもっているか）についての社会の考え方〕です。具体的に言うと「人はどういう状態なら肉体的・精神的に健康であると言えるのか」とか「人はどういう状態なら教養があると言えるのか」というようなことについての社会の考え方です。

its notions of social excellence〔社会的卓越性に関する社会の見解〕は its notions of what characteristics an excellent person as a social being has〔社会的存在としての卓越した人間はどのような特徴をもっているか（＝人を社会の中の一員として評価した場合、優れた人間と評価される人はどのような特徴をもっているか）についての社会の考え方〕です。具体的に言うと「他者との関係がどういう状態なら、その人は優れていると言えるのか」についての社会の考え方です。

社会は…個人的優秀さの概念にも（叡知の程度に応じて）適合させようとして努力を払ってきた（岩波旧訳）
この人間像に人々が従うようにするために、社会は（自らの知見を動員して）全力を尽くしてきている（岩波新訳）
社会は…優れた人間性とされるものを身につけるよう、（その社会の文明度に応じて）強制する努力をしてきた（古典新訳）
社会はもてる知識や能力を活用して、…理想の姿に近づくよう強いるために努力してきた（日経 BP）
社会は〔その見解に応じて〕、…社会がいだいている考えに同調するよう人々に強制することに全力をあげてきた（名著）
社会は、（その知的能力にしたがって）、…社会の諸見解に順応するように、民びとを強制するくわだてに、ひとしく十分な努力をついやしてきた（大思想）
社曾は、民衆をして、…優越の観念に合せしめようとする試み（社曾の見地からして）に充分の努力を致し来ったのである（高橋）
社會は、（その知識次第で）人々を強制して、…にも合致させる試みに努力を費やしたのであった（市橋）
社會が（その見る所に従ひ）人民を強制して…その觀念に従はせようと努力した（深澤）
社会は、…（その社会の知慮によって）、合致させようとする試みに…努力を費して来ている（柳田）

(1－14－03) The ancient commonwealths thought themselves entitled to practise, and the ancient philosophers countenanced, the regulation of every part of private conduct by public authority, on the ground that the State had a deep interest in the whole bodily and mental discipline of every one of its citizens; a mode of thinking which may have been admissible in small republics surrounded by powerful enemies, in constant peril of being subverted by foreign attack or internal commotion, and to which even a short interval of relaxed energy and self-command might so easily be fatal, that they could not afford to wait for the salutary permanent effects of freedom.

訳　古代の共和制国家は、公権力によって私的行為のあらゆる部分を統制する資格が自らにあると考え、古代の哲学者たちもまた、このような統制を是認した。その根拠は、国家は全市民一人一人の肉体的、精神的規律のすべてに深い利害をもっている、ということであった。このような考え方も、古代の共和制国家においては、是認しうるものであったかもしれない。なぜなら、強い敵国に囲まれ、外部からの攻撃や内部での騒擾によって転覆される危険に常にさらされていた小さな国家においては、たとえ短い間でも、気力と自制心を緩めることは容易に死活問題となるため、自由のもたらす有益な永続的結果を落ち着いて待つだけの余裕がなかったからである。

構文　この文の「主節の述語動詞」は thought と countenanced です。全体の骨格を示すと、以下のようになります。The ancient commonwealths thought . . . , and the ancient philosophers countenanced . . . , on the ground that . . . ; a mode of thinking which . . . ■ thought themselves entitled to practise は、thought が不完全他動詞の過去形・述語動詞、themselves が目的語、entitled が不完全他動詞の過去分詞形・準動詞（形容詞用法で thought の補語）、to practise が entitled の補語です。■最初の and は The ancient commonwealths thought themselves entitled to practise と the ancient philosophers countenanced をつないでいて、the regulation は to practise と countenanced の共通の目的語です。■ on the ground that . . . は thought themselves entitled と countenanced にかかります。on the ground that . . . の that は従属接続詞で、that . . . citizens は the ground と同格の名詞節です。■ a mode は「文頭からセミコロンまでで and the ancient philosophers countenanced を除いた部分」の全体（＝ The ancient commonwealths . . . of its citizens）を一語で総括したもので、a mode の働きは「セミコロンの前の S+V と同格」で

す。S+V; a mode of thinking . . . 〔S+V、これは…な考え方である〕となります。■ a mode of thinking に which . . . effects of freedom がかかっています。■ surrounded は過去分詞形容詞用法で republics にかかります。■ in constant peril は形容詞句で republics にかかります。■ to which の前の and は surrounded と in constant peril と to which . . . をつないでいます。■ to which . . . は形容詞節で republics にかかります。■ so easily be fatal, that . . . の that は従属接続詞で、that . . . は副詞節で so にかかります。

研 究　**The ancient commonwealths**〔古代の共和制国家〕は古代ギリシャの都市国家です。

▷ **thought themselves entitled to practise** . . . は「己自身を、…を実行する資格を与えられていると考えた」という意味です。

▷ **the ancient philosophers countenanced** は「古代の哲学者は是認した」という意味です。是認したのは the regulation of every part of private conduct by public authority〔公権力によって私的行為のあらゆる部分を統制すること〕であって、The ancient commonwealths thought themselves entitled to practice . . . the regulation . . . 〔古代の共和国が己自身を、統制を実行する資格を与えられていると考えた〕ことではありません。**the ancient philosophers**〔古代の哲学者〕は古代ギリシャの哲学者です。特にプラトンはこの文に書かれているような「市民の私的行為の統制」を主張しました。

▷ **the State had a deep interest in . . .** は「国家は…に深い利害をもっている」という意味です。**interest** は「関心」ではなく「利害」です。もし「深い『関心』をもっていれば統制できる」という意味なら、国家は自らの意向次第で何でもできることになってしまいます。

▷ **the whole bodily and mental discipline of every one of its citizens** は「全市民一人一人の肉体的、精神的規律のすべて」という意味です。プラトンは *The Republic*『国家』の中で gymnastic exercise for all citizens〔すべての市民が体操を行うこと〕を説いています。これが **bodily discipline**〔肉体的規律〕の一例です。同じく、プラトンは *The Republic* の中で詩作を禁じることを主張しています。詩はイデア（真実界）の模倣である現実界のそのまた模倣であり、真実を伝えないこと。詩は魂の非合理的部分に働きかけ、人を理性に従った行動から遠ざけること。この 2 つが理由です。これが **mental discipline**〔精神的規律〕の一例です。

▷ **The ancient commonwealths thought themselves entitled to practice . . . the regulation of . . . , on the ground that . . .**〔古代の国家は、…に基づいて、已には…を統制する資格があると考えた〕を **a mode of thinking which . . .**〔(これは) …な考え方 (である)〕で総括しています。

▷ なぜミルは a mode of thinking which was admissible in small republics と言い切らずに **a mode of thinking which may have been admissible in small republics**〔小さな国家においては是認されえたかもしれない考え方〕という曖昧な言い方をしたのでしょうか？ ミルは功利主義者ですから、この考え方 (＝国家には公の権力を使って私的行為のあらゆる部分を律する資格があるとする考え方) を是認しうるものだったと断言するためには「公の権力を使って私的行為のあらゆる部分を律すること」が the greatest good for the greatest number〔最大多数の最大幸福〕にかなっていたことを確信しなければなりません。そのためには、これらの古代国家の歴史を詳しく調べ、当時の状況を全般的に判断する必要があります。おそらくミルはそこまでは研究していなかったのです。十分に検討すれば、古代国家においても「公の権力を使って私的行為のあらゆる部分を律すること」は正当化されないかもしれません。しかし、他方、現代のイギリスとは異なり、古代国家においてはそれが是認されえた可能性もあります。それで Mill hedged slightly.〔ミルは少しはぐらかした〕というのが may have been と書いた理由でしょう。

▷ **small republics**〔小さな国〕は The ancient commonwealths の中の小国を指すのではなく、The ancient commonwealths そのものを指しています (The ancient commonwealths 自体がみな小国なのです)。

▷ **to which** ＝ to the small republics です。**even a short interval of relaxed energy and self-command**〔弛緩した気力と自制心の短い間隔ですら〕は「短期間でも気力と自制心を弛緩させることですら」という意味です。

▷ **might so easily be fatal, that . . .** は「…なほど、それほど容易に致命的になりうる→非常に容易に致命的な事態を招きうるので …」という意味です。原文が a mode of thinking which was admissible in small republics . . . to which even a short interval of relaxed energy and self-command might so easily be fatal, that they could not afford to wait for the salutary permanent effects of freedom. だった場合を考えてみましょう(原文は was ではなくて may have been です)。to which . . . . に対する主節は which was admissible in small republics です。主節の述語動詞が過去形 (= was) なので、従属節 (= to which . . . .) の中は時制の一致によって may so easily be fatal, that they can not afford が might so easily be fatal that they could not afford になっています。ところで、原文は主節の述語動詞が was ではなく may have been になっています。may は現在形ですから厳密には時制の一致は起こりません。しかし、これは「過去の事柄の断定 (= was)」が「過去の事柄の推量 (= may have been)」に変わっただけで、過去の事柄であることに変わりはありません。そこで従属節 (= to which . . . .) の中は時制の一致に準じて might so easily be fatal, that they could not afford になっているのです (もし時制の一致ではなく、単純に「過去の事柄の推量」だとしたら may (or might) have so easily been fatal, that they could not afford になるはずです)。

▷ **they could not afford to wait for . . .** は「それらの国は…を待つ余裕はないであろう」という意味です。

▷ **effects** の意味は「影響、効果、結果、趣旨」です。「趣旨」は論外として「影響、効果、結果」はどれも一応意味が通ります。ここは、they could not afford to wait for . . . effects〔それらの国々は . . . effects を待つだけの余裕がなかった〕と言っています。これは「freedom を認めること」と「effects が生じること」の間にかなりの time lag があることを示しています。これを考えると「結果」と捉えるのが妥当です。

▷ 次の 2 つを比べてみましょう。

(a) **the salutary and permanent effects of freedom**〔自由の有益かつ永続的な結果〕
(b) **the salutary permanent effects of freedom**〔自由の有益な永続的結果〕

(a) では salutary と permanent はそれぞれ別個かつ対等に effects にかかります。permanent から先に考えると、自由の結果は永続的なものもあれば短期的なものもあります (自由の結果はすべてが永続的だとは限りません)。したがって permanent は制限的に effects にかかり「(自由の結果には永続的なものと短期的なものがあるが、ここは) 永続的な (方の) 結果」と言ったことになります。等位接続詞でつながれた 2 つの形容詞の一方 (= permanent) が制限用法であるときに他方 (= salutary) が非制限用法になることは、普通は考えられません。したがって、salutary も制限的に effects にかかり「(自由の結果には有益なものと有益でないものがあるが、ここは) 有益な (方の) 結果」と言ったことになります。すると、(a) は「有益かつ永続的な結果」を取り出していますが、これとは別に「有益でない永続的な結果」もあることを認めています。

それに対し、(b) では salutary は、effects ではなく、permanent effects にかかっています。salutary は permanent と並んでいるわけではありませんから、salutary の性質 (=制限的修飾要素なのか非制限的修飾要素なのか) は permanent の性質 (=制限的修飾要素) とは無関係に決められます。したがって、(a) とは異なり、(b) では salutary を非制限的修飾要素に読むことができます。すると (b) は **「(自由には永続的結果と短期的結果があるが) 自由の永続的結果はすべて有益なものであり、そのすべて有益なものである永続的結果」** と言ったことになります。ミルは「自由には『有益でない永続的な結果』はない (=自由の永続的結果はすべて有益だ)」と考えていて、それを読者に伝えたいのです。そこで (a) ではなく (b) で書いたのです。「すべて有益なものである、自由の永続的結果」という意味です。

▷ **they could not afford to wait for the salutary permanent effects of freedom** は「彼らは、自由のもたらす有益な永続的結果を待つ余裕がなかった」という意味です。「自由のもたらす有益な永続的結果」は、たとえば equal rights for women〔男女同権〕とか the scientific revolution〔科学革命〕のようなものが該当します。これらは「女性の権利を制限する社会構造」や「世界が動くメカニズムについての社会通念」に異議を唱える自由があって初めて実現するものです。

(1－14－04) In the modern world, the greater size of political communities, and above all, the separation between spiritual and temporal authority (which placed the direction of men's consciences in other hands than those which controlled their worldly affairs), prevented so great an interference by law in the details of private life; but the engines of moral repression have been wielded more strenuously against divergence from the reigning opinion in self-regarding, than even in social matters; religion, the most powerful of the elements which have entered into the formation of moral feeling, having almost always been governed either by the ambition of a hierarchy, seeking control over every department of human conduct, or by the spirit of Puritanism.

訳　だが、近代世界においては、政治的共同体の規模が拡大したことと、特に、霊的権威と世俗的権威が分離したこと（この分離によって、人間の良心の指導は、世俗的な事柄を統制する人とは別の人の手に握られるようになった）、この2つによって、私生活の細部に法が干渉することは古代世界ほど大きくはなくなった。しかし、支配的意見からの逸脱に対しては道徳的抑圧という手段が執拗に行使され続けており、個人的な事柄においては、社会的な事柄と比べても、その執拗さの度合いはいっそう大きいのである。しかも、道徳感情の形成に関わってきた要因の中で最も強力なものである宗教は、人間の行動のあらゆる部門に対して統制の手を延ばそうとする教会支配層の野心か、あるいはまた、偏狭な宗教上の信念に基づき、厳格な宗教的行動規範を人々に押し付ける宗教的厳正主義の精神によって、ほとんど常に、支配されてきたのである。

構 文　非常に長い文ですが、全体の骨格は「S_1+V_1; but S_2+V_2, S'+ 完了分詞構文.」です。

S_1 → the greater size of political communities と the separation

V_1 → prevented

S_2 → the engines

V_2 → have been wielded

S' → religion

完了分詞構文→ having been governed

(which placed . . . affairs,) は the separation にかかる形容詞節をカッコに入れたものです。■ against divergence は have been wielded にかかります。■ in self-regarding matters と in social matters の matters が共通なので、in self-regarding の後の matters は省略されています。in self-regarding matters は have been wielded にかかります。■ religion は having been governed という受身・完了分詞構文の意味上の主語です。■ the most powerful は religion と同格です。■ which have entered into the formation of moral feeling は the elements にかかる形容詞節です。■ either A or B〔A か B のどちらか〕の A に by the ambition が入り、B に by the spirit が入っています。■ seeking は現在分詞形容詞用法で a hierarchy にかかります。

研究　**the modern world** はここでは「現代世界」ではなく、「近代世界」です。

▷ **political communities**〔政治的共同体〕は a society which is governed by one political system〔一つの政治システムによって統治される社会〕の複数形です。たとえば古代ギリシャのアテネやスパルタも現代（＝ミルの時代）の大英帝国も a political community です。ここは nations や states と言ってもよいのですが、こういう語を使うと、入りにくいものも出てくる（たとえばアテネを a nation と言えるかというような問題が生じる）ので、political communities と言ったのです。

▷ **the greater size of political communities**〔政治的共同体の規模が拡大したこと〕と **the separation between spiritual and temporal authority**〔霊的権威と世俗的権威が分離したこと〕は別々の現象です。後者が前者の一部であるというようなことはありません。これらの現象の結果として、法は私生活の細部に、古代におけるほど大きく干渉できなくなりました。その理由は、前者の場合は「人口が増えた結果、世俗的権威（＝政府）が私生活のすべてを監視することが実際上困難になった」からであり、後者の場合は「霊的権威（＝教会）は私生活の細部に干渉するのに法を使わない」からです。

▷ **so great an interference** の **so**〔それほど〕は「古代世界におけるほど（大きな干渉）」という意味です。

▷ **those which controlled their worldly affairs** = the hands which controlled their worldly affairs〔世俗的な事柄を統制した人の手〕です。

▷ **but** は「A（＝法による干渉は昔ほどではなくなっている）しかし B（＝道徳的抑圧という手段による干渉は行われてきた）」という論理関係です。B に more strenuously in self-regarding, than even in social matters

が入っていないことに注意してください。これをより明確に出して原文を書き換えると次のようになります。

; but the engines of moral repression have been wielded against divergence from the reigning opinion, and that more strenuously in self-regarding, than even in social matters;
しかし、道徳的抑圧という手段は支配的意見からの乖離に対して行使されてきた。しかも、個人的な事柄においては、社会的な事柄と比べても、よりいっそう精力的に行使されてきたのである。

▷ **engines** = means〔手段〕(OED) で、wield = make use of (something) as a tool or weapon〔(何かを) 道具あるいは武器として使う〕(OED) です。**the engines of moral repression** の **of** は「同格の of」です。したがって **the engines of moral repression have been wielded against divergence from the reigning opinion** は「道徳的抑圧という手段は支配的意見からの乖離に対して行使されてきた」という意味です。

▷ **more strenuously . . . in self-regarding, than even in social matters** は「個人的な事柄においては、社会的な事柄と比べてさえ、より精力的に（行使されてきた）」という意味です。**self-regarding** = concerned (solely) with oneself or one's own interests〔自分ないし自分の利害に (のみ) 関係する〕(OED) です。

▷ **more . . . than even ～は「～と比べたときでさえ、主節の方がもっと…だ」という表現です。**この表現は「主節の程度が大きいことは予想されていることだが、いくらなんでも～より大きいことはないだろうと考えるのが常識である場合に、その常識を裏切って、～と比べてさえ、主節の程度はより大きい」という場合に使われます。e.g. He spends more money on manga than <u>even</u> on rent.〔彼は、家賃と比べても、漫画の方によりいっそう多くのお金を使っている〕それに対して He spends <u>even</u> more money on manga than on rent.〔彼は家賃よりさらにいっそう多くのお金を漫画に使っている〕は単純に「家賃に使うお金は多いが、漫画に使うお金はそれよりもさらに多い」と言っているだけです。したがって、この場合 than 以下には多くのお金を使っているものであれば何でも置けます。たとえば on video games でもかまいません。しかし、than even ～の場合は、～には「主節の程度が大きいとしても、いくらなんでも～より大きいことはないだろうと考えるのが常識である」と言えるものでなければ置けません。ですから * He spends more money on manga than even on video games. とは言えないのです。

▷ **the most powerful** は **religion** と同格です。ここの **enter into ～** は「～に携わる、関わる」という意味です。**the most powerful of the elements which have entered into the formation of moral feeling** は「道徳感情の形成に関わってきた要因の中で最も強力なもの」です。**moral feeling** は、moral judgment〔道徳判断〕に従わない行為者に対する「すべきであるのに、しないから嫌いだ、憎い」「すべきでないのに、するから嫌いだ、憎い」という感情と、moral judgment〔道徳判断〕に従わない行為者が抱く「すべきなのだから、しなかったら酷い目に会うという恐怖」「すべきでないのだから、したら酷い目に会うという恐怖」です（1−07−05 の 研究 、『序説』p.237）。

▷ **religion . . . having almost always been governed . . .** は独立分詞構文（＝意味上の主語がついた分詞構文）です。この分詞構文は、主文（= the engines . . . social matters）に対する付帯状況を表しています。主文で「道徳的抑圧という手段」について述べ、分詞構文で「その手段の中で最も強力なものである宗教」について、その実態を分析したのです。

▷ この **hierarchy** は the collective body of ecclesiastical rulers〔教会の支配者の集合体〕(OED) という意味です。「高位聖職者集団」（ロイヤル英和辞典）「上位聖職にある人々」（プログレッシブ英和中辞典）です。OED の 1856 年の例文は When the hierarchy is afraid of science and education . . . there is nothing left but to quit.〔教会の高位聖職者は科学と教育を恐れるとき、諦めるしかない〕です。ここの a hierarchy はカトリックを限定的に指しているのではありません。カトリック、プロテスタントを問わず、教会幹部を指しているのです。

▷ ここの **Puritanism** は「清教主義」という「プロテスタントに属す

る特定の宗教上の主義」を限定的に指しているのではありません。「自らの偏狭な宗教上の信念に基づき、厳格な宗教的行動規範を人々に押し付ける極端な宗教的厳正主義」です。OED は extreme strictness or adherence to doctrines or principles〔教義、原理に対する極端な厳格性ないし固執性〕と定義しています。これはプロテスタント、カトリックを問わず、教会内の厳正主義を指しているのです。Webster は「清教主義」のときは *usu cap*〔通常大文字〕、「厳正主義」のときは *sometimes cap*〔時々大文字〕としています。

宗教は、ほとんどつねに、人間の行為の全部門を統制しようとする階層制組織〔カトリック教会〕の野心か、あるいはピューリタニズムの精神に支配されてきた（岩波新訳）
宗教をこれまでほとんどずっと支配してきたのは、人間の行動を全面的に統制しようとするカトリック教会の野心か、もしくはピューリタニズムの精神である（古典新訳）
宗教がほぼいつも、人間の行動をすべての面にわたって統制しようとするカトリック教会の野心か、そうでなければ清教徒の精神によって支配されてきた（日経 BP）

(1－14－05) And some of those modern reformers who have placed themselves in strongest opposition to the religions of the past, have been noway behind either churches or sects in their assertion of the right of spiritual domination: M. Comte, in particular, **whose social system, as unfolded in his *Système de Politique Positive***, aims at establishing (though by moral more than by legal appliances) a despotism of society over the individual, surpassing anything contemplated in the political ideal of the most rigid disciplinarian among the ancient philosophers.

訳　過去の宗教に対して極めて強硬な反対の立場をとってきた近代の改革

者の中にも、個人を霊的に支配する権利を主張する点において、教会にも宗派にも決して遅れをとらない人たちがいる。コント氏の如きは特にそうであって、**彼が考える社会制度は、少なくとも彼の『実証政治学体系』の中に記述されている限りでは、**個人に対する社会の専制を確立することを目的とするものであり（ただし、法律的な手段よりも、むしろ道徳的な手段によってではあるが）、それの強力さは、古代の哲学者の中で最も厳格な規律主義者の政治的理想において意図されたどのような社会の専制をも凌駕しているほどである。

構 文　全体の骨格は「S_1+V_1: S_2+V_2.」です。S_1 = some、V_1 = have been、S_2 = M. Comte、V_2 = aims です。■ as unfolded in his *Système de Politique Positive* は形容詞節で whose social system にかかります。as は従属接続詞で、as の後には it is が省略されています。■ surpassing は現在分詞形容詞用法で a despotism of society over the individual にかかっています。■ contemplated は過去分詞形容詞用法で anything にかかります。

研 究　**those modern reformers who . . .** の **those** は who . . . を指しています。いわゆる「先行詞を明示する those」です。

▷ 実例として挙げられている M. Comte はミルと同時代の人です。しかし、だからといって modern を「現代の」とすると狭くなりすぎます。ここの **modern** は「近代の」とするのが適切です。もしミルが「さすがに近代の改革者は『個人を霊的に支配する権利』を強力に主張するようなことはしないはずだ」と思っているのであれば、**those modern reformers** に even をつけて解釈することができます（「近代の改革者の中にすら…な人がいる」という意味になります）。しかし、ミルはむしろ「近代の改革者も『個人を霊的に支配する権利』を主張することに関しては古代の哲学者と大差ない」と思っていて「近代の改革者の中にも….な人がいる」と言っているのです（この「も」は、「でさえも」の「も」ではなくて、「A だけでなく B も」の「も」です）。したがって、those modern reformers に even をつけて解釈することはできません。

▷ **strongest** は絶対最上級で「非常に強い」という意味です。

▷ **noway**〔少しも…でない〕は behind either churches or sects を修飾しています。

▷ **churches** は「教派、教団」で、**sects** は教派・教団の中の「宗派、分派」です。

▷ **spiritual domination**〔霊的な面における支配〕は「道徳および宗

教の面で人間はどのようにあるべきか」を指示することです。**in their assertion of the right of spiritual domination** = in their assertion that they have a right of spiritual domination〔自分たちは霊的な面で支配する権利をもっていると主張することにおいて〕です。

▷ **M. Comte** はフランスの哲学者 Isidore Auguste Marie François Xavier Comte (1798～1857) です。日本ではオーギュスト・コントと呼ばれています。実証主義哲学の確立者として知られ、また社会学の創始者としても有名です。晩年はミルと親交があり、ミルの実証主義的な考え方に大きな影響を与えました。

▶ **as unfolded in his *Système de Politique Positive*** は whose social system を限定する形容詞節です。social system, as it is unfolded in his *Système de Politique Positive* から it is が省略されています。この「従属接続詞 as を使った形容詞節」は 1−12−01 の 研究 で詳しく検討しました。そこで説明したように、この表現は「具体的実在の全体を 1 つの aspect から眺めたもの」です。ということは、この表現は「これがすべてではない (＝別の aspect から眺めた具体的実在もある)」ことを含意しています。たとえば Mt. Fuji, as it is seen from Tagonoura〔田子の浦から見たような富士山〕は「別の地点から見た富士山は違って見える」ことを含意しています。通常、この含意は背景に退いていて前面に出てきません。たとえば The presence of geisha, as thought of as a symbol of Japan by foreigners, is one of the main selling points of Kyoto.〔外国人によって日本の象徴と考えられているような芸者がいることは京都の主要な売りの一つである〕は、芸者には「外国人が日本の象徴とは考えないタイプの芸者」もいることを含意していますが、それはこの文のイイタイコトではありません。ところが文脈によっては、この含意 (＝「これがすべてではない」) が前面に出ている (＝イイタイコトの一部である) ことがあります。次の 2 つを比べてみましょう。

(a) **whose social system, which is unfolded in his *Système de Politique Positive*, aims at . . .**
彼の社会制度、これは彼の『実証政治学体系』の中で開示されているのだが、…を目的としている。

(b) whose social system, as it is unfolded in his *Système de Politique Positive*, aims at . . .
『実証政治学体系』の中で開示されているような彼の社会制度は…を目的としている。

(a) は「彼の社会制度は…を目的とするものであり、それは彼の『実証政治学体系』の中で開示されていて、これとは違う「彼の社会制度」というものはない」という内容です。それに対し、(b)（これから it is を省略したのが原文です）は「彼の社会制度にはいろいろな捉え方や側面があるが、彼の『実証政治学体系』の中で開示されているような彼の社会制度は…を目的とするものである」という意味です。これは「彼の他の本も参照して、彼の社会制度の全体像をつかめば、おそらくこれとは違うであろう」という話者の考えを示唆していて、これがこの文のイイタイコトの一つなのです。したがって、(b) は whose social system, at least as far as it is described in his *Système de Politique Positive*, aims at . . .〔彼の社会制度は、少なくとも彼の『実証政治学体系』の中に記述されている限りでは、…を目的としている〕あるいは whose social system, at least as far as I judge the system from his *Système de Politique Positive*, aims at . . .〔彼の社会制度は、少なくとも彼の『実証政治学体系』から判断する限りは、…を目的としている〕で書き換えることができます。似た例を3つ挙げましょう。

(c) Your policy, which is written in this manifesto, is to invade Ukraine.
あなた方の方針はこの声明の中に記されているが、ウクライナを侵略することだ。

(d) Your policy, as written in this manifesto, is to invade Ukraine.
この声明の中に記されているようなあなた方の方針はウクライナを侵略することだ。
→少なくともこの声明の中に記されているあなた方の方針はウクライナを侵略することだ。

(d) は「この声明の中に書かれている方針、すなわち to invade Ukraine はあまりにも常識外れの内容なので、おそらく別の方針があるのだろう」と話者が思っていることを示唆しています。as written in this manifesto は形容詞節で Your policy を修飾していますが、at least as far as it is written in this manifesto〔少なくともこの声明の中に記されている限りでは〕という副詞節に書き換えても、内容は変わりません。

> **(e) The Mona Lisa, as seen from across the gallery, is a nondescript painting.**
> 陳列室の端から見た場合のモナリザはこれといった特徴のない絵である。
> →少なくとも陳列室の端から見たモナリザはこれといった特徴のない絵である。
>
> **(f) Your theory, as presented in this essay, is hard to understand.**
> この論文で示されているようなあなたの理論は理解するのが難しい。
> →少なくともこの論文で示されているあなたの理論は理解するのが難しい。

▷ **appliances** = means〔手段〕です。**moral appliances**〔道徳的手段〕は「毎週日曜日には教会に行って説教を聞くべし」といったような道徳規範です。**legal appliances**〔法的手段〕は法律です。

▷ **a despotism of society over the individual**〔個人に対する社会の専制〕は「社会が個人に対して専制政治を行うこと」という意味で、of は「主格の of」、society は a despotism の「意味上の主語」です。despot〔専制君主、独裁者〕は someone with absolute control over someone else〔他者に対して絶対的な統制力を持つ人〕で A despot can issue any order, and there is no choice but to obey.〔専制君主はいかなる命令を発することもでき、それに服従する以外の選択肢はない〕です。society が構成員に対してこのような役割を果たしうることは明らかです。

▷ **anything** = any despotism of society over the individual〔個人に対する社会のどのような専制でも〕です。

▷ **contemplated** は過去分詞の形容詞用法で anything を修飾しています。ここの contemplate は「意図する、もくろむ」という意味です。Webster では anticipate doing or performing : plan on : INTEND〔行うこと、あるいは遂行することを期待する：するつもりである：意図する〕と定義されています。

▷ **a despotism of society over the individual, surpassing anything contemplated in the political ideal of the most rigid disciplinarian among the ancient philosophers** は「古代の哲学者の中で最も厳格な規律主義者の政治的理想において意図された、どのような社会の専制をも凌駕している、個人に対する社会の専制」という意味です。おそらくミルは、「古代の哲学者の中で最も厳格な規律主義者」として特定の哲学者（たとえばプラトン）を念頭に置き、「これをも凌駕している」と言っているのではありません。そうではなくて「それが誰であるにせよ、古代の哲学者の中で最も厳格な規律主義者の政治的理想において意図された、どのような社会の専制をも、コントが目指している『個人に対する社会の専制』は強力さにおいて勝っている＝コントが目指している『個人に対する社会の専制』に匹敵するほど強力な専制を意図した古代の哲学者はいなかった（それほどコントが考える社会の専制は強力なのだ）」ということを言っているのです。

(1－15－01) Apart from the peculiar tenets of individual thinkers, there is also in the world at large an increasing inclination to stretch unduly the powers of society over the individual, both by the force of opinion and even by that of legislation: and as the tendency of all the changes taking place in the world is to strengthen society, and diminish the power of the individual, this encroachment is not one of the evils which tend spontaneously to disappear, but, on the contrary, to grow more and more formidable.

訳　個人に指図する力を国家に与えることをよしとする趣旨の、個々の思想家に特有の見解に加えて、世の中一般に、社会がもつ個人に指図する力を、世論の力により、さらには法律の力さえ使って、不当に拡大する傾向も強まりつつある。世の中に起こりつつあるあらゆる変化が、社会を強め、個人の力を弱める傾向を示しているので、個人の力に対するこの侵害は、ほうっておけば自然に消滅してゆく害悪ではなく、逆に、ますます手ごわいものになっていく害悪の一つなのである。

構文　全体は「there is S_1: and as S_2+V_2+C_2, S_3+V_3+C_3.」という構成です。「S_1 = an increasing inclination」「S_2 = the tendency、V_2 = is、C_2 = to strengthen と to diminish」「S_3 = this encroachment、V_3 = is、C_3 = one」です。as S_2+V_2+C_2 は副詞節ですから、結局この英文は there is S_1 と S_3+V_3+C_3 という 2 つの文を and でつないでいて、どちらの述語動詞も is です。この英文には is が 3 つ出てきますが、最初と最後の is がこの英文の中心で、これに主語や補語や修飾要素がついて出来上がっているのです。このように見えることが「構文がわかる」ということです。■ to stretch は inclination にかかります。■ by the force と by that は to stretch にかかります。■ taking place は現在分詞形容詞用法で all the changes にかかります。■ and は strengthen と diminish をつないでいて、不定詞の to が共通に置かれています。■ this encroachment 以下の構造については **研究** 参照。

研究　**the peculiar tenets of individual thinkers** = the tenets which are peculiar to individual thinkers〔個々の思想家に特有の見解〕です。the tenets の内容は「個人に指図する力を国家に与えること」を良しとする見解で、それに peculiar〔特有の〕がついているのは「個々の思想家が持っている見解（彼らの全員ではないにしても、少なくともその一部が持っている見解）は、他の思想家の見解とは異なる、独特の見解である（結論は同じでも、理由付けや根拠が独特である）」ことを強調するためです。individual thinkers はたとえば M. Comte のような思想家を指しています。

▷ **apart from . . .**〔…とは別に〕は「…を除けば（= except for）」と「…に加えて（= in addition to）」という 2 つの事柄を表します。たとえば Apart from a few talented, all men are equal.〔少数の才能がある人を除けば、人間は皆同じだ〕は前者で、Apart from this, we must take that into account.〔これに加えて、あれも考慮しなければならない〕は後者です。原文の **Apart from the peculiar tenets of individual thinkers** は後者です。「（個人に指図する力を国家に与えることを良しとする趣旨の）個々の思想家に特有の見解に加えて（世の中一般に、社会がもつ個人に指図する力を不当に拡大する傾向も大きくなりつつある）」という意味です。

▷ **also** は、in the world at large ではなく、an increasing inclination にかかります。「個々の思想家に特有の見解とは別に、…する傾向も強まりつつある」という意味です。

▷ **in the world at large** は「世の中一般に」という意味です。

▷ **as the tendency . . . the individual** は理由を表す副詞節で this encroachment is not one of the evils . . . を修飾しています。

▷ **this encroachment**〔この侵害〕は「社会が個人の自由を侵害すること」です。

▷ **spontaneously** は to disappear を修飾しています。

▷ 原文は、まず **this encroachment is not one of the evils which tend spontaneously to disappear**〔この侵害は、ほうっておけば自然に消滅してゆく害悪の一つではない〕と言い、次にそれを受けて **but, on the contrary,** it is one of the evils which tend **to grow more and more formidable**〔そうではなくて、それは、逆に、ますます手ごわいものになっていく害悪の一つなのである〕と言っています。その際、but 以下の it is one of the evils which tend の部分は「繰り返しを避けるための省略」によって省略しています。この but は「しかし」ではなく、前の否定文を受けて「そうではなくて」という意味を表す等位接続詞です。原文をいわゆる not A but B〔A ではなくて B〕を使って書き直すと this encroachment is one of the evils which tend not spontaneously to disappear, but, on the contrary, to grow more and more formidable となります。

（1−15−02）The disposition of mankind, whether as rulers or as fellow-citizens, to impose their own opinions and inclinations as a rule of conduct on others, is so energetically supported by some of the best and by some of the worst feelings incident to human nature, that it is hardly ever kept under restraint by anything but want of power; and as the power is not declining, but growing, unless a strong barrier of moral conviction can be raised against the mischief, we must expect, in the present circumstances of the world, to see it increase.

訳 統治者であろうが、同胞の市民であろうが、人間がもっている、自分の意見と好みを行動規範として他人に押し付ける性質は、人間性に必ず付随する最善の感情と最悪の感情のすべてではないにしても、一部によって強く支えられているので、これを抑制するには、人に権力をもたせないこと以外にほとんど方法はない。そして、権力は今や弱まるどころか強くなりつつあるのだから、この害悪に対して、それは間違いであり、そのようなことはすべきではないという道徳的確信の強固な障壁を築きえない限り、我々は、世界の現状においては、この害悪がますます大きくなるのを覚悟しなければならない。

構文 全体の骨格は S+V; and S+V. です。「The disposition . . . is so energetically supported . . . that S_1+V_1; and as S_2+V_2, unless S_3+V_3, we must expect . . .」という構成です。and の前は that S_1+V_1 が副詞節で so にかかり、is supported が主節の述語動詞です。and の後は as S_2+V_2 と unless S_3+V_3 が副詞節で we must expect にかかり、expect が主節の述語動詞です。この英文の中心は is supported と expect で、これに主語や目的語や修飾要素がついて出来上がっているのです。■ whether as rulers or as fellow-citizens は副詞節の短縮形です。■ to impose は the disposition にかかります。■ as a rule of conduct と on others は副詞句で to impose にかかります。■ the best feelings と the worst feelings の feelings が 1 つにまとめられて the worst の後に置かれています。■ incident は形容詞で feelings にかかります。■ that it is hardly ever . . . の that は副詞節を作る従属接続詞です(いわゆる so ～ that S+V の that です)。■ but は前置詞で、want が前置詞の目的語です。but want of power は形容詞句で anything にかかります。■ the power is . . . の is は進行形を作る助動詞で、is declining と is growing が現在進行形です。■ to see は不定詞名詞用法で expect の目的語です。to see は不完全他動詞で、it が目的語、increase が原形不定詞で補語です。increase は完全自動詞です。

研究 **whether as rulers or as fellow-citizens** は whether it is the disposition of mankind as rulers or the disposition of mankind as fellow-citizens〔それが統治者としての人間の傾向であろうと、同胞の市民としての人間の傾向であろうと〕の省略形です。

▷ **some of the best feelings incident to human nature**〔人間性に必ず付随する最善の感情の一部〕は「他人に害が加えられるのを妨げたいという願望」や「他人が自分の状況を改善していくのを見たいという願望」などです。

▷ **some of the worst feelings incident to human nature**〔人間性に必ず付随する最悪の感情の一部〕は「自分が考えるように他人を動かしたいという願望」などです。
▷ **that it is hardly ever kept under restraint by anything but want of power** は構造的には「程度を表す副詞節」ですが、意味的には「結果を表す副詞節」です。**it** は The disposition of mankind . . . as a rule of conduct on others を指します。**hardly ever** = almost never です。**want of power** = lack of power〔力がないこと〕です。全体を「結果」で訳すと「そのために、それは力の欠如以外のどんなものによっても制限下の状態に置かれることはほとんどない⇒そのために、それはほとんど力の欠如によってのみ制限下の状態に置かれる」となります。これは「人間は力を持った場合、それが制限された状態に置かれることはほとんどない→人間は力を持てば、ほとんど必ず自分の意見と好みを行動規範として他人におしつける傾向を発動する」という内容です。
▷ **a strong barrier of moral conviction** は「道徳的確信という強力な障壁」という意味です。「道徳的確信」は、一般的には、「それは間違いであり、行うべきではないという確信」と「それは正しいことであり、行うべきであるという確信」の両方です。しかし、この文では前者を指していて、「それ」の内容は「自分の意見と好みを行動規範として他人におしつけること」です。したがって **moral conviction**〔道徳的確信〕は「自分の意見と好みを行動規範として他人におしつけることは間違いであり、行うべきではないという確信」です。
▷ **the mischief**〔この害悪〕の内容も「自分の意見と好みを行動規範として他人におしつけること」です。

> (1－16－01) It will be convenient for the argument, if, instead of at once entering upon the general thesis, we confine ourselves in the first instance to a single branch of it, on which the principle here stated is, if not fully, yet to a certain point, recognised by the current opinions.

訳　さて、議論のためには、直ちに一般的な命題に入るのではなく、最初に、その中の一つの分野、すなわち、ここに述べた原理が、現在の世論によって、完全ではないにしても、それでもある程度は認められている一分野に、考察を限定するのが好都合であろう。

構文 if, . . . by the current opinions は副詞節です。■ on which . . . by the current opinions は形容詞節で a single branch にかかります。■ stated は過去分詞形容詞用法で the principle にかかります。■ is recognized は受身の述語動詞です。

研究 **It** は if 節の内容を指しています。「もし S+V なら、それは…だろう」です。

▷ **the general thesis**〔一般的命題〕は In principle, society cannot intervene in the purely individual liberty.〔原則として、社会は純粋に個人的な自由には介入できない〕というような内容の命題だと思われます。

▷ **a single branch of it**〔それの一つの部門〕の **it** は the general thesis を指しています。a single branch の具体的な中身は次の文で述べられます。

▷ **the principle here stated**〔ここで述べられた原理〕は (1−13−02) the principle that we have freedom of pursuing our own good in our own way, so long as we do not attempt to deprive others of theirs, or impede their efforts to obtain it〔我々は、他人の幸福を奪おうとしたり、幸福を得ようとする他人の努力を妨害しようとしないかぎり、自分自身の幸福を自分自身のやり方で追求する自由を持っているという原理〕です。

▷ if not A, at least B〔たとえ A ではないにしても、少なくとも B〕の A に fully が入り、B に to a certain point が入り、at least が yet〔しかしそれでも〕になっています。**if not fully, yet to a certain point** は「たとえ完全ではないにしても、それでもある程度は」という意味です。

(1－16－02) This one branch is the Liberty of Thought: from which it is impossible to separate the cognate liberty of speaking and of writing.

訳 その一つの分野とは、思想の自由である。ただし、これと同類の、言論・執筆の自由は、これと切り離して論じることはできない。

(1－16－03) Although these liberties, to some considerable amount, form part of the political morality of all countries which profess religious toleration and free institutions, **the grounds, both philosophical and practical, on which they rest, are perhaps not so familiar to the general mind, nor so thoroughly appreciated by many even of the leaders of opinion, as might have been expected.**

訳　これらの自由は、現在、宗教的寛容と自由な諸制度を標榜するすべての国の政治道徳の一部を、相当の程度まで構成している。しかし、**これらの自由を支える理論的および実際的な根拠は、おそらく、そのような現状から予想されるほどには一般の人に知られていないし、また、世論の指導者ですら、その多くは、予想されるほど完璧には理解していない。**

構文　are は familiar に対しては be 動詞（ここでは不完全自動詞です）で、familiar は are の補語ですが、appreciated に対しては be 助動詞（ここでは受身を作っています）で、are appreciated は完全他動詞の受身形です。

研究　**these liberties** は「思想の自由」と「言論・執筆の自由」です。

▷ **to some considerable amount** ＝ to some considerable degree〔相当の程度に〕です。to some considerable amount と to a considerable amount はどちらも「相当の程度に」という意味で、その「相当の程度」が各国で同じ場合と各国で異なる場合の両方を表せます。しかし、some を使った場合は程度が各国で異なることをより強く示唆し、a を使った場合は程度が各国で同じであることをより強く示唆します。原文は「宗教的寛容と自由な諸制度を標榜するすべての国の政治道徳の一部を、相当の程度に構成している」と言っていますが、この「相当の程度」は「すべての国で同じ程度」ではありません。ですから to some considerable amount と言っているのです。

▷ **the political morality**〔政治道徳〕とは簡単に言えば「政治の領域でやって良いことと悪いこと」です。すると原文は「思想の自由と言論・執筆の自由は、宗教的寛容と自由な諸制度を標榜するすべての国において、政治の領域でやって良いことと悪いことの一部を、相当の程度まで、構成している」という意味になります。これは「宗教的寛容と自由な諸制度を標榜する国は、どの国でも、『思想の自由』と『言論・執筆の自由』を制限することは政治の領域でやってはいけないことであると、(政治家、政府関係者も含めて) 人々が (完全ではないにしても) 相当の程度まで認めている」という意味です。

▷ **religious** は toleration にだけかかり、free institutions にはかかりません。もし religious free institutions〔宗教的な自由な諸制度〕であれば free religious institutions〔自由な宗教的諸制度〕と言うはずです。また、内容的にも「自由な宗教的諸制度」だと、自由な諸制度が宗教の分野に限定されてしまいます (たとえば新宗教を自由に創始できることなど)。ここの free institutions は、宗教の分野に限らず、a free parliament〔自由な議会〕とか a free press〔自由な報道機関〕なども含んでいます。

▶ **the grounds practical** は「(思想の自由と言論・執筆の自由を支える) 実際的な根拠」です。これは「社会を運営していくうえで、これらの自由がどのような実際的利益をもたらすか」ということです。

▶ **the grounds philosophical** は「(思想の自由と言論・執筆の自由を支える) 哲学的な根拠」です。これは「人間の発達にとって、これらの自由はなぜ必要なのか」という理論的根拠を指しています。

▶ **not so familiar to the general mind**〔一般人の頭にそれほど知られていない〕は「一般人にはそれほど認識されていない」という意味です。

▶ **nor so thoroughly appreciated by many even of the leaders of opinion** は「また、世論の指導者ですら、その多くによってそれほど完璧には理解されていない⇒また、世論の指導者ですら、その多くの人はそれほど完璧には理解していない」という意味です。

▶ **thoroughly** は completely とまったく同じ意味で使われるときは非可計的 (ungradable：程度を問題にできない) です。e.g. He was thoroughly bored.〔彼は完全に退屈しきっていた〕それに対して carefully about all details〔すべての細目について注意深く〕という意味で使われるときは all details については非可計的ですが、carefully については可計的 (＝ gradable：程度を問題にできる) です。したがって、この意味の場合は very thoroughly, so thoroughly, more thoroughly, most thoroughly という形で使うことができます。

> **Setting off the alarm at the security check, I was searched much more thoroughly than I'd ever been before.**
> 私は、保安検査で警報が鳴ってしまい、これまでよりはるかに完璧に身体検査をされた。

この thoroughly〔完璧に〕は「全身くまなく綿密に」という意味で、much more は「綿密に」の部分にかかっています。

> **The more thoroughly the soil is prepared, the greater the success of the orchardist will be.**
> 土壌を完璧に準備すればするほど、果樹栽培家が得る収穫はますます大きくなる。

この thoroughly〔完璧に〕は「土壌のすべてについて注意深く」という意味で、The more は「注意深く」の部分にかかっています。

なお非可計的な形容詞・副詞が比較級・最上級になっている場合の考え方については『序説』p.101 を参照してください。

▶ 原文の **so thoroughly appreciated**〔それほど完璧に理解されている〕の **thoroughly**〔完璧に〕は「すべてについて綿密に」という意味で、so〔それほど〕は「綿密に」の部分にかかっています。**appreciate** = apprehend or understand clearly or correctly〔明確ないし正確に把握、理解する〕(OED) です。

▶ **by many even of the leaders of opinion** は「世論の指導者でさえ、その多くによって」という意味です。

▶ **as might have been expected** は頻繁に用いられる普通の表現です。事柄を正確につかむために、精密に考えてみましょう。

> **(1) People are protesting against the new pensions law, as was expected.**
> 予想されたことだが、人々は新しい年金法に抗議している。

as は was expected の主語として働く関係代名詞で、先行詞は主節全体です。そこで関係代名詞に先行詞を代入して考えると、as was expected

は「人々が新しい年金法に抗議していることは事前に予想されていた」という意味を表しています。

> **(2) People are protesting against the new pensions law, as may have been expected.**
> 予想されていたのかもしれないが、人々は新しい年金法に抗議している。

as may have been expected は「人々が新しい年金法に抗議していることは事前に予想されていたかもしれない→人々が新しい年金法に抗議していることは、事前に予想されていたか否かは不明だが、予想されていた可能性がある」という意味を表しています。なお (1−07−02) に however they may have come into conflict with it という表現があります。この may have come の may は「推量」ではなくて「譲歩の副詞節中で用いられる may」ですから、as may have been expected とは違います。

> **(3) People are protesting against the new pensions law, as might have been expected.**
> ひょっとすると予想されていたのかもしれないが、人々は新しい年金法に抗議している。

この might は仮定法過去の婉曲用法で、may を婉曲にしたものです。as might have been expected は「人々が新しい年金法に抗議していることは、事前に予想されていたか否かは不明だが、予想されていた可能性がある」という意味を婉曲に表しています。

(1) ~ (3) の as 節は、主節の内容が事前に予想されていたこと、あるいは予想されていた可能性があることを伝えています。

> **(4) People are protesting against the new pensions law, as might have been expected.**
> (a) その気になれば (過去に) 予想できたことだが、人々は新しい年金法に抗議している。
> (b) その気になれば (先に) 予想できることだが、人々は新しい年金法に抗議している。

このmight have been expectedは「仮定法過去完了の帰結節」で、(a)「時間的に過去」を表す場合と、(b)「順序的に先」を表す場合の両方があります。

(a)「時間的に過去」を表す場合のas might have been expectedは「人々が新しい年金法に抗議していることは、もし誰か普通の注意力を持っている人がその気になれば (←この文の場合「隠れている条件」は「誰か普通の注意力を持っている人がその気になれば」と捉えるのが妥当です。もちろん、前後の文脈によっては「誰かそれなりに注意深い人がその気になれば」あるいは「誰でもその気になれば」になることもあります) 過去のどこかの時点で予想できたかもしれなかった」という意味を表しています。まったく予想外のことなら、誰か普通の注意力を持っている人がその気になっても予想できなかったでしょう。「誰か普通の注意力を持っている人がその気になれば過去のどこかの時点で予想できたかもしれなかった」ということは「人々が新しい年金法に抗議しそうな兆候あるいは手がかりが過去にあった (たとえば、反対する社説が新聞に掲載されていたとか、TVの影響力のあるコメンテーターが悪法だと主張していた)」ということです。(4-a) のas節はそのこと、すなわち「**主節は、誰か普通の注意力を持っている人がその気になれば、予想できるだけの徴候・手がかり・裏付けが (過去に) あった**」ということを聞き手に伝えているのです。

(b)「順序的に先」を表す場合のas might have been expectedは「人々が新しい年金法に抗議していることは、もし誰か普通の注意力を持っている人がその気になれば先に予想できるかもしれない」という意味を表しています。まったく予想外のことなら、誰か普通の注意力を持っている人がその気になっても予想できないでしょう。「誰か普通の注意力を持っている人がその気になれば先に予想できるかもしれない」ということは「人々が新しい年金法に抗議しそうな兆候あるいは手がかりが現在ある (たとえば、新法が年金の受給開始年齢を引き上げる内容で、通常人々はこの種の変更には反対するものです)」ということです。(4-b) のas節はそのこと、すなわち「**主節は、誰か普通の注意力を持っている人がその気になれば、予想できるだけの徴候・手がかり・裏付けが (現在) ある**」ということを聞き手に伝えているのです。

英語では「時間的に過去」でも「順序的に先」でも might have been expected と言います。それに対して、日本語では「順序的に先」の場合は「その気になれば予想できる」と現在形で言います。事柄の性質上「予想」というのは先にやるものですから（「予」は「あらかじめ」という意味です）、現在形で言えば自動的に「順序的に先」が表されるからです。

さて以上を一般的にまとめると次のようになります。まず簡単にまとめ、次に精密にまとめてみましょう。

先行詞が主節全体の場合の as might have been expected は、特別な文脈（＝ may have been expected の婉曲形であることを示す文脈）がない限り、「仮定法過去完了の帰結節」で、次の 2 つの意味を表す。

・その気になれば（過去に）予想できたことだが、S+V.

・その気になれば（先に）予想できることだが、S+V.

先行詞が主節全体の場合の as might have been expected は、特別な文脈（＝ may have been expected の婉曲形であることを示す文脈）がない限り、「仮定法過去完了の帰結節」で、「as の内容（＝主節）はまったく予想外のことではなく、誰か普通の注意力を持っている人（or 誰かそれなりに注意深い人 or 誰でも）**がその気になれば、予想できるだけの徴候・手がかり・裏付けが過去にあった or 現在ある」ということを聞き手に伝えるための表現である。**

as might have been expected は厳密には (3) すなわち「may have been expected の婉曲形」と、(4) すなわち「仮定法過去完了の帰結節」の 2 つの可能性があるのですが、実際にはこの表現は慣用的表現で、もっぱら (4) の意味を表します（文脈に支えられれば (3) の意味を表すことも可能です）。すなわち as might have been expected は通常は「as の内容が事前に予想されていたこと、あるいは予想されていた可能性があること」を言っているのではありません。それを言いたいのであれば as was expected とか as may have been expected という言い方をします。

▶ それでは原文に戻りましょう。まず、原文とは少しだけ違う英文を検討します。

(5) The grounds are familiar to the general mind, as might have been expected.

(a) その気になれば（過去に）予想できたことだが、その根拠は一般の人によく知られている。

(b) その気になれば（先に）予想できることだが、その根拠は一般の人によく知られている。

この文の might have been expected は、特別な文脈がない限り「仮定法過去完了の帰結節」で、(a)「時間的に過去」を表す場合と、(b)「順序的に先」を表す場合の両方があります。「時間的に過去」を表す場合は「誰か普通の注意力を持っている人がその気になれば予想できた」という意味です。「順序的に先」を表す場合は「誰か普通の注意力を持っている人がその気になれば予想できる」という意味です。

「時間的に過去」を表す場合 as might have been expected は「その根拠が一般人によく知られていることは、誰か普通の注意力を持っている人がその気になれば、予想できるだけの徴候・手がかり・裏付けが過去にあったのだ」ということを聞き手に伝えています（たとえば「過去に一部の人がその根拠についてしきりに論じていた」とか「その根拠が高校の教科書に書いてあった」というようなことが考えられます）。それに対して「順序的に先」を表す場合 as might have been expected は「その根拠が一般人によく知られていることは、誰か普通の注意力を持っている人がその気になれば、予想できるだけの徴候・手がかり・裏付けが現在あるのだ」ということを聞き手に伝えています（たとえば「現在多くの人がその根拠についてしきりに論じている」とか「その根拠が高校の教科書に書いてある」というようなことが考えられます）。

(6) The grounds are as familiar to the general mind as might have been expected.

その根拠は、誰か普通の注意力を持っている人がその気になれば過去に予想できた（or 現在予想できる）程度に、現在一般人に知られている。

＝その根拠が現在一般人に知られている程度は、これくらい

> の程度には知られているだろう、と誰か普通の注意力を持っている人がその気になれば過去に予想できた (or 現在予想できる) 程度だ。

as は関係代名詞で、先行詞は as familiar です。as familiar . . . as might have been expected〔過去に予想された (or 先に予想される) かもしれないのと同じくらい知られている〕は「過去に予想された (or 先に予想される) かもしれない程度と同じ程度に知られている」ということです。つまり「過去に予想された (or 先に予想される) かもしれない」のは、「その根拠が現在一般人に知られていること」ではなくて、「その根拠が現在一般人に知られている程度」なのです。「as の先行詞は as familiar である」というのは、別の言い方をすれば「as の中身は『その根拠が現在一般人に知られている程度』である」ということです。

(5) のように as の先行詞が主節全体のとき (= as の中身が「S が V すること」のとき) は、as might have been expected は「主節には、予想できるだけの事情が過去にあった (←「時間的に過去」を表す場合) または予想できるだけの事情が現在ある (←「順序的に先」を表す場合)」ことを言いたいのです。

それに対して、(6) のように as の先行詞が「as 原級」のとき、別の言い方をすれば **as might have been expected が比較の基準になっているときは、原級の程度を予想できるだけの事情が過去にあった (or 現在ある) ことを前提にして「『誰か普通の注意力を持っている人がその気になれば過去に予想できた (or 現在予想できる) 程度』と同じくらい」と言いたいのです。**

そこで、これを踏まえて (6) を和訳すると「その根拠は、誰か普通の注意力を持っている人がその気になれば過去に予想できた (or 現在予想できる) 程度に、現在一般人に知られている」となります。

ところで、as might have been expected は「時間的に過去」を表す場合と「順序的に先」を表す場合の両方の可能性があるのですが、「時間的に過去」を表す場合は The grounds are now as familiar to the general mind as might have been expected. のように、主節に now のような「現在」を明示する語句を置くのが普通です。したがって (6) のように「現在」を明示する語句がない場合は as might have been expected は「順序的に先」を表すと解釈するのが基本です。

(7) The grounds are not so familiar to the general mind as might have been expected.

これは (6) を否定した文で、これが原文です。「現在を明示する語句」がないので as might have been expected は「順序的に先」を表すと解釈します。「隠れている条件」は「誰か普通の注意力を持っている人がその気になれば」と捉えるのが妥当です。単純に (6) を否定すると次のようになります。

その根拠は、誰か普通の注意力を持っている人がその気になれば、①これくらいの程度には一般人に知られているだろうと予想できる事情が現在あり、②その「誰か普通の注意力を持っている人がその気になれば現在予想できる程度」と同じくらいに、現在一般人に知られている、というわけではない。

これを読むと①と②の両方を否定しているように受け取れます。しかし、この英文は、①は否定されておらず、②だけが否定されているのです。そこで、それをはっきりさせるために、次のように訳します。

③その根拠は、誰か普通の注意力を持っている人がその気になれば、④これくらいの程度には一般人に知られているだろうと予想できる事情が現在あるのにもかかわらず、その「誰か普通の注意力を持っている人がその気になれば現在予想できる程度」には、⑤現在一般人に知られていない。

③は「これらの自由の基礎をなしている哲学的および実践的な根拠」です。④は「これらの自由が、現在、宗教的寛容と自由な諸制度とを標榜しているすべての国家の政治道徳の一部を相当の程度まで形成していること」です。⑤には perhaps〔おそらく…だろう〕がついていて、さらにこの後に「また、世論の指導者ですら、その多くの人はそれほど完璧

には理解していない」が続きます。そこで、これらを加えると、全文は次のようになります。

これらの自由は、現在、宗教的寛容と自由な諸制度とを標榜しているすべての国家の政治道徳の一部を相当の程度まで形成している。ところが、⑥こういう事情があるにもかかわらず、⑦おそらく、⑧その事情から誰か普通の注意力を持っている人がその気になれば現在予想できるほどには、これらの自由の基礎をなしている哲学的および実践的な根拠は一般人に知られていないし、世論の指導者ですら、その多くの人は⑧その事情から誰か普通の注意力を持っている人がその気になれば現在予想できるほど完璧には理解していないであろう。

⑥が Although が表している部分です。⑦は perhaps ですが、これは断言するのを避けるためにつけた cautious “perhaps” です。⑧が as might have been expected が表している部分です。

▶ 比較構文の基準として使われた might have been expected の別の例を紹介しましょう。

> **When you drop a box containing fragile items, fewer will break than might have been expected. You have to be really unlucky to have everything break at once.**
>
> 壊れやすい物が入っている箱を落としたときは、中の物は予想されるほどには壊れないものだ。よほど運が悪くない限り、全部一度に壊れることはない。

内容からわかるように drop と will break は timeless present で、fewer will break の will は「習性の will」です。主節の述語動詞が timeless present の場合、might have been expected は「順序的に先」を表します。また、この文の場合「隠れている条件」は「誰でもその気になれば」と捉えるのが妥当です。したがって「誰でもその気になれば、これくらいの数は壊れるだろうと予想できる事情があり、その『誰でもその気になれば予想できる数』よりも」という意味です。この場合の「事情」は「壊れやすい物が入っていること」です。そこで、事柄を表に出して訳すと

「誰でもその気になれば、壊れやすい物が入っているという事情から予想できる数（すなわち『大多数』）よりも」となります。通常はただ「予想されるよりも」と訳せばよいでしょう。

You have to be really unlucky to have everything break at once. は「すべての物が一度に壊れるためには、本当に運が悪くなければならない」が直訳です。

恐らく、期待されてしかるべきかも知れないほどには一般の人心によく知られていないし、また、それほど完全には、世論の指導者の多くのものにさえ、評価されていないと思われる（岩波旧訳）
おそらく予想されるほどには国民全般によく知られていないし、世論の指導者たちですら、その多くが十分には理解していない（岩波新訳）
不思議なぐらい一般には知られていないし、オピニオン・リーダーたちのあいだでさえ、よくわかっている人は少ない（古典新訳）
予想されるほどにはおそらく、一般の人びとに知られていないし、世論を指導する立場にある人の多くにすら、十分に認識されていない（日経BP）

(1－16－04) Those grounds, when rightly understood, are of much wider application than to only one division of the subject, and a thorough consideration of this part of the question will be found the best introduction to the remainder.

訳　これらの根拠は、それが正しく理解されるならば、自由の問題の一部門だけにとどまらず、それよりずっと広く適用される可能性をもっている。それゆえ、自由の問題のこの部分について徹底した考察をおこなえば、それが他の自由を考察することへの最もよい導入であるとわかるだろう。

構文　when rightly understood = when they are rightly understood です。■ of much wider application は形容詞句で、are の補語です。

研究　**Those grounds, when rightly understood, are of much wider application than to only one division of the subject** を直訳すると「それらの根拠は、正しく理解されたときは、この主題のただ一部門に適用されるのではなく、それよりずっと広く適用される可能性をもっている」となります。

▷ **Those grounds** は the grounds, both philosophical and practical, on which they rest〔「思想の自由」と「言論・執筆の自由」の基礎をなしている哲学的および実践的な根拠〕です。

▷ **application** は the capacity of being brought to bear on particular cases〔個々の事例に適用される可能性〕(OED) という意味です。e.g. words of varied application〔さまざまに使われる可能性をもった語〕**of much wider application** は「はるかに広範囲に適用される可能性をもっている」という意味の形容詞句です。**of** は「～をもっている、帯びている」という意味の前置詞です。

▷ **only one division of the subject** は only one division of the subject of liberty〔自由という主題のただ一部門〕という意味です。これは、表現上は「自由という問題の一部門」であればどの部門でもよいのであって、特定の一部門を指しているのではありません。しかし、この文脈では「思想の自由」と「言論・執筆の自由」を指しています。

以上を加味して直訳を書き換えると「『思想の自由』と『言論・執筆の自由』の基礎をなしている根拠は、正しく理解されたときは、「思想の自由」と「言論・執筆の自由」という『自由のただ一部門』に適用されるのではなく、それよりずっと広く適用される可能性をもっている→『思想の自由』と『言論・執筆の自由』の基礎をなしている根拠は他の自由に適用される可能性をもっている」となります。

▷ **a thorough consideration of this part of the question will be found the best introduction to the remainder** を直訳すると「その問題のこの部分の徹底的な考察は、残りへの最善の導入であるとわかるだろう」となります。thorough〔徹底的な〕は careful about all details〔すべての細目について注意深い〕という意味で、非可計的要素（←「すべての」の部分）と可計的要素（←「注意深い」の部分）の両方をもっています（1－16－03 の 研究 参照）。

▷ **this part of the question**〔その問題のこの部分〕は this part of the question of what sort of liberty should be guaranteed〔どのような種類の自由が保障されるべきかという問題のこの部分〕という意味で、中身は「思想の自由」と「言論・執筆の自由」です。

▷ **a thorough consideration . . . will be found the best introduction . . .** = a thorough consideration . . . will be found the best introduction . . . by people hearing that consideration〔徹底した考察は、その考察を聞く人によって、最善の導入であると認識されるだろう⇒徹底した考察を行えば、その考察を聞く人は、それが最善の導入であると認識するだろう〕です。徹底した考察を行うのはミルで、その考察を聞く人は読者です。したがって a thorough consideration . . . will be found the best introduction . . . は「私はこれから（『思想の自由』と『言論・執筆の自由』について）徹底した考察を行うが、読者はそれを読めば、それが（他の自由を考察することへの）最善の導入であるとわかるだろう」という意味です。したがって will be found the best introduction . . . を単純に will be the best introduction . . . と同じと考えるのはよくありません。

▷ **the best introduction to . . .** は the best introduction of people to . . .〔人々を…にもっともよく導くこと→人々を…に導く最善の導入〕です。

▷ **the remainder**〔残り〕は the remaining parts of the question〔その問題の残っている部分→どのような種類の自由が保障されるべきかという問題の『思想の自由』と『言論・執筆の自由』を除いた残余の部分〕です。簡単に言えば「『思想の自由』と『言論・執筆の自由』以外の自由」です。to と the remainder の間に a consideration of が省略されています（繰り返しを避けるための省略です）。

▷ 以上を加味して直訳を書き換えると「『思想の自由』と『言論・執筆の自由』を徹底的に考察することは、他の自由を考察することへ人々を導く最もよい導入であるとわかるだろう」となります。これが and 以下で言っていることです。これと and の前を合わせると、この文全体は次のようになります。

「思想の自由」と「言論・執筆の自由」の基礎をなしている根拠は他の自由に適用される可能性をもっている。それゆえ「思想の自由」と「言論・執筆の自由」を徹底的に考察すれば、それが他の自由を考察することへの最もよい導入であるとわかるだろう。

自由の問題のこの部分を充分に考究することは、残余の部分に対する最もよい緒論であろう（岩波旧訳）
問題をこの分野で徹底的に考察しておけば、残りの部分〔その他の個人的自由〕にとっての最善の導入となるだろう（岩波新訳）
まず思想の自由を徹底的に考察することが、自由の問題全体をとらえる上で最良の導入になるのである（古典新訳）
思想の自由の問題を徹底して考えていけば、それ以外の自由の問題を考えるための序論として最適になるだろう（日経 BP）

(1－16－05) Those to whom nothing which I am about to say will be new, may therefore, I hope, excuse me, if on a subject which for now three centuries has been so often discussed, I venture on one discussion more.

訳　それ故に、私がこれから論じようとしていることに何の新しさも見出さない人々も、すでに3世紀にわたりかくも頻繁に論じられてきた問題に関して、私が敢えてもう一度議論を重ねることを許してくださるだろうと思う。

構文　この英文の主節の述語動詞は excuse で、主語は Those です。■ to whom . . . be new は形容詞節で Those にかかります。■ which I am about to say は形容詞節で nothing にかかります。■ I hope は挿入です。■ venture は完全自動詞で、on は前置詞です。■ if-clause の中は I venture on one discussion more on a subject which . . . が倒置しています。

研究　**for now three centuries**〔もう3世紀の間〕の **now** は「現在から数えて、今や、もう」という意味を表す副詞です。現在の英語では for three centuries now と言う方が普通です。

▷ **venture on . . .** は「思い切って…を行う」という意味です。

▷ **one discussion more** ＝ one more discussion です。more は「より多くの」という意味ではなく、additional〔さらに他の、追加の〕という意味です。

▷ **so often discussed** の **so** は implicit that-clause〔表に出ていない that 節〕を指しています。that-clause を表に出すと so often discussed that it is hard to imagine that there is anything new to say〔何か新しい、言うべ

き事があるのを想像するのが難しいほど、それほど頻繁に (もう 3 世紀にわたり論じられてきた問題)] です。

ON

LIBERTY

全　訳

自 由 論
第1章　序論

(1-07) かくして、社会の好き嫌い、正確に言うと社会の何 (1-07-01)
らかの有力な部分の好き嫌いこそ、法に背いた場合に受け
る罰を強制力の担保として、一般に遵守するべく定められ
た規範、あるいは世間一般の考えに背いた場合に被る不利
益を強制力の担保として、一般に遵守するべく定められた
規範を実質的に決定してきた主要な要因なのである。

思想面、感情面で社会に先んじていた人たちが個々の一部 (1-07-02)
の事案についてこの事態に異議を唱えたことは、これまで
にもあった。**しかし、どんな個々の事案で、どんな風に異
議を唱えたにしても、**一般的には、そういう人たちもこの
事態そのものは不問に付してきたのである。

彼らは、社会の好き嫌いが個人を縛る法となることの是非 (1-07-03)
を問題にするよりもむしろ、社会はどんなことを好みある
いは嫌うべきなのかを追究することに専念してきた。

彼らは、**自由を擁護して、異端者と共通の大義を、個々の** (1-07-04)
目的の違いを超えて一般的に主張するよりもむしろ、自分
の見解が異端となっている特定の問題について、人類の感
情を変えようと努める方を好んだのであった。

ここかしこに孤立して存在している個人以外によって、い (1-07-05)
ま述べた高い方の立場が原理上とられ一貫して保持されて
きた唯一の事例は宗教的信仰のケースである。**このケース
は多くの点で教訓的であるが、特に、いわゆる道徳的判断
力の可謬性（これは「少数者にも独自に行動する自由があ
る」という原理を支える最大の根拠である）をきわめて顕
著に示す実例を形成している点で教訓的である。なぜ顕著
に示しているかというと、上辺だけ狂信者のふりをしてい
る偽物ではなく、本気で信じ込んでいる本物の狂信者が抱
く神学上の憎悪は異なる道徳感情が存在すること、言い換
えれば道徳的判断力が誤りを犯しうることの最も明確な事**

例の一つだからである。
普遍教会と自称していたカトリック教会の束縛を初めて打 (1-07-06)
ち破った人々も、宗教上の意見の相違を許容する気がない
点ではカトリック教会そのものとおおむね変わりはなかっ
た。
しかし、どの派にも完全な勝利をもたらすことなしに闘争 (1-07-07)
の熱がさめ、各教団や教派が既に得た地盤を保持する以上
のことを望みえなくなったとき、少数派は、多数派になる
見込みがないことを見て取って、彼らが信仰を変えさせる
ことができない人々に対して、信仰の違いを許容するよう
に求める必要に迫られたのである。
そのため、この戦場において、それもほとんどこの戦場に (1-07-08)
おいてのみ、社会に対する個人の権利が、原理という広い
根拠に基づいて主張され、社会は異端者に対して権威を行
使する資格を有しているということが公然と反駁されてき
たのである。
世界が現在所有している信教の自由はすべて偉大な著述家 (1-07-09)
たちの功績である。彼らの大部分は良心の自由を不可侵の
権利として主張し、人が自分の信仰について他人に対して
説明責任を負うことを断固として否定してきた。
しかし、何であろうとも、自分が本当に関心をもっている (1-07-10)
ことについては寛容になれないのが、人間にとってごく自
然なことなので、神学上の論争によって平和をかき乱され
るのを好まない宗教的無関心者が信仰の自由を主張する側
の味方についた場合を除けば、信仰の自由はこれまでほと
んどどこでも実際には実現されていない。
最も寛容な国々においてさえ、ほとんどすべての宗教的人 (1-07-11)
間の心の中では、寛容の義務は暗黙の留保をつけた上で認
められているのである。
ある人は、教会運営に関わることでは反対意見に寛容だが、 (1-07-12)
教義に関わることではそうではない。また、ある人は、カ
トリック教徒やユニテリアン派でなければ、だれでも許容

できる。啓示宗教を信じる人ならだれでも受け入れられる
という人もいる。少数の人は寛容さをもう少し広げるが、
それでも神と来世を信じない人には寛容になれない。
どんな分野でも、多数派の感情がまだ純粋で強いところで (1-07-13)
は、**その感情がもつ、人々を服従させる権威の力はほとん**
ど弱まっていないのがわかるのである。

(1-08) イギリスにおいては、政治史における特有の事情か (1-08-01)
ら、世論の束縛はヨーロッパの他の大多数の国々よりもお
そらく強いが、法律の束縛はむしろ弱い。そして、立法権
あるいは行政権が私的行為に直接干渉することに対しては、
相当の警戒心がある。しかし、それは、個人の独立に対し
て正当な考慮を払うことからくるのではなく、むしろ、政
府を民衆と対立する利益を代表するものとみなす習慣が今
なお存続していることからきているのである。
多数者は、政府の権力は自らの権力であり、政府の意見は (1-08-02)
自分たちの意見であると感じるようにはまだなっていない。
彼らがそのように感じるようになったら、個人の自由はお (1-08-03)
そらく、すでに世論からの侵害にさらされているのと同じ
くらい、政府からの侵害にさらされることになるであろう。
しかし、今でもまだ、これまで法によって統制されるのに (1-08-04)
慣れていない事柄について、法が個人を統制しようとする
と、それに対しては、かなり大きな反感が容易に惹起され
る。**しかも、**この反感は、その事柄が法によって正当に統
制できる領域内にあるかどうかとは**ほとんど無関係に生じ**
る。その結果、その感情は全体としては非常に有益である
が、これが適用される個々の事例においては、十分な根拠
に基づく場合と間違って起こる場合の比率はおそらくまっ
たく同じくらいなのである。
実際のところ、政府の干渉の適否を吟味する際に慣習的に (1-08-05)
用いられる、一般に承認された原理というようなものはな

い。
人々は各自の個人的好みに従って決定するのである。 (1-08-06)
なされるべき善や正されるべき悪を見つけたときはいつで (1-08-07)
も、政府に対しその仕事を引き受けるようにすすんで促し
たいという人もいれば、人間の利害の中で政府の統制に服
す部門をさらにもう一つ増やすくらいなら、ほとんどどん
な量の社会的害悪でも耐え忍ぶ方がいいという人もいる。
そして、人間は個々の事例ごとに政府の統制に賛成したり (1-08-08)
反対したりするのであるが、その際の基準は感情のこの一
般的な傾向であったり、政府がなすべきであると提案され
ている特定の事柄に自分が感じる利益の程度であったり、
自分の好むやり方で政府がそれをするかしないかという見
通しであったり、いろいろである。しかし、どんなことが
政府によってなされるのにふさわしいかについて自分なり
の意見を一貫して堅持し、その意見に基づいて立場を決め
ることは極めて稀である。
そして、現在、このように規則も原理も欠如している結果、 (1-08-09)
政府の統制に賛成する立場も反対する立場も同じくらいの
比率で誤っているように私には思われる。すなわち、だい
たい同じくらいの頻度で、政府の干渉は不当に熱望され、
また不当に非難されているようである。

(1-09) この論文の目的は、一つの非常に単純な原理を主張 (1-09-01)
することである。その原理は、用いられる手段が法的刑罰
という形の物理的な力であろうと、あるいは世論という形
の道徳的強制力であろうと、強制や統制という形で社会が
個人を取り扱うのを、絶対的に律する正当性をもっている。
その原理とは、人が、個人的にせよ集団的にせよ、だれか (1-09-02)
の行動の自由に正当に干渉できるのは、自己防衛を目的と
する場合だけであるというものである。
また、文明社会の構成員に対して、それがどんな構成員で (1-09-03)

あっても、本人の意志に反して正当に権力を行使しうるのは、他人に対する危害を防止することを目的とする場合だけであるという原理である。

権力によって行動を制限される本人自身の利益は、物質的なものにしても精神的なものにしても、行動制限を正当化することの十分な根拠にはならない。 (1-09-04)

そうする方が本人のためになるとか、そうすれば本人はもっと幸せになるとか、他の人の意見では、そうすることが賢明であり、正しいとさえ言えるだろうとか、そのような理由で、社会の構成員にある行動をするように強制したり、控えるように強制したりすることは正当ではありえない。 (1-09-05)

これらは、彼を諌めたり、納得させたり、説得したり、懇願したりするのには十分な理由になるが、彼を強制したり、そうしない場合に、なんらかの害悪を彼に加えたりする理由にはならない。 (1-09-06)

強制や処罰を正当化するためには、彼に思いとどまるように説得するのが望ましいとされる行為がだれか他の人に対して害悪を生み出すことが予測されていなければならない。 (1-09-07)

だれでも、自分の行為の中で、社会に対して責任を負わなければならない部分は、他人に関係する部分だけである。 (1-09-08)

彼自身にだけ関係する部分においては、彼の独立は権利の上では絶対的である。 (1-09-09)

個人は自分自身に対して、すなわち自分の肉体と精神に対しては、全権を握っているのである。 (1-09-10)

(1-10) この考え方は成熟した諸能力をもつ人間にだけ適用されるものであることは、おそらくほとんど言うまでもないであろう。 (1-10-01)

小児や、男女の成年として法律で定められた年齢に達していない若年者は対象にしていない。 (1-10-02)

まだ他人の保護を必要とする状態にある者たちは、外から (1-10-03)

の危害だけでなく、彼ら自身の行為に対しても保護されなければならない。

(1-10-04) 同じ理由から、民族自体が未成熟であると考えられる未発達の社会状態も考慮しなくてよいであろう。

(1-10-05) 社会が外部からの力を受けずに自然と進歩していくのを妨げる初期の困難は非常に大きいので、これを乗り越える手段はほとんどの場合一つしかない。それは改革の精神に溢れた統治者が社会を専制的に牽引するというやり方である。彼は、おそらく他の方法では達成できないであろうと思われる目的があるときは、それを達成するためにどんな方法を用いても正当化される。

(1-10-06) 専制は、それの**目的が未開人の向上で、実際にその目的を達成することによって手段として正当化されるならば**、未開人を扱う際の正当な統治形態である。

(1-10-07) 原理としての自由は、まだ人類が自由で対等な討論によって向上できるようになっていない段階では、いかなる社会状態にも適用されない。

(1-10-08) それまでは、人類はアクバルやシャルルマーニュのような人に絶対的に服従するよりほかにないのである。ただし、運よくそういう人物が現れたらの話であるが。

(1-10-09) しかし、**人類が、指導者に導かれて向上する場合でも、強制ではなく、指導者の助言・指導の正しさを自ら確信して、あるいは助言・指導に従うようにという指導者の説得を自ら受け入れて、向上できるようになる段階に入ったら直ちに**（これは、我々がここで考慮する必要があるすべての国民がずっと以前に到達している段階である）、強制は、直接的形態にしても、不服従に対して苦痛や罰を与えるという間接的形態にしても、もはや彼ら自身の幸福のための手段としては許されず、他人の安全確保の目的があるときにだけ正当化されるのである。

(1-11) **功利とは無関係なものとしての抽象的な正義という** (1-11-01)
概念的なものから、私の議論にとっていかなる援護を引き出すことができようとも、私はその援護には頼らないことを述べておくのが適当である。

私は、功利を、すべての倫理的問題に関する最終的な判断 (1-11-02)
基準であると考える。**しかし、その場合の功利は、最も大きな意味における功利、それも進歩する存在としての人間がもつ恒久的利益に基づく功利でなくてはならない。**

それらの恒久的利益は、個人の自由意思に基づく自発的行 (1-11-03)
動を外部からの統制に従わせることを正当化するが、それは行動が他者の利益に関係している場合だけであると私は主張する。

誰かが他人に有害な行為をすると、法によって、あるいは (1-11-04)
法的刑罰を適用すると問題が生じる場合は、周囲の非難によって、行為者を罰するための根拠が生まれる。この根拠は、反証があれば別だが、そうでない限り有効である。

他人の利益になる積極的行為であって、その履行を行為者 (1-11-05)
に正当に強制できる行為もたくさんある。たとえば、法廷で証言することがそうだし、共同の防衛行為、その他、自分に保護を与えてくれる社会の利益のために必要な共同作業に参加して応分の義務を負担することもこれにあたる。また、同胞の命を救うとか、無防備な人たちを虐待から守るために介入するといった、一定の個人的善行をすることもこれに含まれる。**これらの善行は、それを実行するのが明らかに人間の義務であるときはいつでも、実行しない人には社会に対する責任を正当に負わせることができる行為である。**

人は作為のみならず不作為によっても他人に害悪を与えう (1-11-06)
るが、いずれの場合も、被害者に対してその責めを負うのは当然である。

なるほど、強制の発動は、不作為の場合には、作為の場合 (1-11-07)
に比べてはるかに慎重になされなければならない。

他人に害を加えることに対して責を負わせるというのが原 (1-11-08)
則であって、害悪を防止しないことに対して責を負わせるのは、それに比べて言えば、例外である。

しかし、その例外を正当化するに足るほど明白で、かつ重 (1-11-09)
大な事例がたくさん存在するのである。

結局のところ、個人は、対外的関係にかかわる一切の事柄 (1-11-10)
において、**利害関係者に対し、また必要があれば、彼らの保護者としての社会に対して、侵害を避ける道義的責任を負っているのだ。**

しかし、現実には、彼に法的責任を負わせない充分な理由 (1-11-11)
がしばしば存在する。だが、これらの理由は、いろいろあるわけではなく、その場合の特別な便法から生じるものに限られる。すなわち、**この場合は、社会が使用可能などんな方法で個人を統制するよりも、個人の自由裁量に任す方が、個人が概してよりよい行動をとる可能性が高い場合の一種であるからという理由か**、あるいは、この場合は、統制を実行しようとすると、統制によって防がれる害悪よりも大きな他の害悪が生じる場合の一種であるからという理由のいずれかでなければならない。

このような理由によって法的責任が問われないときは、行 (1-11-12)
為者自身の良心は、空席になった裁判官の席に座り、他人の、法に基づく外的な保護を得られない利益を守らなければならない。そして、この場合は、他人に害を与えても自己の同胞たる裁判官の判決によって法的に責任があるとされる可能性がないのだから、良心はそれだけいっそう厳格に自分を律せねばならないのである。

(1-12) **しかしながら、個人とは区別されたものとしての社** (1-12-01)
会が、何らかの利害関係をもつとしても、間接的な利害関係しかもたない個人活動の領域が存在している。その領域は、行為者本人にのみ影響を及ぼすか、あるいは、他人に

も影響する場合は、影響を受ける人が自由に、自発的に、
欺かれることなしに、同意し参加しているような、そうい
う個人の生活や行動の全部を含んでいる。

彼自身にのみ影響を及ぼすと私が言うとき、それは、直接 (1-12-02)
的に、誰よりも先に彼自身に影響を及ぼすという意味であ
る。なぜなら、およそ彼自身に影響することは、どんなこ
とでも、彼自身を通して他の人々にも影響する可能性があ
るからである。**この偶然性を根拠とする（はたしてこれを
「根拠」と呼べるか疑問だが）反対は、**後に考察が加えられ
るであろう。

さて、以上に述べた領域が、人間が自由をもつのが妥当な (1-12-03)
領域である。

第一に、それは意識という内面的領域を含んでいる。それ (1-12-04)
は、最も包括的な意味における良心の自由、すなわち思想
および感情の自由、言い換えれば、実際的、思弁的を問わ
ず、科学的、道徳的、神学的なすべての問題について意見
と感情を抱く絶対的な自由である。

意見を発表し出版する自由は、個人の行為のうち他人に関 (1-12-05)
係する部分に属しているために、異なる原理の下にあるよ
うに見えるかも知れない。しかし、この自由は、思想その
ものの自由とほとんど同じくらいの重要性をもつものであ
り、またこの自由を支える根拠は大部分が思想そのものの
自由を支える根拠と同じであるから、実際上は思想の自由
と分離することができない。

第二に、この原理は嗜好と活動の自由を要求する。それは、 (1-12-06)
人生の計画を自分の性格に合うように作る自由であり、**ど
んな結果が生じてもだれにも文句は言えない状態で、やり
たいようにやる**自由である。たとえ他人がその行動を愚か
だ、非常識だ、間違っていると考えようとも、自分の行動
が他人を害しないかぎり、この自由を他人から妨げられる
ことはない。

第三に、各個人のこの自由から、同じ制限を受けた上で、 (1-12-07)

個人間の団結の自由が出てくる。すなわち、他人に損害をおよぼさない目的であれば、いかなる目的のために団結することも自由でなければならない。ただし、団結する人が成年者であって、強要されても騙されてもいない、ということが前提である。

(1-13) **これらの諸自由が大体において尊重されている社会** (1-13-01)
でないかぎり、その政治形態が何であろうと、自由な社会ではない。また、これらの諸自由が絶対かつ無条件に存在している社会でないかぎり、完全に自由な社会ではない。

自由の名に値する唯一の自由は、他人の幸福を奪おうとし (1-13-02)
たり、幸福を得ようとする他人の努力を妨害しようとしないかぎり、自分自身の幸福を自分自身のやり方で追求する自由である。

人は、肉体、精神、霊魂を問わず、自分の健康を各々自分 (1-13-03)
で守るのが適切であり、そうする自由をもっている。

人類は、自分にとって幸福に思われる生活をお互いに許し (1-13-04)
あう方が、他者が幸福とみなす生活を各人に強いるよりも、大きな利益を得るのである。

(1-14) この考え方は、けっして新しいものではなく、人に (1-14-01)
よっては、自明のことという印象をもつかもしれない。しかし、現在の世論と慣行の一般的傾向にこれ以上真っ向から反する考え方はないのである。

社会には「社会の一員としての優れた人間像」があり、社 (1-14-02)
会は（十分に吟味した上で、これは正当であるとした見解に従って）個人をこれに当てはめようと懸命に努力してきた。だが、それだけでなく、同時に「個人としての優れた人間像」ももっていて、個人をこれに当てはめようとすることにも、同じくらい懸命な努力を払ってきた。

古代の共和制国家は、公権力によって私的行為のあらゆる (1-14-03)
部分を統制する資格が自らにあると考え、古代の哲学者たちもまた、このような統制を是認した。その根拠は、国家は全市民一人一人の肉体的、精神的規律のすべてに深い利害をもっている、ということであった。このような考え方も、古代の共和制国家においては、是認しうるものであったかもしれない。なぜなら、強い敵国に囲まれ、外部からの攻撃や内部での騒擾によって転覆される危険に常にさらされていた小さな国家においては、たとえ短い間でも、気力と自制心を緩めることは容易に死活問題となるため、自由のもたらす有益な永続的結果を落ち着いて待つだけの余裕がなかったからである。

だが、近代世界においては、政治的共同体の規模が拡大し (1-14-04)
たことと、特に、霊的権威と世俗的権威が分離したこと（この分離によって、人間の良心の指導は、世俗的な事柄を統制する人とは別の人の手に握られるようになった）、この2つによって、私生活の細部に法が干渉することは古代世界ほど大きくはなくなった。しかし、支配的意見からの逸脱に対しては道徳的抑圧という手段が執拗に行使され続けており、個人的な事柄においては、社会的な事柄と比べても、その執拗さの度合いはいっそう大きいのである。しかも、道徳感情の形成に関わってきた要因の中で最も強力なものである宗教は、人間の行動のあらゆる部門に対して統制の手を延ばそうとする教会支配層の野心か、あるいはまた、偏狭な宗教上の信念に基づき、厳格な宗教的行動規範を人々に押し付ける宗教的厳正主義の精神によって、ほとんど常に、支配されてきたのである。

過去の宗教に対して極めて強硬な反対の立場をとってきた (1-14-05)
近代の改革者の中にも、個人を霊的に支配する権利を主張する点において、教会にも宗派にも決して遅れをとらない人たちがいる。コント氏の如きは特にそうであって、**彼が考える社会制度は、少なくとも彼の『実証政治学体系』の**

中に記述されている限りでは、個人に対する社会の専制を確立することを目的とするものであり（ただし、法律的な手段よりも、むしろ道徳的な手段によってではあるが）、それの強力さは、古代の哲学者の中で最も厳格な規律主義者の政治的理想において意図されたどのような社会の専制をも凌駕しているほどである。

(1-15) 個人に指図する力を国家に与えることをよしとする (1-15-01)
趣旨の、個々の思想家に特有の見解に加えて、世の中一般に、社会がもつ個人に指図する力を、世論の力により、さらには法律の力さえ使って、不当に拡大する傾向も強まりつつある。世の中に起こりつつあるあらゆる変化が、社会を強め、個人の力を弱める傾向を示しているので、個人の力に対するこの侵害は、ほうっておけば自然に消滅してゆく害悪ではなく、逆に、ますます手ごわいものになっていく害悪の一つなのである。
統治者であろうが、同胞の市民であろうが、人間がもって (1-15-02)
いる、自分の意見と好みを行動規範として他人に押し付ける性質は、人間性に必ず付随する最善の感情と最悪の感情のすべてではないにしても、一部によって強く支えられているので、これを抑制するには、人に権力をもたせないこと以外にほとんど方法はない。そして、権力は今や弱まるどころか強くなりつつあるのだから、この害悪に対して、それは間違いであり、そのようなことはすべきではないという道徳的確信の強固な障壁を築きえない限り、我々は、世界の現状においては、この害悪がますます大きくなるのを覚悟しなければならない。

(1-16) さて、議論のためには、直ちに一般的な命題に入る (1-16-01)
のではなく、最初に、その中の一つの分野、すなわち、ここに述べた原理が、現在の世論によって、完全ではないにしても、それでもある程度は認められている一分野に、考察を限定するのが好都合であろう。

その一つの分野とは、思想の自由である。ただし、これと (1-16-02)
同類の、言論・執筆の自由は、これと切り離して論じるこ
とはできない。

これらの自由は、現在、宗教的寛容と自由な諸制度を標榜 (1-16-03)
するすべての国の政治道徳の一部を、相当の程度まで構成
している。しかし、**これらの自由を支える理論的および実**
際的な根拠は、おそらく、そのような現状から予想される
ほどには一般の人に知られていないし、また、世論の指導
者ですら、その多くは、予想されるほど完璧には理解して
いない。

これらの根拠は、それが正しく理解されるならば、自由の (1-16-04)
問題の一部門だけにとどまらず、それよりずっと広く適用
される可能性をもっている。それゆえ、自由の問題のこの
部分について徹底した考察をおこなえば、それが他の自由
を考察することへの最もよい導入であるとわかるだろう。

それ故に、私がこれから論じようとしていることに何の新 (1-16-05)
しさも見出さない人々も、すでに3世紀にわたりかくも頻
繁に論じられてきた問題に関して、私が敢えてもう一度議
論を重ねることを許してくださるだろうと思う。

索　引

語　注

1–07–01
portion　部分
1–07–02
unassailed　攻撃されていない
1–07–03
inquire　尋ねる
1–07–04
endeavour　努力する
alter　変える
heretical　異端の
cause　大義
heretic　異端者
1–07–05
consistency　一貫性
fallibility　可謬性
odium theologicum　神学上の憎悪
bigot　狂信者
unequivocal　明確な
1–07–06
yoke　束縛
1–07–07
reduce　無理強いする
retain　持ち続ける
possession　保有
plead　嘆願する
convert　信仰を変えさせる
1–07–08
assert　主張する
dissentient　意見を異にする人
controvert　反駁する
1–07–09
indefeasible　破棄できない
accountable　責任がある
1–07–10
intolerance　不寛容
indifference　無関心
scale　秤
1–07–11
tolerant　寛容な
toleration　寛容
tacit　暗黙の
reserve　留保
1–07–12
bear　我慢する
dissent　意見の相違
tolerate　許容する
Papist　ローマカトリック教徒
Unitarian　ユニテリアン派の信者
1–07–13
genuine　純粋な
abate　減少させる
obey　従う
1–08–01
yoke　束縛
jealousy　警戒心
legislative　立法の
executive　行政の
regard　考慮
subsist　存続する
1–08–04
hitherto　これまで
discrimination　区別
legitimate　正当な
sphere　領域
salutary　有益な
misplace　置き場所を間違える
1–08–05
propriety　適当
impropriety　不適当
1–08–07
remedy　矯正する
instigate　そそのかす

bear　我慢する
amenable　服従する
1-08-08
range　配置する
entertain　心に抱く
consistently　一貫して
adhere　固執する
1-08-09
improperly　不適切に
invoke　懇願する
condemn　非難する
1-09-01
compulsion　強制
coercion　強制
1-09-02
sole　唯一の
warrant　正当化する
collectively　集団的に
number　人の集団
1-09-04
warrant　正当化する根拠
1-09-05
forbear　自制する
1-09-06
remonstrate　批判する
reason　納得させる
entreat　懇願する
visit　(罰を) 課す
1-09-07
deter　思いとどまらせる
calculate　見積もる
1-09-08
amenable　責任を負うべき
concern　関係する
1-09-10
sovereign　最高の権力を握っている
1-10-01
maturity　成熟
1-10-02
fix　決定する
1-10-04
nonage　未成年
1-10-05
spontaneous　自発的な
warrant　正当化する
expedient　手段
unattainable　達成できない
1-10-06
Despotism　専制
legitimate　正当な
barbarian　未開人
effect　達成する
1-10-07
anterior　(時間的に) 先行する
1-10-08
implicit　絶対的な
obedience　服従
Akbar　アクバル大帝
Charlemagne　カール大帝
1-10-09
compulsion　強制
non-compliance　不服従
1-11-01
forego　放棄する
1-11-02
appeal　訴えるもの
1-11-03
contend　主張する
subjection　従わせること
spontaneity　自発性
respect　関連
1-11-04
primá facie　一見した限りでの
case　根拠
disapprobation　非難
1-11-05
bear　負担する
beneficence　恩恵
interpose　介入する
ill-usage　虐待

1–11–06
justly　正当に、当然
accountable　責任がある
1–11–07
cautious　慎重な
1–11–08
answerable　責任がある
1–11–09
grave　重大な
1–11–10
regard　関係する
de jure　法的に
amenable　責任がある
1–11–11
expediency　便法
discretion　自由裁量
1–11–12
preclude　妨げる
enforcement　施行
vacant　空いている
rigidly　厳格に
accountable　責任がある
1–12–01
sphere　領域
distinguish　区別する
comprehend　包含する
portion　部分
undeceived　だまされていない
consent　同意
participation　参加
1–12–02
objection　反対
contingency　偶然性
sequel　後編
1–12–03
region　領域
1–12–04
comprise　包含する
domain　領域
consciousness　意識
conscience　良心
comprehensive　包括的な
speculative　思索的な
theological　神学的な
1–12–05
inseparable　分離できない
1–12–06
pursuit　活動
subject　さらされている
impediment　障害
perverse　つむじ曲りの
1–12–07
involve　伴う
deceive　だます
1–13–01
unqualified　無条件の
1–13–02
pursue　追求する
deprive　奪う
impede　妨げる
1–13–03
guardian　保護者
1–13–04
gainer　獲得者
suffer　許す
1–14–01
air　外見
truism　わかりきったこと
opposed　反している
practice　慣行
1–14–02
fully　ゆうに、たっぷり
light　十分に吟味して得た見解
conform　従う
1–14–03
commonwealth　共和制国家
entitled　資格がある
countenance　賛成する
regulation　規制
discipline　規律

admissible　容認できる
peril　危険
subvert　打倒する
commotion　騒動
self-command　自制心
salutary　有益な
1-14-04
temporal　世俗の
direction　指導
conscience　良心
worldly　世俗的な
engine　道具
repression　抑圧
wield　行使する
strenuously　精力的に
divergence　逸脱
reign　支配する
self-regarding　自己に関係する
hierarchy　高位聖職者
Puritanism　宗教的厳正主義
1-14-05
reformer　改革者
noway　決して…でない
assertion　主張
domination　支配
M. Comte　オーギュスト・コント
unfold　開陳する
Système de Politique Positive　実証政治学体系
appliance　装置
despotism　専制
surpass　凌駕する
contemplate　考察する
rigid　厳格な
disciplinarian　規律主義者
1-15-01
peculiar　特有の
tenet　主義
inclination　傾向
unduly　不当に
legislation　立法
diminish　減少させる
encroachment　侵害
spontaneously　自然に
formidable　手ごわい
1-15-02
disposition　性質
inclination　好み
incident　付きものの
want　欠如
1-16-01
thesis　命題
current　現在の
1-16-02
cognate　同類の
1-16-03
toleration　寛容
institution　制度
appreciate　理解する
1-16-04
remainder　残り
1-16-05
venture　思い切ってする

薬袋善郎（みない　よしろう）
東京大学法学部卒。駿台予備学校などで実力派講師として活躍。英文を正確に読む方法として 40 年近く前から Parsing を提唱。独学では取り組みにくい Parsing を独自の工夫で誰にでもできるようにした。本格的な学習を志す中学生から社会人まで幅広く支持を集めている。『基本文法から学ぶ　英語リーディング教本』（研究社）をはじめ、著書多数。
HP は http://minai-yoshiro.com/

KENKYUSHA
〈検印省略〉

ミル『自由論《じゆうろん》』原書精読《げんしょせいどく》 2　行動制限《こうどうせいげん》の原理《げんり》

2024 年 6 月 28 日　初版発行

著　者　薬《み》　袋《ない》　善《よし》　郎《ろう》
発行者　吉　田　尚　志
発行所　株式会社　研　究　社
〒102-8152　東京都千代田区富士見 2-11-3
電話　03-3288-7777（営業）
03-3288-7711（編集）
振替　00150-9-26710
https://www.kenkyusha.co.jp/
印刷所　図書印刷株式会社

ISBN 978-4-327-49027-0　C 1082　Printed in Japan
装丁：清水良洋（Malpu Design）